Klinische Psychologie und Psychotherapie bei Kindern, Jugendlichen und jungen Erwachsenen

Verhaltenstherapeutische Interventionsansätze

Herausgegeben von Tina In-Albon, Hanna Christiansen und Christina Schwenck

Eine Übersicht aller lieferbaren und im Buchhandel angekündigten Bände der Reihe finden Sie unter:

 https://shop.kohlhammer.de/klinische-psychologie-und-psychotherapie

Die Autor*innen

Prof. Dr. Anja Görtz-Dorten, Medizinische Fakultät, Universität zu Köln, Leiterin des Centrums für Kinder- und Jugendlichenpsychotherapie (CeKiP).

Leonie Hofmann, Forschungskoordinatorin am CeKiP und Kinder- und Jugendlichenpsychotherapeutin.

Dr. Lea Teresa Kohl, wissenschaftliche Mitarbeiterin am CeKiP und Kinder- und Jugendlichenpsychotherapeutin.

Prof. aD Dr. Manfred Döpfner, emeritierter Professor für Psychotherapie in der Kinder- und Jugendpsychiatrie, Medizinische Fakultät, Universität zu Köln.

Anja Görtz-Dorten
Leonie Hofmann
Lea Teresa Kohl
Manfred Döpfner

Störungen des Sozialverhaltens im Kindes- und Jugendalter

Verlag W. Kohlhammer

Dieses Werk einschließlich aller seiner Teile ist urheberrechtlich geschützt. Jede Verwendung außerhalb der engen Grenzen des Urheberrechts ist ohne Zustimmung des Verlags unzulässig und strafbar. Das gilt insbesondere für Vervielfältigungen, Übersetzungen, Mikroverfilmungen und für die Einspeicherung und Verarbeitung in elektronischen Systemen.

Pharmakologische Daten, d. h. u. a. Angaben von Medikamenten, ihren Dosierungen und Applikationen, verändern sich fortlaufend durch klinische Erfahrung, pharmakologische Forschung und Änderung von Produktionsverfahren. Verlag und Autoren haben große Sorgfalt darauf gelegt, dass alle in diesem Buch gemachten Angaben dem derzeitigen Wissensstand entsprechen. Da jedoch die Medizin als Wissenschaft ständig im Fluss ist, da menschliche Irrtümer und Druckfehler nie völlig auszuschließen sind, können Verlag und Autoren hierfür jedoch keine Gewähr und Haftung übernehmen. Jeder Benutzer ist daher dringend angehalten, die gemachten Angaben, insbesondere in Hinsicht auf Arzneimittelnamen, enthaltene Wirkstoffe, spezifische Anwendungsbereiche und Dosierungen anhand des Medikamentenbeipackzettels und der entsprechenden Fachinformationen zu überprüfen und in eigener Verantwortung im Bereich der Patientenversorgung zu handeln. Aufgrund der Auswahl häufig angewendeter Arzneimittel besteht kein Anspruch auf Vollständigkeit.

Die Wiedergabe von Warenbezeichnungen, Handelsnamen und sonstigen Kennzeichen in diesem Buch berechtigt nicht zu der Annahme, dass diese von jedermann frei benutzt werden dürfen. Vielmehr kann es sich auch dann um eingetragene Warenzeichen oder sonstige geschützte Kennzeichen handeln, wenn sie nicht eigens als solche gekennzeichnet sind.

Es konnten nicht alle Rechtsinhaber von Abbildungen ermittelt werden. Sollte dem Verlag gegenüber der Nachweis der Rechtsinhaberschaft geführt werden, wird das branchenübliche Honorar nachträglich gezahlt.

Dieses Werk enthält Hinweise/Links zu externen Websites Dritter, auf deren Inhalt der Verlag keinen Einfluss hat und die der Haftung der jeweiligen Seitenanbieter oder -betreiber unterliegen. Zum Zeitpunkt der Verlinkung wurden die externen Websites auf mögliche Rechtsverstöße überprüft und dabei keine Rechtsverletzung festgestellt. Ohne konkrete Hinweise auf eine solche Rechtsverletzung ist eine permanente inhaltliche Kontrolle der verlinkten Seiten nicht zumutbar. Sollten jedoch Rechtsverletzungen bekannt werden, werden die betroffenen externen Links soweit möglich unverzüglich entfernt.

1. Auflage 2026

Alle Rechte vorbehalten
© W. Kohlhammer GmbH, Stuttgart
Gesamtherstellung: W. Kohlhammer GmbH, Heßbrühlstr. 69, 70565 Stuttgart
produktsicherheit@kohlhammer.de

Print:
ISBN 978-3-17-043096-9

E-Book-Formate:
pdf: ISBN 978-3-17-043097-6
epub: ISBN 978-3-17-043098-3

Geleitwort zur Buchreihe

Klinische Psychologie und Psychotherapie bei Kindern, Jugendlichen und jungen Erwachsenen: Verhaltenstherapeutische Interventionsansätze

Psychische Störungen im Kindes- und Jugendalter sind weit verbreitet und ein Schrittmacher für die Entwicklung weiterer psychischer Störungen im Erwachsenenalter. Für einige der für das Kindes- und Jugendalter typischen Störungsbereiche liegen empirisch gut abgesicherte Behandlungsmöglichkeiten vor. Eine Besonderheit in der Diagnostik und Therapie von Kindern mit psychischen Störungen stellt das Setting der Therapie dar. Dies bezieht sich sowohl auf den Einbezug der Eltern als auch auf mögliche Kontaktaufnahmen mit dem Kindergarten, der Schule, der Jugendhilfe usw. Des Weiteren stellt die Entwicklungspsychopathologie für die jeweiligen Bände ein zentrales Kernthema dar.

Ziel dieser neuen Buchreihe ist es, Themen der Klinischen Kinder- und Jugendpsychologie und Psychotherapie in ihrer Gesamtheit darzustellen. Dies umfasst die Beschreibung von Erscheinungsbildern, epidemiologischen Ergebnissen, rechtliche Aspekte, ätiologischen Faktoren bzw. Störungsmodelle, sowie das konkrete Vorgehen in der Diagnostik unter Berücksichtigung verschiedener Informanten und das konkrete Vorgehen in der Psychotherapie unter Berücksichtigung des aktuellen Wissensstandes zur Wirksamkeit.

Die Buchreihe besteht aus Bänden zu spezifischen psychischen Störungsbildern und zu störungsübergreifenden Themen. Die einzelnen Bände verfolgen einen vergleichbaren Aufbau wobei praxisorientierte Themen wie bspw. Fallbeispiele, konkrete Gesprächsinhalte oder die Antragsstellung durchgehend aufgenommen werden.

Christina Schwenck (Gießen)
Hanna Christiansen (Marburg)
Tina In-Albon (Mannheim)

Die Herausgeberinnen

Prof. Dr. Tina In-Albon, Professur für Klinische Psychologie und Psychotherapie des Kindes- und Jugendalters sowie Leitung des Instituts für Kinder- und Jugendpsychotherapie und der Psychotherapeutischen Hochschulambulanz für Kinder und Jugendliche an der Universität Mannheim.

Prof. Dr. Hanna Christiansen, Professur für Klinische Psychologie des Kindes- und Jugendalters an der Philipps-Universität Marburg; Leiterin der Kinder- und Jugendlichen-Psychotherapie-Ambulanz Marburg (KJ-PAM) sowie des Kinder- und Jugendlichen-Instituts für Psychotherapie-Ausbildung Marburg (KJ-IPAM).

Prof. Dr. Christina Schwenck, Professur für Förderpädagogische und Klinische Kinder- und Jugendpsychologie, Justus-Liebig-Universität Gießen. Leiterin der postgradualen Ausbildung Kinder- und Jugendlichenpsychotherapie mit Schwerpunkt Verhaltenstherapie.

Inhaltsverzeichnis

Geleitwort zur Buchreihe		5
1	**Erscheinungsbild, Entwicklungspsychopathologie und Klassifikation**	**13**
1.1	Erscheinungsbild und Entwicklungspsychopathologie	14
1.2	Klassifikationssysteme und Symptomatik	16
1.2.1	DSM-5	16
1.2.2	ICD-10	19
1.2.3	ICD-11	21
1.3	Fragen zur Selbstkontrolle	23
2	**Epidemiologie, Verlauf und Folgen**	**24**
2.1	Prävalenz	24
2.2	Verlauf	26
2.3	Folgen und Auswirkungen	27
2.4	Klinische Perspektive	29
2.4.1	Praktische Hinweise zur Erarbeitung von Therapiezielen	29
2.5	Fragen zur Selbstkontrolle	30
3	**Komorbidität und Differenzialdiagnostik**	**32**
3.1	Einführung	32
3.2	Praktische Hinweise zur Abklärung	33
3.3	Komorbide und differenzialdiagnostisch-relevante Störungsbilder	34
3.4	Fragen zur Selbstkontrolle	44
4	**Diagnostik und Indikation**	**45**
4.1	Einführung	46
4.2	Erstgespräch	46
4.3	Anamnese und Exploration	48
4.4	Diagnostikinstrumente	50
4.4.1	Störungsspezifische Diagnostikinstrumente	52
4.4.2	Weiterführende Diagnostikinstrumente	54
4.5	Körperliche Diagnostik	60
4.6	Verhaltensbeobachtung	61

	4.7	Verfahren zur individuellen Verhaltensbeurteilung und Verlaufskontrolle	62
	4.8	Problemanalyse auf Makro- und Mikroebene	64
	4.9	Behandlungsindikation und Setting	66
	4.10	Fragen zur Selbstkontrolle	68

5 Störungstheorien und -modelle 70
- 5.1 Einführung... 71
- 5.2 Psychische Einflüsse 71
  - 5.2.1 Störung der sozial-kognitiven Informationsverarbeitung 71
  - 5.2.2 Störung der Emotionsverarbeitung und Empathie .. 73
  - 5.2.3 Störung der Verhaltensfertigkeiten 75
  - 5.2.4 Entwicklungsdefizite 76
- 5.3 Soziale Einflüsse 76
  - 5.3.1 Elternverhalten und Störung der sozialen Interaktion 76
  - 5.3.2 Sozialer Status, Nachbarschaft und Gleichaltrigengruppe 77
- 5.4 Biologische Einflüsse 78
  - 5.4.1 Erblichkeit und Genetik 79
  - 5.4.2 Gene und Umwelt 80
  - 5.4.3 Funktionelle und strukturelle Abweichungen des Gehirns 81
  - 5.4.4 Neuroendokrinologie 83
  - 5.4.5 Psychophysiologie 83
- 5.5 Erarbeitung und Vermittlung eines gemeinsamen Störungsmodells 84
  - 5.5.1 Besprechung eines Störungsmodells mit Eltern unter Einbezug des Teufelskreismodells 85
  - 5.5.2 Besprechung eines kognitiv-behavioralen Störungsmodells mit einem Kind mit Hilfe von Externalisierung des Problemverhaltens 86
- 5.6 Fragen zur Selbstkontrolle 87

6 Psychotherapie, Pharmakotherapie und weitere flankierende Maßnahmen 88
- 6.1 Einführung... 88
- 6.2 Psychotherapie 89
  - 6.2.1 Psychoedukation 89
- 6.3 Eltern- und familienzentrierte Interventionen 90
  - 6.3.1 Interventionen zur Verbesserung der Eltern-Kind-Beziehung und des familiären Klimas .. 91
  - 6.3.2 Verbesserung der Rahmenbedingungen 93
  - 6.3.3 Interventionen zur Veränderung des elterlichen Erziehungsverhaltens 94

	6.3.4	Eltern als Coach	96
	6.3.5	Adaptation beim Vorliegen reduzierter prosozialer Emotionalität	96
6.4	Kindertagesstätte- und schulzentrierte Interventionen	98
	6.4.1	Verbesserung der Rahmenbedingungen	99
	6.4.2	Verbesserung der Lehrkraft-/pädagogischen Fachkraft-Kind Beziehung	99
	6.4.3	Veränderung des Erziehungsverhaltens	99
	6.4.4	Schwierige Therapiesituationen	100
6.5	Patient*innenzentrierte Interventionen	101
	6.5.1	Problemlösetraining	102
	6.5.2	Emotionsregulations- und Ärgerkontrolltraining	103
	6.5.3	Förderung der Empathiefähigkeit und prosozialen Emotionalität	104
	6.5.4	Soziales Kompetenztraining	105
	6.5.5	Selbstmanagementstrategien	107
	6.5.6	Interventionen in der Gleichaltrigengruppe	107
	6.5.7	Besonderheiten im Jugend- und jungen Erwachsenenalter	108
	6.5.8	Schwierige Therapiesituationen	108
6.6	Multimodale Interventionen	110
6.7	Pharmakotherapie	112
6.8	Flankierende Maßnahmen und interdisziplinäre Zusammenarbeit	115
	6.8.1	Das Bildungssystem	116
	6.8.2	Das Kinder- und Jugendhilfesystem	117
	6.8.3	Das Justizsystem	118
	6.8.4	Austausch und Kooperation zwischen den Versorgungssystemen	119
6.9	Therapiemanuale	120
	6.9.1	Prosoziales Verhalten lernen: »Ich bleibe cool!« – Ein Trainingsprogramm für die Grundschule	122
	6.9.2	Therapieprogramm für Kinder mit aggressivem Verhalten (THAV)	123
	6.9.3	Soziales computerunterstütztes Training für Kinder mit aggressivem Verhalten (ScouT)	124
	6.9.4	Therapieprogramm für Kinder mit hyperkinetischem und oppositionellem Problemverhalten (THOP)	125
	6.9.5	Training mit aggressiven Kindern	126
	6.9.6	Kinder mit oppositionellem und aggressivem Verhalten – Das Baghira-Training	127
	6.9.7	Verhaltenstherapeutisches Intensivtraining zur Reduktion von Aggression	128
	6.9.8	Das Triple P Programm	129

		6.9.9	Präventionsprogramm für Expansives Problemverhalten (PEP)	130
		6.9.10	Schulbasiertes Coaching bei Kindern mit expansivem Problemverhalten (SCEP)	131
		6.9.11	Wackelpeter und Trotzkopf: Hilfen für Eltern bei ADHS-Symptomen, hyperkinetischem und oppositionellem Verhalten	132
		6.9.12	Familienprobleme im Jugendalter: SELBST – Therapieprogramm für Jugendliche mit Selbstwert-, Leistungs- und Beziehungsstörungen	133
		6.9.13	Störung des Sozialverhaltens bei Jugendlichen – Die Multisystemische Therapie in der Praxis	134
		6.9.14	Multidimensionale Familientherapie: Jugendliche bei Drogenmissbrauch und Verhaltensproblemen wirksam behandeln	135
	6.10		Digitale Unterstützung	136
	6.11		Fallbeispiel und Antrag	137
		6.11.1	Relevante soziodemographische Daten	137
		6.11.2	Symptomatik und psychischer Befund	137
		6.11.3	Psychodiagnostik	138
		6.11.4	Somatischer Befund/Konsiliarbericht	139
		6.11.5	Behandlungsrelevante Angaben zur Lebensgeschichte der Bezugspersonen, zur Krankheitsanamnese, zur Verhaltensanalyse	139
		6.11.6	Verhaltensaktiva und Ressourcen	140
		6.11.7	Mikro- und Makroanalyse	140
		6.11.8	Diagnose zum Zeitpunkt der Antragsstellung	141
		6.11.9	Behandlungsplan und Prognose	141
		6.11.10	Behandlungsverlauf	144
	6.12		Fragen zur Selbstkontrolle	146
7	**Psychotherapieforschung**			**147**
	7.1		Einführung	147
	7.2		Wirksame Behandlungsansätze	148
	7.3		Präventive Maßnahmen	153
	7.4		Behandlungsansätze ohne ausreichende Wirksamkeitsnachweise	154
	7.5		Herausforderungen, Grenzen und weiterer Forschungsbedarf	155
	7.6		Fragen zur Selbstkontrolle	156
8	**Rechtliche Aspekte**			**157**
	8.1		Schweigepflicht	157
	8.2		Vorgehen bei Verdacht auf Kindeswohlgefährdung	158
	8.3		Weitere rechtliche Aspekte	159
	8.4		Fragen zur Selbstkontrolle	159

9	Zusammenfassung und Ausblick	160
Literatur		161
Stichwortverzeichnis		175

1 Erscheinungsbild, Entwicklungspsychopathologie und Klassifikation

Fallbeispiele

Der *8-jährige Fabian* fällt in der Schule durch häufige Konflikte mit anderen Kindern auf, die er beschimpft und teilweise körperlich aggressiv angeht. Er fühlt sich schnell durch Kleinigkeiten provoziert und sieht die Schuld im Nachhinein bei den anderen. Bei Aufforderungen durch die Lehrkräfte reagiert er gereizt und verweigert sich zum Teil, indem er sich unter den Tisch setzt. Zuhause führen Grenzsetzungen der Eltern, z. B. bezüglich Medienkonsum, häufig zu langen Wutanfällen, in denen er gegen Gegenstände tritt und kaum zu beruhigen ist, sodass seine Eltern häufig nachgeben. Eine negative Rückmeldung bezüglich Fabians Verhalten beim Elternsprechtag in der Schule und die angespannte Situation zuhause veranlassen die Familie, sich in einer psychotherapeutischen Praxis vorzustellen.

Der *16-jährige Ole* wird in der Schule von anderen gefürchtet, da er dafür bekannt ist, jüngeren Mitschüler*innen das Taschengeld abzunehmen. Deshalb hat er schon häufiger Schulverweise bekommen. Zuletzt hat er einem Jungen damit gedroht, ihn mit einem Klappmesser zu verletzen. Schon im Kindergarten ist Ole den Erzieher*innen aufgefallen, weil er Kinder dazu anstiftete, die Spielsachen anderer zu zerstören. Im Grundschulalter kam es zu verbalen, aber auch körperlichen Auseinandersetzungen mit seinen Lehrkräften und seinen Eltern. In der Klasse gibt er häufig den Ton an. Gegenüber seinen jüngeren Geschwistern und anderen Jugendlichen nutzt er seine körperliche Größe aus, um sie einzuschüchtern. Zuletzt schwänzte er immer häufiger die Schule, weshalb sich das Jugendamt eingeschaltet und die Aufnahme einer Psychotherapie empfohlen hat.

Lernziele

- Sie sind mit dem Erscheinungsbild vertraut und verstehen, welche Faktoren die Heterogenität des Störungsbildes prägen.
- Sie können die Symptome der unterschiedlichen Diagnosen benennen und können sie voneinander abgrenzen.
- Sie haben einen Überblick, worin sich ICD-10, ICD-11 und DSM-5 unterscheiden.

1.1 Erscheinungsbild und Entwicklungspsychopathologie

Bei Störungen des Sozialverhaltens (SSV) handelt es sich um eine heterogene Störungsgruppe, die oppositionelle, aggressive und dissoziale Verhaltensweisen umfasst, die als sich wiederholende Verhaltensmuster auftreten und dabei wichtige altersrelevante Normen und Regeln sowie grundlegende Rechte anderer verletzen. Diese Störungsgruppe beinhaltet einerseits oppositionelles Trotzverhalten, das ein unangemessenes Verweigerungsverhalten in der Interaktion beschreibt, das meist gegenüber Erwachsenen wie Eltern und Lehrkräften auftritt. Dazu zählen lange Diskussionen und verbale Auseinandersetzungen. Die betroffenen Kinder werden häufig als aufsässig und feindselig wahrgenommen (s. Fallbeispiel Fabian). Dieser Störungsbereich mit vornehmlich oppositionellem Verhalten gilt als etwas leichtere Form der Störung, wird jedoch auch als ein möglicher Vorläufer einer schwerwiegenderen Symptomatik betrachtet. Erste Symptome treten üblicherweise erstmals im Vorschulalter bis in die mittlere Kindheit auf (Falkai et al., 2018). Darüber hinaus kann verbal oder körperlich aggressives Verhalten gegenüber anderen Personen oder Gegenständen auftreten, bis hin zu dissozialen Verhaltensweisen, die Verletzungen der Rechte anderer umfassen und offen (z. B. Raub) oder verdeckt (z. B. Lügen, Diebstähle) gezeigt werden. Bei dieser Symptomatik wird auch von einer Störung des Sozialverhaltens im engeren Sinne gesprochen (s. Fallbeispiel Ole). Diese Störung kann ebenfalls erstmals im Vorschulalter auftreten, typischerweise liegt der Beginn aber im mittleren Kindes- bis Jugendalter (Falkai et al., 2018).

Im Rahmen der Entwicklung kann es auch zu einem vorübergehenden oder vereinzelten Auftreten solcher oppositionellen, aggressiven und dissozialen Verhaltensweisen bei Kindern und Jugendlichen kommen, ohne dass dies als klinisch auffällig gewertet wird (Görtz-Dorten, Döpfner & Banaschewski, 2023). Erst wenn sich ein deutliches Muster über einen längeren Zeitraum abzeichnet und das Ausmaß im Vergleich zu Gleichaltrigen deutlich erhöht ist, wird die Diagnose einer SSV in Betracht gezogen. Das Problemverhalten muss immer in Bezug zur aktuellen Entwicklungsphase des Kindes oder der jugendlichen Person gesetzt werden. Darüber hinaus kann es bei Störungen des Sozialverhaltens sein, dass die Betroffenen selbst keinen oder nur geringen Leidensdruck berichten und keine oder kaum Beeinträchtigung durch ihre Symptomatik wahrnehmen. Das Umfeld, wie Familie, Gleichaltrige oder pädagogische Fachkräfte, nimmt das Verhalten jedoch häufig als störend wahr, sodass für eine Einordnung des Verhaltens Informationen aus verschiedenen Quellen berücksichtigt werden müssen (▶ Kap. 4).

Good to know

Da oppositionelles und trotziges Verhalten im Vorschul- und Jugendalter störungsunabhängig häufiger vorliegt, gilt es hier besonders aufmerksam zu sein

> bei der Differenzierung zwischen Verhalten, das im Normbereich liegt und solchem, das davon abweicht (Falkai et al., 2018).

Neben einer Einordnung in oppositionelles oder aggressiv-dissoziales Problemverhalten ist eine weitere Differenzierung des Erscheinungsbildes in dieser heterogenen Störungsgruppe für eine valide Prognose und individuelle Behandlungsplanung wichtig, denn betroffene Kinder und Jugendliche können sehr unterschiedliche Phänotypen aufweisen und sich in Ursachen und Entwicklungsverläufen stark voneinander unterscheiden.

Oppositionelles Verhalten kann in drei Symptombereiche (ärgerlich/gereizte Stimmung, streitsüchtig/trotziges Verhalten und Rachsucht) eingeteilt werden, die bei Betroffenen unterschiedlich stark ausgeprägt sein können. Diese Dimensionen konnten in empirischen Studien nachgewiesen werden (Falkai et al., 2018; Stringaris & Goodman, 2009). Davon abweichende Binnenstrukturen oppositionellen Verhaltens umfassen häufig zumindest zwei Dimensionen: eine affektive Komponente wie Irritabilität und eine verweigernd-oppositionelle Komponente (Burke, Hipwell & Loeber, 2010; Rowe et al., 2010). Trotz dieser Uneindeutigkeiten verdeutlichen die Befunde die Variabilität des individuellen Erscheinungsbildes.

Darüber hinaus existiert eine Gruppe von Kindern und Jugendlichen, die insbesondere durch starke Wutanfälle, chronische Reizbarkeit und starken Ärger auffällt (World Health Organization, 2019/2021; Weltgesundheitsorganisation, 2015, 2016). Eine andere Gruppe ist dagegen durch Emotionslosigkeit und mangelnde Empathie gekennzeichnet, was als reduzierte prosoziale Emotionalität (englisch: callous unemotional traits) bezeichnet wird. Diese kann sowohl bei oppositionellem als auch bei aggressiv-dissozialem Problemverhalten auftreten. Studien zeigen, dass 10–50 % der Kinder und Jugendlichen mit einer SSV zusätzlich durch diese Merkmale gekennzeichnet sind (Kahn, Frick, Youngstrom, Findling & Youngstrom, 2012; Rowe et al., 2010). Betroffene weisen oft ein starkes Ausmaß an Symptomatik auf, sprechen schlechter auf etablierte Behandlungsmethoden an und haben ein höheres Risiko für negative Langzeitfolgen (Frick, Ray, Thornton & Kahn, 2014).

Auch aggressives oder dissoziales Verhalten muss differenziert betrachtet werden. Dabei erfolgt häufig eine Einteilung nach Form, heißt eingesetzter Methode, und Funktion, also der dahinterstehenden Motivation (Evans, Frazer, Blossom & Fite, 2019). Es kann in Form von verbaler und körperlicher oder auch relationaler Aggression auftreten. Relationale Aggression, dazu zählt Manipulieren, lästern und das Beschädigen der sozialen Position einer Person, wird als eher weibliche Symptomatik diskutiert (Ackermann et al., 2019). Auf Motivebene hat sich eine Unterteilung in proaktive und reaktive Aggression gestützt auf Theorie sowie Empirie durchgesetzt (Evans et al., 2019). Proaktive Aggression wird eingesetzt, um ein bestimmtes Ziel zu erreichen, während reaktive Aggression eine Reaktion auf eine wahrgenommene Bedrohung oder Provokation darstellt. Nach Vitiello & Stoff (1997) kann eine genauere Einteilung in feindselig (Person direkt Schaden) versus instrumentell (bestimmtes Ziel erreichen), offen (Kämpfen, Wutanfälle) versus verdeckt (Stehlen, Feuer legen), direkt (in Konfrontation mit Person) versus indirekt (Beziehung betreffend) und affektiv (ungeplant, impulsiv) versus räuberisch (geplant, zielgerichtet) erfolgen. Allen gemein ist eine Einteilung bezüglich eines Erscheinungsbildes mit eher kontrolliert-proaktiver-instrumenteller Ausrichtung und eines Subtyps mit eher impulsiver-reaktiv-feindlicher Aggression. Da beide Aggressionsmotive genetische Überschneidungen aufweisen und miteinander korrelieren, wird angenommen, dass beide gleichzeitig vorhanden sein können (Romero-Martínez, Sarrate-Costa & Moya-Albiol, 2022).

> **Merke**
>
> Aggressives Verhalten wird häufig klassifiziert nach
>
> - Form: verbal, körperlich und relational
> - Motiv: proaktiv und reaktiv

Zusätzlich kann eine SSV danach unterschieden werden, ob die Symptomatik bereits in der Kindheit beginnt, oder erst im Jugendalter auftritt, sowie danach, welche Lebensbereiche betroffen sind. Viele Aspekte der beschriebenen Erscheinungsbilder einer SSV werden in den Klassifikationssystemen durch unterschiedliche Diagnosen und Zusatzkodierungsmöglichkeiten abgebildet.

1.2 Klassifikationssysteme und Symptomatik

Die Diagnosesysteme *Diagnostisches und Statistisches Manual Psychischer Störungen 5* (DSM-5; Falkai et al., 2018) und *Internationale Klassifikation psychischer Störungen 10/11* (ICD-10/ICD-11; World Health Organization, 2019/2021; Weltgesundheitsorganisation, 2015, 2016) enthalten diverse Störungen des Sozialverhaltens, konvergieren bezüglich der zugehörigen Symptomkriterien, unterscheiden sich jedoch auch in wichtigen Details. Alle Diagnosesysteme differenzieren zwischen Störungen mit oppositionellem Verhalten und SSV im engeren Sinne mit dissozialer und/oder aggressiver Symptomatik. Im DSM-5 und der ICD-11 liegen hierfür entsprechend zwei unterschiedliche Störungskategorien vor, während in der ICD-10 diese beiden Störungsbereiche zu einer Gesamtkategorie unter den Störungen des Sozialverhaltens zusammengefasst werden.

1.2.1 DSM-5

Im DSM-5 (Falkai et al., 2018) befinden sich die Diagnosen Störung mit oppositionellem Trotzverhalten und SSV im Kapitel *Disruptive, Impulskontroll- und Sozialverhaltensstörungen*.

Die Diagnose einer *Störung mit oppositionellem Trotzverhalten* ist nach DSM-5 (Falkai et al., 2018) gekennzeichnet durch vermehrte und wiederkehrende trotzige, ungehorsame und feindselige Verhaltensweisen. Im Gegensatz zu der Diagnose SSV liegt jedoch kein ausgeprägtes körperlich-aggressives, dissoziales oder delinquentes Verhalten vor. Zusätzlich kann der Schweregrad von leicht, mittel bis schwer abhängig von der Anzahl betroffener Kontexte (1, 2, oder ≥ 3) angegeben werden. Um nach DSM eine Störung mit oppositionellem Trotzverhalten diagnostizieren zu können, muss über einen Zeitraum von mindestens sechs Monaten ein anhaltendes Muster von ärgerlicher/gereizter Stimmung, streitsüchtigem/trotzigem Verhalten und/oder Rachsucht vorliegen. Dafür müssen mindestens vier der vorgegebenen acht Symptome in der Interaktion mit mindestens einer Person gezeigt werden, die kein Geschwister ist:

Die betroffene Person hat oft Wutanfälle. Zudem äußert sich eine ärgerliche oder gereizte Stimmung darin, dass die betroffene Person schnell in Zorn gerät, empfindlich auf Kleinigkeiten reagiert und sich leicht aus der Fassung bringen lässt. Die betroffene Person ist oft verärgert und fühlt sich schnell persönlich angegriffen. In zwischenmenschlichen Beziehungen können sich streitsüchtige und trotzige Verhaltensweisen zeigen, die zu wiederholten Konflikten mit Autoritätspersonen führen. Es kommt häufig vor, dass Anweisungen bewusst ignoriert oder Regeln missachtet werden. Für eigenes Fehlverhalten wird selten die Verantwortung übernommen; stattdessen wird die Schuld bei anderen gesucht, und bewusstes Provozieren oder Verärgern steht im Vordergrund. Schließlich zeigt sich Rachsucht in absichtlich bösartigen oder rachsüchtigen Handlungen (Falkai et al., 2018).

Um die Störung mit oppositionellem Trotzverhalten von Normvariationen des kindlichen und jugendlichen Verhaltens abzugrenzen, fordert das DSM-5, dass bei Kindern unter 5 Jahren die Symptome über mindestens 6 Monate an den meisten Tagen auftreten sollen und bei Kindern die 5 Jahre oder älter sind, dass das Verhalten über 6 Monate mindestens einmal pro Woche auftreten soll. Darüber hinaus ist vorausgesetzt, dass die Störung mit Leidensdruck für das Kind oder für andere Personen im unmittelbaren sozialen Umfeld verbunden ist oder negativen Einfluss auf soziale, schulische, berufliche oder andere wichtige Funktionsbereiche ausübt.

Die Kriterien der *Störung des Sozialverhaltens* nach DSM-5 (Falkai et al., 2018) umfassen eine Vielzahl verschiedener aggressiver und dissozialer Symptome. Es kann eine Spezifizierung nach Subtyp mit Beginn in der Kindheit, mit Beginn im Jugendalter oder unspezifiziertem Beginn erfolgen. Zudem kann angegeben werden, ob zusätzlich reduzierte prosoziale Emotionalität vorliegt. Auch bei dieser Diagnose kann eine Schweregradeinteilung von leicht, mittel bis schwer erfolgen, wobei sich diese nach Anzahl erfüllter Symptomkriterien und Schädigungspotenzial der erfüllten Kriterien richtet. Um nach DSM-5 eine SSV diagnostizieren zu können, muss ein sich wiederholendes und anhaltendes Verhaltensmuster vorliegen, durch das die grundlegenden Rechte anderer oder wichtige altersentsprechende gesellschaftliche Normen oder Regeln verletzt werden. Dafür müssen mindestens 3 von 15 Kriterien aus den Bereichen Aggressives Verhalten gegenüber Menschen und Tieren, Zerstörung von Eigentum, Betrug oder Diebstahl und Schwere Regelverstöße während der letzten zwölf Monate erfüllt sein, wobei mindestens ein Kriterium auch in den letzten 6 Monaten erfüllt sein muss:

Zu aggressiven Verhaltensweisen zählt die Schikane und Einschüchterung anderer, aber auch das Aussprechen von Drohungen und das Beginnen körperlicher Auseinandersetzungen. Dabei kann es auch zum Einsatz einer Waffe kommen, um andere zu schädigen oder zu körperlicher Grausamkeit. Zu möglichen Symptomen gehören Tierquälerei, Raub, Erpressung sowie sexuelle Übergriffe. Darüber hinaus kann es zu Sachbeschädigungen kommen, bei denen Eigentum mutwillig zerstört wird, u. a. durch das absichtliche Legen von Bränden. Die betroffene Person zeigt eine Neigung zu betrügerischem Verhalten und Diebstahl, bricht in fremde Wohnungen, Gebäude oder Fahrzeuge ein oder lügt häufig zum eigenen Vorteil. Hierzu gehört auch das Stehlen wertvoller Gegenstände, ohne dabei in direkten Kontakt mit den Geschädigten zu treten. Schließlich ignoriert die betroffene Person häufig gesellschaftliche Normen und Regeln. Sie bleibt ohne Einwilligung nachts außer Haus oder läuft mehrfach von zu Hause weg. Bereits in jungen Jahren kann es zu Schulabsentismus kommen (Falkai et al., 2018).

Zusätzlich besteht im DSM-5 die Option, die Diagnose durch die Kodierung *mit reduzierter prosozialer Emotionalität* weiter zu spezifizieren (Falkai et al., 2018). Dafür müssen mindestens zwei der beschriebenen Merkmale über mindestens 12 Monate über verschiedene Situationen und Personen hinweg vorhanden und für die Person typisch sein:

Der betroffenen Person mangelt es an Einsicht oder Schuldgefühlen, wenn sie sich falsch verhalten hat, und sie scheint kaum von den negativen Folgen ihrer Handlungen berührt zu sein. Es fehlt ihr an Mitgefühl, da sie sich nicht für die Emotionen und Bedürfnisse anderer interessiert und wirkt oft unbeteiligt oder unberührt. Außerdem zeigt sie wenig Engagement für Leistung und Erfolg. Selbst bei Misserfolgen bleibt sie unbeeindruckt und bemüht sich nicht, ihre Situation zu verbessern (Falkai et al., 2018).

Die im DSM-5 neu eingeführte Diagnose *Disruptive Affektregulationsstörung* für Kinder im Alter zwischen 6 und 18 Jahren ist charakterisiert durch chronische Reizbarkeit und häufige, schwere Wutanfälle (Falkai et al., 2018). Die Symptomkriterien weisen gewisse Überschneidungen mit der Störung mit oppositionellem Trotzverhalten auf (▶ Kap. 3.3). Die *Disruptive Affektregulationsstörung* bezeichnet nach DSM jedoch eine eigenständige diagnostische Kategorie im Rahmen der affektiven Störungen, wodurch die Relevanz des Stimmungskriteriums im Kontrast zur Störung mit oppositionellem Trotzverhalten betont wird. In der ICD-11 wird diese Diagnose nicht übernommen, sondern als Zusatzkodierung angeboten.

Studien: Geschlechtsunterschiede in der Symptomatik

Die Prävalenzen für Störungen des Sozialverhaltens fallen für Jungen höher aus als für Mädchen (▶ Kap. 2.1) und Studien zum Störungsbild beinhalten zum Großteil oder auch ausschließlich männliche Populationen, weshalb über betroffene andere Geschlechter immer noch weniger bekannt ist (Freitag et al., 2018). Studien, die weibliche Betroffene berücksichtigen, geben jedoch Hinweise auf mögliche Geschlechtsunterschiede bezüglich der Symptomatik, die in den Klassifikationssystemen bisher nicht berücksichtigt werden:

- Eine Untersuchung zu Symptom-Subgruppen bei Jungen und Mädchen mit Verhaltensauffälligkeiten zeigt, dass sich bei beiden Geschlechtern die Verhaltensprobleme anhand der Anzahl der Symptome in einen niedrigen oder hohen Schweregrad einteilen lassen (Smaragdi, Blackman, Donato, Walsh & Augimeri, 2020). Bei Jungen, jedoch nicht bei Mädchen, ergeben sich zwei weitere Symptom-Subgruppen – Regelverstöße und aggressives Verhalten – die der Einteilung von Symptomen einer Störung des Sozialverhaltens im DSM-5 entsprechen.
- Bei Jungen und Mädchen mit SSV ergeben sich bei Konrad et al. (2021) keine Geschlechtsunterschiede bezüglich Schweregrad, sowie Betrugs- oder Diebstahlsymptomen. Jedoch zeigen Mädchen weniger körperliche Aggression und Zerstörung von Eigentum sowie vermehrt schwere Regelverstöße. Die häufigsten Symptome bei Mädchen sind *Lügen* (30 %), *Schuleschwänzen* (26 %) und der *Beginn von Schlägereien* (23 %), während bei Jungen vorrangig der *Beginn von Schlägereien* (38 %), *Lügen* (36 %) und *Stehlen* (28 %) auftreten.
- Bei Ackermann et al. (2019) zeigen Mädchen mit SSV mehr relationale Aggression als Jungen mit SSV. Dagegen ergeben sich Geschlechtsunterschiede bezüglich körperlicher Aggression nur in einer unauffälligen, jedoch nicht in der klinischen Stichprobe. Sowohl in der SSV- als auch in der unauffälligen Gruppe haben Jungen eine stärkere reduzierte prosoziale Emotionalität als Mädchen.
- Weitere Studien weisen daraufhin, dass reduzierte prosoziale Emotionalität bei Mädchen mit SSV und in Bevölkerungsstichproben geringer ausgeprägt ist als bei Jungen und dass Jungen wahrscheinlicher die Kriterien der Zusatzkodierung erfüllen (Fontaine, Rijsdijk, McCrory & Viding, 2010; Ueno, Ackermann, Freitag & Schwenck, 2021).

1.2.2 ICD-10

In der ICD-10 (Weltgesundheitsorganisation, 2015, 2016) finden sich Störungen des Sozialverhaltens im Bereich *F9: Verhaltens- und emotionale Störungen mit Beginn in der Kindheit und Jugend* und werden unter der Gesamtkategorie *Störungen des Sozialverhaltens* zusammengefasst. Darunter gliedern sich verschiedene Subtypen je nach Schwerpunkt der Symptome (Oppositionelles Verhalten und/oder Aggressivdissoziales Verhalten), betroffenen Kontexten (z. B. nur Kernfamilie/direkte Lebensgemeinschaft) und beeinträchtigten sozialen Beziehungen (z. B. bei fehlenden sozialen Bindungen) sowie dem Vorliegen komorbider Störungen (z. B. mit hyperkinetischer Störung).

> **Good to know**
>
> Der Begriff SSV gilt für jede der hier aufgeführten ICD-10 als auch für die später beschriebenen ICD-11 Diagnosen, die sowohl oppositionelles als auch aggressivdissoziales Verhalten umfassen. Im Englischen werden die beiden Bereiche als

»oppositional defiant disorder« und »conduct disorder« sprachlich stärker voneinander getrennt und im DSM-5 als Störung mit Oppositionellem Trotzverhalten und Störung des Sozialverhaltens geführt (Falkai et al., 2018). Daraus resultiert eine gewisse Komplexität, da der Begriff SSV teilweise nur mit denjenigen Störungen im engeren Sinne assoziiert wird, aber in der ICD auch für oppositionelle Störungen gilt. In diesem Buch wird der Terminus SSV wie in der ICD als übergeordneter Begriff für alle Diagnosen, also oppositionelle, aggressive und dissoziale Störungen, verwendet.

Die folgende Tabelle (▶ Tab. 1.1) gibt einen Überblick über die Subtypen der SSV nach ICD-10 (Weltgesundheitsorganisation, 2015, 2016) aus dem Kapitel *F91.– Störungen des Sozialverhaltens*.

Tab. 1.1: Subtypen der SSV nach ICD-10 (Weltgesundheitsorganisation, 2015, 2016)

Diagnose nach ICD-10	Beschreibung des Störungsbildes
F91.0 Auf den familiären Rahmen beschränkte Störung des Sozialverhaltens	Aggressiv-dissoziales Verhalten, das völlig oder zumindest fast vollständig auf den häuslichen Rahmen oder die Interaktion mit der Kernfamilie/ direkten Lebensgemeinschaft begrenzt ist und oppositionelles oder trotziges Verhalten übersteigt. Die allgemeinen Symptomkriterien müssen erfüllt sein, eine gestörte Eltern-Kind-Beziehung ist alleinstehend nicht hinlänglich.
F91.1 Störung des Sozialverhaltens bei fehlenden sozialen Bindungen	Aggressiv-dissoziales Verhalten, das mit einer andauernden und tiefgreifenden Beeinträchtigung der Beziehungen der*des Betroffenen zu anderen Menschen, insbesondere anderen Kindern, einhergeht. Die allgemeinen Symptomkriterien müssen erfüllt sein und nicht nur oppositionelle, aufsässige und trotzige Verhaltensweisen umfassen.
F91.2 Störung des Sozialverhaltens bei vorhandenen sozialen Bindungen	Aggressiv-dissoziales Verhalten, das mit einer überwiegend guten sozialen Einbindung in die Altersgruppe einhergeht. Die allgemeinen Symptomkriterien müssen erfüllt sein und nicht nur oppositionelle, aufsässige und trotzige Verhaltensweisen umfassen.
F91.3 Störung des Sozialverhaltens mit oppositionellem, aufsässigem Verhalten	Ungehorsames und trotziges Verhalten ohne Auftreten schwerer dissozialer oder aggressiver Verhaltensweisen. Typischerweise tritt die Störung bei jüngeren Kindern auf. Die allgemeinen Symptomkriterien müssen erfüllt sein, ungezogenes Verhalten alleinstehend ist nicht hinlänglich.
F91.8/F91.9 Sonstige bzw. nicht näher bezeichnete Störung des Sozialverhaltens	Verhalten, das die Symptomkriterien einer Störung des Sozialverhaltens erfüllt, eine Zuordnung zu einer Subgruppe aber nicht ermöglicht.

Zusätzlich können in der ICD-10 kombinierte Diagnosen vergeben werden. Dies bedeutet, dass unter einem einzelnen ICD-10 Code neben einer SSV eine weitere psychische Störung verschlüsselt wird. Einen Überblick gibt die folgende Tabelle (▶ Tab. 1.2).

Tab. 1.2: Kombinierte Diagnosen nach ICD-10 (Weltgesundheitsorganisation, 2015, 2016)

Kombinierte Diagnose nach ICD-10	Beschreibung des Störungsbildes
F90.1 Hyperkinetische Störung des Sozialverhaltens	Störung des Sozialverhaltens, die kombiniert mit einer Aktivitäts- und Aufmerksamkeitsstörung auftritt.
F92.– Kombinierte Störung des Sozialverhaltens und der Emotionen	Störung des Sozialverhaltens, die kombiniert mit einer emotionalen Störung wie depressiver Störung oder Angststörung auftritt.

1.2.3 ICD-11

In der ICD-11 (WHO, 2019/2021) wurden grundlegende Änderungen durchgeführt, durch die teilweise eine Angleichung an das DSM-5 erzielt wurde. In der ICD-11 wird die Überkategorie *F9: Verhaltens- und emotionale Störungen mit Beginn in der Kindheit und Jugend* aus der ICD-10 aufgehoben. Störungen des Sozialverhaltens fallen nun unter die separate Kategorie *Disruptives Verhalten oder dissoziale Störungen* und ähneln damit der Einordnung im DSM-5. Während in der ICD-10 alle Störungen des Sozialverhaltens in eine Gesamtkategorie zusammengefasst werden, liegen in der ICD-11, wie im DSM-5, für Störungen mit oppositionellem Verhalten und SSV im engeren Sinne zwei getrennte Störungskategorien vor. Die Möglichkeit Kombinationsdiagnosen zu vergeben, fällt in der ICD-11, wie bereits im DSM-5, für alle Störungsbereiche weg. Es werden nun voneinander getrennte Mehrfachdiagnosen gestellt. In der ICD-11 wird zudem neu die Möglichkeit gegeben, bei der SSV mit oppositionellem, aufsässigem Verhalten durch eine Zusatzkodierung anzugeben, ob chronische Reizbarkeit und Ärger und/oder reduzierte prosoziale Emotionalität vorliegt. Daraus ergeben sich in der ICD-11 in Kapitel 6C90 mehrere Subtypen der SSV mit oppositionellem, aufsässigem Verhalten, die in der folgenden Tabelle (▶ Tab. 1.3) aufgelistet werden.

Tab. 1.3: Subtypen der SSV mit oppositionellem und aufsässigem Verhalten nach ICD-11 (eigene Übersetzung; World Health Organization, 2019/2021)

Diagnose nach ICD-11	Subdiagnosen
6C90.0 Störung des Sozialverhaltens mit oppositionellem, aufsässigem Verhalten und chronischer Reizbarkeit oder Wut	• 6C90.00 Störung des Sozialverhaltens mit oppositionellem, aufsässigem Verhalten und chronischer Reizbarkeit oder Wut, mit limitierten prosozialen Emotionen • 6C90.01 Störung des Sozialverhaltens mit oppositionellem, aufsässigem Verhalten und chronischer Reizbarkeit oder Wut, mit typischen prosozialen Emotionen

1 Erscheinungsbild, Entwicklungspsychopathologie und Klassifikation

Tab. 1.3: Subtypen der SSV mit oppositionellem und aufsässigem Verhalten nach ICD-11 (eigene Übersetzung; World Health Organization, 2019/2021) – Fortsetzung

Diagnose nach ICD-11	Subdiagnosen
	• 6C90.0Z Störung des Sozialverhaltens mit oppositionellem, aufsässigem Verhalten und chronischer Reizbarkeit oder Wut, nicht näher bezeichnet
6C90.1 Störung des Sozialverhaltens mit oppositionellem, aufsässigem Verhalten ohne chronische Reizbarkeit oder Wut	• 6C90.10 Störung des Sozialverhaltens mit oppositionellem, aufsässigem Verhalten ohne chronische Reizbarkeit oder Wut, mit limitierten prosozialen Emotionen • 6C90.11 Störung des Sozialverhaltens mit oppositionellem, aufsässigem Verhalten ohne chronische Reizbarkeit oder Wut, mit typischen prosozialen Emotionen • 6C90.1Z Störung des Sozialverhaltens mit oppositionellem, aufsässigem Verhalten ohne chronische Reizbarkeit oder Wut, nicht näher bezeichnet
6C90.Z Störung des Sozialverhaltens mit oppositionellem, aufsässigem Verhalten, nicht näher bezeichnet	

Im Bereich SSV mit dissozialem Verhalten wird nach ICD-11, kongruent zum DSM-5, nur noch ein Subtyp mit Beginn in der Kindheit vom Subtyp mit Beginn im Jugendalter unterschieden (vor oder nach dem 10. Lebensjahr). Auch hier kann durch eine Zusatzkodierung angegeben werden, ob reduzierte prosoziale Emotionalität vorliegt. Die daraus resultierenden Subtypen der SSV werden in Kapitel 6C91 des ICD-11 klassifiziert. Die folgende Tabelle (▶ Tab. 1.4) gibt einen Überblick.

Tab. 1.4: Subtypen der SSV mit dissozialem Verhalten nach ICD-11 (eigene Übersetzung; World Health Organization, 2019/2021)

Diagnose nach ICD-11	Subdiagnosen
6C91.0 Störung des Sozialverhaltens mit dissozialem Verhalten, Beginn im Kindesalter	• 6C91.00 Störung des Sozialverhaltens mit dissozialem Verhalten, Beginn im Kindesalter, mit limitierten prosozialen Emotionen • 6C91.01 Störung des Sozialverhaltens mit dissozialem Verhalten, Beginn im Kindesalter, mit typischen prosozialen Emotionen • 6C91.0Z Störung des Sozialverhaltens mit dissozialem Verhalten, Beginn im Kindesalter, nicht näher bezeichnet
6C91.1 Störung des Sozialverhaltens mit dissozialem Verhalten, Beginn im Jugendalter	• 6C91.10 Störung des Sozialverhaltens mit dissozialem Verhalten, Beginn im Jugendalter, mit limitierten prosozialen Emotionen • 6C91.11 Störung des Sozialverhaltens mit dissozialem Verhalten, Beginn im Jugendalter, mit typischen prosozialen Emotionen

Tab. 1.4: Subtypen der SSV mit dissozialem Verhalten nach ICD-11 (eigene Übersetzung; World Health Organization, 2019/2021) – Fortsetzung

Diagnose nach ICD-11	Subdiagnosen
	• 6C91.1Y Störung des Sozialverhaltens mit dissozialem Verhalten, Beginn im Jugendalter, nicht näher bezeichnet
6C91.Z Störung des Sozialverhaltens mit dissozialem Verhalten, nicht näher bezeichnet	

1.3 Fragen zur Selbstkontrolle

- Beschreiben Sie die verschiedenen Erscheinungsbilder einer SSV und wie die Störung genauer differenziert wird.
- Welche Diagnosen können nach ICD-10, ICD-11 und DSM-5 vergeben werden?
- Erklären Sie, wie sich eine SSV mit oppositionellem Verhalten von einer SSV im engeren Sinne abgrenzen lässt.
- Nennen Sie Aspekte, in denen sich die Klassifikationssysteme voneinander unterscheiden.

2 Epidemiologie, Verlauf und Folgen

> **Fallbeispiel**
>
> Jana ist 13 Jahre alt und stellt sich gemeinsam mit ihrem Vater in einer psychotherapeutischen Praxis vor, da Jana bereits zum dritten Mal beim Stehlen im Supermarkt erwischt wurde. Im Anamnesegespräch berichtet ihr Vater, dass Jana bereits im Kleinkindalter zu Wutanfällen mit lautem Schreien neigte. Im Kindergarten habe sie Schwierigkeiten gehabt, mit anderen in Kontakt zu kommen und häufig allein gespielt. Ihre Mutter sei aufgrund einer Alkoholabhängigkeit keine zuverlässige Bezugsperson gewesen und so sei es vor fünf Jahren zur Trennung der Eltern und Auszug der Mutter gekommen. Seitdem habe es vermehrt Konflikte zwischen Jana und ihrem Vater gegeben. Mit dem Wechsel auf die weiterführende Schule verweigere Jana zunehmend ihre Mitarbeit im Unterricht. Im letzten Jahr habe sie zum ersten Mal engere Freundschaft mit einer Gruppe von Mädchen geschlossen. Dies beobachtet der Vater jedoch mit Sorge, da sie mit ebendiesen gemeinsam gestohlen habe.

Lernziele

- Sie kennen die Prävalenzzahlen von Störungen des Sozialverhaltens.
- Sie wissen, wie die verschiedenen Entwicklungsverläufe der Störung aussehen.
- Sie haben ein grundlegendes Verständnis der Folgen und Auswirkungen der SSV.
- Sie kennen die klinischen Herausforderungen beim Aufstellen von Therapiezielen.

2.1 Prävalenz

Im Gesundheitssystem zählen oppositionelle, aggressive und dissoziale Verhaltensprobleme bei Kindern und Jugendlichen zu den häufigsten Vorstellungsanlässen.

Für SSV mit oppositionellem Trotzverhalten liegt die geschätzte Durchschnittsprävalenz bei 3,3 %, wobei Prävalenzen je nach Studie eine starke Varianz aufweisen und zwischen 1 % und 11 % liegen (Falkai et al., 2018). Vor dem Jugendalter sind Jungen in einem Verhältnis von 1,4:1 (Falkai et al., 2018) bis 2:1 (Scott, 2015) häufiger betroffen als Mädchen. Diese erhöhte Rate beim männlichen Geschlecht wird im Jugend- und jungen Erwachsenenalter nicht durchgängig gefunden (Falkai et al., 2018). Die ersten Symptome treten meist bereits im Vorschulalter und selten nach dem frühen Jugendalter auf.

Für SSV im engeren Sinne liegt der Median der Prävalenz bei 4 % und variiert zwischen 2 bis mehr als 10 % (Falkai et al., 2018). Die Prävalenzrate liegt bei männlichen Betroffenen höher mit einem Verhältnis von 3:1 bis 7:1 (Scott, 2015). Von der Kindheit zum Jugendalter nimmt die Häufigkeit der Störung zu, wobei sich die ersten relevanten Symptome meist im mittleren Kindes- bis mittleren Jugendalter entwickeln und ein Störungsbeginn nach dem Alter von 16 Jahren eine Seltenheit darstellt. Tendenziell zeigen Betroffene zunächst eher weniger schwerwiegende, problematische Verhaltensweisen wie Lügen, wobei das Ausmaß über die Entwicklung hinweg zunehmen kann und später schwere dissoziale Verhaltensweisen wie das Erzwingen sexueller Handlungen oder das Benutzen einer Waffe hinzukommen können (Falkai et al., 2018).

Für Deutschland liegt die Prävalenz klinischer Auffälligkeit im Bereich SSV ermittelt durch die Erhebung einer repräsentativen Stichprobe zwischen 7,6 % (95 % KI: 6,5–8,7; Ravens-Sieberer, Wille, Bettge & Erhart, 2007) und 12,2 % (Klasen et al., 2016). Dabei wird in der Regel das Elternurteil berücksichtigt. Dies liegt einerseits daran, dass dieses auch für jüngere Kinder vorliegt, die selbst noch keine Fragebogen beantworten können, und andererseits daran, dass das Selbsturteil häufig unauffälliger ausfällt und die Prävalenz eher zu unterschätzen scheint. Aggressives Verhalten tritt bei den Betroffenen häufiger auf als dissoziales Verhalten. Ein niedriger sozioökonomischer Status (SES) wirkt sich negativ aus und schlägt sich in erhöhten Prävalenzzahlen nieder. Die Auftretenswahrscheinlichkeit klinischer Auffälligkeit liegt bei niedrigem SES bei 11,3 % (95 % KI: 8,7–14,5) und im Vergleich dazu bei einem hohen SES bei 5,7 % (95 % KI: 3,9–8,4; Ravens-Sieberer et al., 2007). In der Bevölkerungsstichprobe nimmt die Symptomatik und damit die Anzahl klinisch auffälliger Mädchen und Jungen ab dem Jugendalter deutlich ab (▶ Abb. 2.1). Jungen zeigen im Mittel höhere Symptomwerte als Mädchen, auch diese sinken nach dem 14. Lebensjahr jedoch deutlich ab und sind im Alter von 19 Jahren sogar etwas niedriger als bei Mädchen (Klasen et al., 2016). Es gibt Hinweise darauf, dass sich das Symptomprofil von Mädchen mit SSV von dem von Jungen unterscheidet (▶ Kap. 1.2.1) und der Störungsbeginn häufiger erst im Jugendalter liegt (Konrad et al., 2021), was sich möglicherweise auf die Prävalenzzahlen auswirkt.

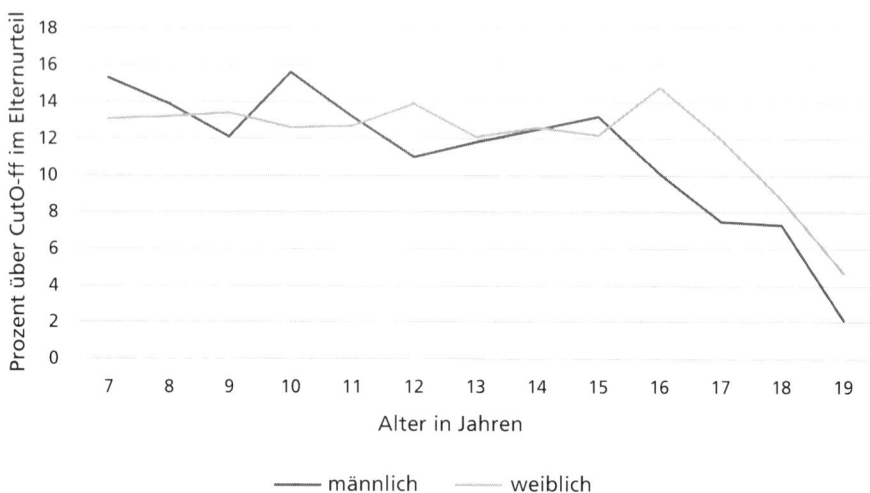

Abb. 2.1: Prozentzahl klinisch auffälliger Kinder und Jugendlicher bezogen auf SSV in der Studie von Klasen et al. (2016) über die Altersspanne im Elternurteil
Anmerkung: SSV erfasst über Skala Externalisierende Auffälligkeiten der Child Behavior Checklist (Döpfner, Plück, Achenbach, Kinnen & Checklist, 2014), Cut-Off Jungen bis einschließlich 11 Jahre ≥ 17, Jungen ab 12 Jahre ≥ 18, alle Mädchen ≥ 14.

2.2 Verlauf

SSV zeigen sich oft bereits in der frühen Kindheit. Deren Ursache und Entstehung wird in biopsychosozialen Störungsmodellen durch das Zusammenwirken von Einflussfaktoren auf körperlicher, psychischer und sozialer Ebene erklärt (▶ Kap. 5). SSV präsentieren sich im Verlauf als sehr stabil. Oppositionelles Trotzverhalten gilt als möglicher Vorläufer einer späteren SSV im engeren Sinne, welche im Erwachsenenalter in der Diagnose dissoziale Persönlichkeitsstörung münden kann (Moffitt et al., 2008). Möglich ist jedoch auch ein passageres Auftreten von störungsrelevanter Symptomatik. Aus der systematischen Untersuchung von Langzeitstudien ergeben sich verschiedene Entwicklungsverläufe, anhand derer Kinder und Jugendliche differenziert werden können (Bevilacqua, Hale, Barker & Viner, 2018):

- So existiert eine Gruppe, bei der multiple, hochausgeprägte Risikofaktoren vorliegen, deren Symptomatik bereits in der Kindheit beginnt, über die Zeit hinweg persistiert und mit schwerwiegenden Langzeitfolgen assoziiert ist (life-course-persistent oder early-onset persistent). Bei dieser Gruppe werden prädisponierende genetische und neuronale Faktoren angenommen, die im Zusam-

menspiel mit Umweltrisiken die Entwicklung in verschiedenen Lebensphasen ungünstig beeinflussen und langfristig u. a. zu schlechterer mentaler Gesundheit, verstärktem Konsumverhalten und erhöhten Kriminalitätsraten führen.
- Bei einer weiteren Gruppe tritt die Symptomatik ebenfalls bereits im Kindesalter auf, Risikofaktoren sind jedoch weniger stark ausgeprägt und die Verhaltensprobleme lassen bis zum Jugend- oder Erwachsenenalter wieder nach (childhood-limited).
- Bei einer dritten Gruppe liegt der Beginn der Symptomatik im Jugendalter und setzt sich darüber hinaus nicht fort (adolescent onset oder adolescent-limited).

Auch wenn die langfristige Entwicklung der beiden letztgenannten Gruppen weniger problematisch verläuft, zeigen sich im Erwachsenenalter Auffälligkeiten wie erhöhte Raten aggressiven Verhaltens. Auch vorübergehende externalisierende Verhaltensprobleme können sich also ungünstig auf die weitere Entwicklung auswirken, weshalb frühzeitige Prävention und Intervention indiziert sind.

> **Merke**
>
> Für eine prognostische Einschätzung der Entwicklung und Stabilität von Symptomen im Bereich Störung des Sozialverhaltens sollten folgende Faktoren berücksichtigt werden:
>
> - Ausmaß an Risikofaktoren
> - Onset der Symptomatik
> - Ausmaß an Verhaltensproblemen (Frequenz und Intensität)
> - Betroffene Lebensbereiche (Generalisierung der Symptomatik)

2.3 Folgen und Auswirkungen

Längsschnittstudien zum Einfluss von SSV auf das Erwachsenenalter weisen auf ein breites Spektrum assoziierter Probleme hin (▶ Tab. 2.1). Gerade diejenigen Kinder und Jugendlichen, die bereits früh Symptomatik einer SSV und multiple Risikofaktoren aufweisen, haben ein besonders hohes Risiko für negative Langzeitfolgen. Jedoch begünstigt auch ein später Beginn eine maladaptive Entwicklung, wenn auch mit geringerer Wahrscheinlichkeit. Dagegen wirkt sich Symptomatik, die nur im Kindesalter vorhanden ist, langfristig am günstigsten aus. Diese Gruppe gleicht später eher anderen gesunden Kindern und Jugendlichen und die Wahrscheinlichkeit für negative Folgen ist nur leicht erhöht (Bevilacqua et al., 2018).

Personen mit einer SSV im Kindes- und Jugendalter zeigen häufig auch im Erwachsenenalter weiter *aggressives Verhalten*, das bis zu schwerwiegenden Gewalttaten reichen kann. Diese Aggression kann sich auch innerfamiliär gegen Lebensgefährt*innen oder Kinder richten (Odgers et al., 2008). Zudem ist die Wahrscheinlichkeit, später eine dissoziale Persönlichkeitsstörung zu entwickeln, erhöht (Fergusson, John Horwood & Ridder, 2005). Die Symptomatik einer SSV weist also eine Stabilität auf, die sich bis ins Erwachsenenalter fortsetzen oder sogar verstärken kann. Durch antisoziales und dissoziales Verhalten steigt zudem die Wahrscheinlichkeit einer Vorstrafe oder eines Gefängnisaufenthalts aufgrund krimineller Aktivitäten (Bevilacqua et al., 2018; Odgers et al., 2008). Störungen des Sozialverhaltens haben jedoch weitreichende Auswirkungen, die über die ursprüngliche Symptomatik hinausgehen. So können diese langfristig die *schulische und berufliche Karriere* beeinflussen. Die betroffenen Kinder und Jugendlichen brechen häufiger die Schule ab, haben eine schlechtere Bildung und schlechtere Beschäftigungsverhältnisse (Bevilacqua et al., 2018; Lau, Temcheff, Poirier, Commisso & Déry, 2023). Dies führt zu einem niedrigeren Einkommen und insgesamt zu einem niedrigeren SES bis hin zu einem erhöhten Risiko für Obdachlosigkeit (Odgers et al., 2008). Auch auf *sozialer Ebene* wirkt sich eine SSV aus. Betroffene werden häufiger bereits früh Eltern (Fergusson et al., 2005), lassen sich im Erwachsenenalter öfter scheiden, sind mit ihrem Familienleben häufiger unzufrieden und berichten darüber hinaus auch öfter von Beziehungsproblemen in Freundschaften (Colman et al., 2009). Zudem haben Störungen des Sozialverhaltens langfristig einen Einfluss auf die *Gesundheit*, es können sowohl weitere psychische als auch physische Probleme auftreten. Es zeigt sich ein erhöhtes Risiko für das Entwickeln einer depressiven Störung oder von Angstsymptomen. Auch generelle Gesundheitsprobleme und ein erhöhter Konsum von Alkohol und Cannabis bis hin zu einem erhöhten Risiko für Abhängigkeiten treten auf. Zudem ist die Rate an Suizidversuchen erhöht (Bevilacqua et al., 2018; Odgers et al., 2008). Möglich ist, dass frühe Verhaltensauffälligkeiten erst die Umstände schaffen, die in komplexen Zusammenhängen das Risiko für eine spätere negative Entwicklung erhöhen. Beispielsweise könnte das auffällige Verhalten im jungen Alter zur Ablehnung durch Gleichaltrige führen und so den Anschluss an eine deviante Gruppe begünstigen. Eine solche Verbindung könnte wiederum das Risiko für die Beteiligung an Kriminalität und Substanzkonsum erhöhen (Fergusson et al., 2005).

Tab. 2.1: Zusammenfassung der Studienergebnisse von langfristigen Auswirkungen und Folgen von Störungen des Sozialverhaltens

Psychische und physische Gesundheitsfolgen	Schulische und berufliche Folgen	Soziale Folgen
• aggressives und gewalttätiges Verhalten • Dissoziale Persönlichkeitsstörung • Depressive und Angststörungen • Alkohol- und Cannabiskonsum • Substanzabhängigkeit	• Schulabbrüche • schlechte Bildung • schlechte Anstellung • niedriges Einkommen • Obdachlosigkeit • niedriger sozioökonomischer Status	• frühe Elternschaft • Scheidungen • Beziehungsprobleme mit Familie und Freund*innen • Gewaltanwendung gegen Partner*in oder Kinder

Tab. 2.1: Zusammenfassung der Studienergebnisse von langfristigen Auswirkungen und Folgen von Störungen des Sozialverhaltens – Fortsetzung

Psychische und physische Gesundheitsfolgen	Schulische und berufliche Folgen	Soziale Folgen
• allgemeine Gesundheitsprobleme • beeinträchtigte körperliche Gesundheit • Suizidversuche		

2.4 Klinische Perspektive

Oppositionelle, aggressive oder dissoziale Verhaltensweisen können in allen Lebensbereichen der Betroffenen auftreten. Häufig beginnen Störungen der sozialen Interaktion zunächst in der Familie und manifestieren sich langfristig auch in anderen Kontexten wie in der Kindertagesstätte (Kita) und Schule sowie im Freund*innenkreis. Regelverstöße und Wutanfälle im häuslichen Umfeld können die Eltern-Kind-Beziehung negativ beeinflussen, zusätzlich können Konflikte mit Geschwisterkindern für Spannungen im Familiensystem sorgen. Manchen Eltern fällt es schwer in Konfliktsituationen mit dem Kind ruhig zu bleiben und dienen so als negatives Modell für aggressives Verhalten. Die Verweigerungshaltung kann sich auch gegenüber Leistungsanforderungen zeigen, so zu schulischen Misserfolgen führen und den weiteren Bildungsweg bis hin zu Schulabbrüchen konterkarieren. Hinzukommen können Konflikte mit pädagogischen Fachkräften wie Lehrkräften, die das Verhalten der Kinder als störend wahrnehmen. Zudem machen manche Betroffene die Erfahrung, durch ihr auffälliges Problemverhalten von anderen Kindern und Jugendlichen abgelehnt zu werden, und schließen sich teilweise anderen devianten Peers an. Mit zunehmendem Alter können dann verstärkt dissoziale Handlungen auftreten. So ergeben sich für die therapeutische Arbeit, je nach betroffenen Lebensbereichen und Alter der Betroffenen, verschiedenste Aufträge.

2.4.1 Praktische Hinweise zur Erarbeitung von Therapiezielen

Familien, die eine Behandlung aufgrund einer SSV aufsuchen, sind oft stark belastet und stehen unter hohem Druck. Das Erarbeiten und Priorisieren von Therapiezielen kann sich mühsam gestalten, beispielsweise, weil Eltern »alles« als problematisch beschreiben und sich nicht festlegen können, an welchem Problemverhalten als erstes gearbeitet werden soll. Es ist jedoch angeraten, möglichst konkrete Therapieziele festzulegen und sich dabei auf einige wenige zu einigen. Die Kinder und Jugendlichen selbst zeigen oft auch im therapeutischen Setting zunächst oppositionelles oder aggressives Verhalten, weshalb der Beziehungsgestaltung und dem Aufbau von Therapiemotivation eine besondere Rolle zukommt, bevor über Probleme, Ziele oder auch deren Umsetzung gesprochen werden kann. Da häufig verschiedene Lebensbereiche betroffen sind, können für jeden Bereich unterschiedliche Ziele vorliegen, was die Mitarbeit aller betroffenen Systeme erfordert (z. B. Eltern, Lehrkräfte, Pädagog*innen etc.). Bei hoher Belastung und dem Vorliegen familiärer Risikofaktoren (z. B. Einelternfamilie, psychisch erkrankte Eltern), kann sich das aufgrund fehlender Kapazitäten und Ressourcen als schwierig erweisen. Dann müssen unter Umständen flankierende Maßnahmen, z. B. durch die Kinder- und Jugendhilfe, integriert werden (▶ Kap. 6.8). Manche Bezugspersonen sehen die Probleme ausschließlich beim Kind und sind zunächst nicht zur Mitarbeit und eigenen Verhaltensänderungen bereit. An der Symptomatik kann meist aber nur gearbeitet werden, wenn es gelingt, die zugehörigen Systeme zu motivieren, um zum Beispiel das Erziehungs- und Interaktionsverhalten oder Rahmenbedingungen zu verändern. Beim Einbezug verschiedener Parteien passiert es jedoch häufig, dass deren Ziele stark voneinander abweichen oder sich sogar widersprechen. Hier ist es wichtig, zunächst die unterschiedlichen Perspektiven zu verstehen und gemeinsame Schnittmengen zu identifizieren. Besonders herausfordernd kann es sein, wenn eine Therapie und deren Ziele nicht von der Familie selbst, sondern von Dritten wie der Schule oder dem Jugendamt forciert werden. In solchen Fällen besteht die Gefahr, dass sich die Familie nicht mit den gesetzten Zielen identifiziert oder sich unter Druck gesetzt fühlt. Die Familie hat jedoch das Recht auf Autonomie und Selbstbestimmung und sollte sich auf Basis einer umfassenden Aufklärung freiwillig für die Behandlung entscheiden. Dabei ist eine transparente Kommunikation unter Wahrung der Schweigepflicht (▶ Kap. 8.1) essenziell, um eine vertrauensvolle Atmosphäre zu schaffen. Es kann zudem hilfreich sein, den individuellen Nutzen einer Therapie für die Familie herauszuarbeiten. Ziele beinhalten oft die Reduktion von Symptomen (z. B. von Wutanfällen oder Regelverstößen) oder die Verbesserung von zwischenmenschlichen Beziehungen (z. B. in der Familie, Schule oder zu Gleichaltrigen). Dabei ist eine Reduktion einzelner problematischer Verhaltensweisen als realistischer einzuschätzen als ein vollständiges Wegfallen der Symptomatik, da diese einerseits in geringerem Ausmaß natürlichen Entwicklungsprozessen entspricht, zum anderen auch von gewissen konstanten Temperaments- und Persönlichkeitsmerkmalen ausgegangen werden kann.

2.5 Fragen zur Selbstkontrolle

- Nennen Sie die Prävalenzzahlen und beschreiben Sie den Einfluss von Alter und Geschlecht.
- Beschreiben Sie die unterschiedlichen Verläufe, je nach Beginn der Störung.

2.5 Fragen zur Selbstkontrolle

- Zählen Sie mehrere negative Auswirkungen von Störungen des Sozialverhaltens auf.
- Fassen Sie zusammen, vor welche Herausforderungen das Erarbeiten von Therapiezielen mit der Familie Kliniker*innen stellt und welche Ziele als realistisch eingestuft werden können.

3 Komorbidität und Differenzialdiagnostik

> **Fallbeispiel**
>
> Ahmet, 10 Jahre, ist in der Sprechstunde einer ambulanten Praxis. Vorstellungsanlass sind Konflikte im häuslichen Rahmen. Ahmet reagiert wütend, wenn seine Eltern ihn auffordern, morgens aufzustehen, um in die Schule oder zum Tanzunterricht zu gehen. Seit längerem ist seine Stimmung oft gereizt und er ist zu Hause kaum ansprechbar, sodass seine Eltern ihn meist in Ruhe lassen und akzeptieren, dass er viel Zeit allein in seinem Zimmer verbringt. In einem Telefonat mit der Schule berichtet der Klassenlehrer, dass Ahmet sich im Gegensatz zu früher weniger am Unterricht beteilige und sich von den anderen Kindern zurückziehe. Wutanfälle gebe es im schulischen Rahmen nicht, er beschreibt Ahmet jedoch als lethargisch und freudlos. Beim Vorstellungsanlass hatte die Therapeutin zunächst an eine Störung des Sozialverhaltens gedacht. Durch die weiterführenden Informationen aus der Schule fragt sie sich, ob nicht eine andere Diagnose die Symptome besser erklären könnte.

> **Lernziele**
>
> - Sie kennen die häufigsten komorbiden Störungen.
> - Sie wissen, welche Differenzialdiagnosen bedacht werden müssen.
> - Sie können diese Differenzialdiagnosen von Störungen des Sozialverhaltens abgrenzen.

3.1 Einführung

Oppositionelle, aggressive und dissoziale Verhaltensweisen können im Rahmen einer normalen Entwicklung vereinzelt oder in niedriger Frequenz und Intensität auftreten. Erst wenn die Symptome persistieren und sich ein überdauerndes Muster solcher Verhaltensweisen abbildet, sollte eine entsprechende Störung des Sozialverhaltens diagnostiziert werden. Gleichzeitig kann klinisch auffälliges Verhalten nicht nur auf eine SSV hinweisen, sondern auch ein Symptom einer anderen psychischen Störung sein. Wenn die Kriterien für eine Störung des Sozialverhaltens nicht (voll) erfüllt sind, ist eine gute differenzialdiagnostische Abklärung angeraten, um zu bestimmen, ob die Symptome besser durch das Vorliegen einer anderen psychischen Störung erklärt werden können (s. Petermann, Döpfner & Görtz-Dorten, 2016). Zusätzlich können andere psychische Störungen komorbid zu einer SSV vorliegen. Die häufigsten komorbiden Diagnosen sind hyperkinetische Störungen, jedoch können auch internalisierende Störungen wie Ängste oder Depressionen auftreten. Im Folgenden werden nach ICD-10/11 und DSM-5 zusätzlich vorliegende, aber auch abzugrenzende psychische Störungen aufgeführt. Eine Übersicht darüber gibt die folgende Tabelle (▶ Tab. 3.1).

> **Merke**
>
> Oppositionelle, aggressive und dissoziale Verhaltensweisen können
>
> - subklinisch und/oder der Altersnorm entsprechend sein,
> - Hinweis auf eine andere psychische Störung als eine SSV sein,
> - komorbid mit Symptomen anderer psychischer Störungen auftreten.

3.2 Praktische Hinweise zur Abklärung

Beim Verdacht, dass eine SSV vorliegt, muss geprüft werden, ob die Symptome möglicherweise besser durch eine andere Störung erklärt werden können (Differenzialdiagnose) oder neben einer SSV eine weitere Störung vorliegt (Komorbidität). Dafür sollten folgende zentrale Fragen exploriert werden:

- In welchen Lebensbereichen und Situationen zeigen sich oppositionelle/aggressive/dissoziale Verhaltensprobleme?
- Liegen weitere Symptome vor, die nicht typisch für eine SSV sind, sondern auf eine andere psychische Störung hinweisen?
- Wie ist der Verlauf der oppositionellen/aggressiven/dissozialen Verhaltensprobleme und der weiteren Symptome? Was lag zuerst vor?
- Werden die Kriterien für eine SSV und für eine weitere Störung voll erfüllt, sodass diese als komorbide Diagnose in Frage kommt?

> **Studie**
>
> Die National Comorbidity Survey Replication erfasst retrospektiv DSM-IV-Diagnosen in einer repräsentativen Stichprobe in den USA bei 3.199 Befragten. Die Ergebnisse sind hinsichtlich der Limitationen einer retrospektiven Erhebung zu interpretieren, geben jedoch einen interessanten Überblick über die

Zusammenhänge von Störungen des Sozialverhaltens und anderen psychischen Störungen.

Für die Lebenszeitdiagnose einer SSV mit oppositionellem Trotzverhalten zeigen Nock, Kazdin, Hiripi & Kessler (2007), dass diese mit einem erhöhten Risiko für jede andere erfasste psychische Störung einhergeht (Odds Ratio von 2,1 für Agoraphobie bis Odds Ratio von 12,6 für Störung des Sozialverhaltens). 92,7% der Befragten mit der Lebenszeitdiagnose einer Störung mit oppositionellem Trotzverhalten erfüllten die Kriterien für mindestens eine weitere Störung, 63,8% erfüllten die Kriterien für drei oder mehr psychische Störungen. Für die meisten Diagnosen gilt eine oppositionelle Störung als Vorläufer und liegt bei einem Großteil der Fälle vor der Diagnose einer weiteren Störung (z.B. Oppositionelles Trotzverhalten bei 75,9% vor der Diagnose einer depressiven Störung). Als Ausnahmen liegt die Entwicklung von Phobien, Trennungsangst und ADHS in den meisten Fällen vor der Diagnose einer SSV mit oppositionellem Trotzverhalten. Für eine SSV im engeren Sinne liegt bei 46,3% der Befragten zuerst die Diagnose mit oppositionellem Trotzverhalten vor, bei 29,3% traten beide Störungsbilder relativ zeitgleich auf.

Für die Lebenszeitdiagnose einer SSV im engeren Sinne zeigen Nock, Kazdin, Hiripi & Kessler (2006), dass diese das Risiko für jede andere erfasste psychische Störung erhöht (Odds Ratio von 1,6 für eine schwere depressive Episode bis Odds Ratio von 12,1 für eine SSV mit oppositionellem Trotzverhalten), mit Ausnahme der Agoraphobie. Bezüglich der zeitlichen Reihenfolge der Diagnosen zeigen sich störungsabhängige Unterschiede. Bei einem Großteil liegt die SSV zuerst vor und so vor der Diagnose einer depressiven Störung oder von Alkohol- und Drogenmissbrauch bzw. -abhängigkeit. Dagegen folgt sie ADHS meist erst als zweite Diagnose. Bei Angststörungen zeigt sich bezüglich der Reihenfolge ein differenziertes Bild. So liegt bei einer generalisierten Angststörung in 80,6% der Fälle die SSV zuerst vor, während bei spezifischen Phobien bei 78,5% die SSV als zweite Diagnose gestellt wird.

3.3 Komorbide und differenzialdiagnostisch-relevante Störungsbilder

Hyperkinetische Störungen liegen oft komorbid zu Störungen des Sozialverhaltens vor. Häufig tritt dabei zunächst die hyperkinetische Störung auf und begünstigt die Entwicklung einer SSV. Die beiden Störungsbilder können jedoch auch einzeln vorliegen und schwer abzugrenzen sein. Kinder und Jugendliche mit hyperkinetischer Störung haben teilweise auch Schwierigkeiten, Aufforderungen nachzukommen, verweigern sich oder zeigen störendes Verhalten, insbesondere bei

Überforderung. Umgekehrt verweigern sich Kinder und Jugendliche mit einer SSV, genau wie beim Vorliegen einer hyperkinetischen Störung, auch bei Anforderungen und Aufgaben im schulischen Kontext. Liegt eine SSV vor, wird aber auch über schulische und Leistungsanforderungen hinaus starkes oppositionelles und verweigerndes Verhalten gezeigt. Während das Verhalten bei einer hyperkinetischen Störung vor allem durch Aufmerksamkeitsprobleme oder Hyperaktivität-Impulsivität erklärt werden kann (z. B. Schwierigkeiten, sitzen zu bleiben, aufgrund körperlicher Unruhe und nicht wegen Verweigerung), sich vorrangig bei anstrengenden, anspruchsvollen Aufgaben zeigt und eher nicht als oppositionell einzuordnen ist. Auffälligkeiten im Bereich Hyperaktivität (z. B. körperliche Unruhe, Zappeln) und Aufmerksamkeit (z. B. Organisationsschwierigkeiten, Vergesslichkeit) zählen zudem zu den Kernbereichen einer hyperkinetischen Störung, sind jedoch nicht typisch für eine SSV.

Beispielhafte Exploration

- Liegen hyperkinetische Symptome wie Unaufmerksamkeit und Hyperaktivität vor?
- In welchen Bereichen kommt es vor, dass Regeln nicht eingehalten oder Aufforderungen nicht nachgekommen werden? Zeigen sich die Schwierigkeiten vor allem bei schulischen und Leistungsanforderungen?
- Verweigert sich das Kind eher bewusst und absichtlich oder ist das Kind in manchen Situationen von der Anforderung überfordert und kann deshalb Aufgaben nicht durchführen oder Aufforderungen nicht nachkommen (z. B. sitzen bleiben, zuhören)?

Die *Disruptive Affektregulationsstörung* ist in DSM-5 ein eigenständiges Störungsbild, das gekennzeichnet ist durch schwere verbale oder auch körperliche Wutausbrüche, die für Situation oder Anlass unverhältnismäßig sind, und eine chronisch reizbare oder wütende Stimmung. Die Symptome überschneiden sich stark mit denen einer SSV mit oppositionellem Trotzverhalten, weshalb sie in ICD-11 als Merkmal im Rahmen einer Zusatzkodierung zur Verfügung stehen. Nach DSM-5 ist jedoch eine Differenzierung der beiden Diagnosen nötig. Dort wird betont, dass für die disruptive Affektregulationsstörung Schweregrad, Häufigkeit und Chronizität der Wutausbrüche stärker sind (durchschnittlich drei sehr schwere Wutausbrüche pro Woche seit mindestens 12 Monaten) als bei einer SSV mit oppositionellem Trotzverhalten, und die Stimmung der Betroffenen fast täglich und einen großen Teil des Tages gereizt oder ärgerlich sein muss.

Beispielhafte Exploration

- Seit wann gibt es Wutausbrüche? Wie oft kommt es zu Wutausbrüchen? Wie stark ist das Ausmaß der Wutausbrüche?
- Wie oft ist die Stimmung gereizt oder ärgerlich?

Bei *Anpassungsstörungen* treten Verhaltensprobleme in Folge einer entscheidenden Lebensveränderung (z. B. Umzug oder Einschulung) oder nach belastenden Lebensereignissen (z. B. Todesfall oder Trennung der Eltern) auf. Diese Verhaltensprobleme können auch aggressives Verhalten umfassen. Im Gegensatz zu einer SSV beginnt das aggressive Verhalten innerhalb eines Monats nach Beginn der Belastung und hält nach deren Ende nicht länger als sechs Monate an. Zudem werden nicht alle Kriterien einer SSV erfüllt. Hält die Belastung jedoch längerfristig an und alle Kriterien für eine SSV sind erfüllt, sollte diese Diagnose anstelle einer Anpassungsstörung vergeben werden. Umgekehrt liegen bei Kindern und Jugendlichen mit einer SSV häufig belastende Lebensumstände und Ereignisse vor, jedoch nicht zwingend im zeitlichen Zusammenhang mit der Symptomatik. Jedoch wird auch hier die Diagnose SSV vorranging gestellt.

Beispielhafte Exploration

- Liegen stark belastende Situationen oder größere Veränderungen im Leben vor? Wenn ja, wann traten diese auf? Hält die Belastung noch an?
- Seit wann liegen oppositionelle/aggressive/dissoziale Verhaltensprobleme vor? Liegt der Beginn vor oder nach dem belastenden Ereignis?

Posttraumatische Belastungsstörungen als Reaktion auf außergewöhnlich belastende Lebensereignisse können als komorbide Diagnose in Frage kommen. Bei Kindern und Jugendlichen können dabei auch Reizbarkeit und Wut auftreten. Jedoch müssen neben einer traumatischen Erfahrung weitere Symptome wie Flashbacks oder das Wiedererinnern in Träumen gegeben sein, die bei einer SSV nicht vorliegen, sodass beide Störungen gut voneinander abzugrenzen sind.

Beispielhafte Exploration

- Liegen außergewöhnlich belastende Lebensereignisse vor? Wenn ja, wann traten diese auf?
- Liegen Symptome wie Flashbacks oder Wiedererinnern in Träumen vor?
- Seit wann liegen oppositionelle/aggressive/dissoziale Verhaltensprobleme vor? Liegt der Beginn vor oder nach dem belastenden Ereignis?

Geschlechtsunterschiede in Komorbiditäten

In einer Studie von Konrad et al. (2021) weisen Jungen mit SSV im Vergleich zu Mädchen höhere Raten hyperkinetischer Störungen auf, während bei Mädchen die Raten für Depressionen, Angststörungen, posttraumatische Belastungsstörungen und Borderline-Persönlichkeitsstörungen erhöht sind. Darüber hinaus zeigen Mädchen mehr komorbide Diagnosen als Jungen.

Bei *Autismus-Spektrum-Störungen (ASS)* wird häufig auch aggressives Verhalten gezeigt und es kann zu störendem Verhalten und Nicht-Befolgen von Regeln kommen. Lassen sich diese Verhaltensweisen jedoch auf die Autismus-Symptomatik zurückführen und treten beispielsweise bei Änderungen von Routinen und Unterbrechung von Stereotypien oder aufgrund von Schwierigkeiten in der sozialen Kommunikation und Gegenseitigkeit auf, sollte keine SSV diagnostiziert werden. Zudem liegen Kennzeichen einer ASS, wie grundlegende qualitative Beeinträchtigungen der sozialen Interaktion und der Kommunikation oder begrenzte, repetitive und stereotype Verhaltensmuster, Interessen oder Aktivitäten, in der Regel nicht bei einer SSV vor. Eine SSV kann jedoch komorbid diagnostiziert werden, wenn alle Kriterien einer ASS erfüllt sind und die Schwierigkeiten auch außerhalb der Autismus-Symptomatik gezeigt werden.

Beispielhafte Exploration

- Liegen Autismus-Symptome wie qualitative Beeinträchtigungen der sozialen Interaktion und der Kommunikation oder begrenzte, repetitive und stereotype Verhaltensmuster, Interessen oder Aktivitäten vor?
- In welchen Situationen zeigen sich oppositionelle/aggressive/dissoziale Verhaltensprobleme? Zeigen sich diese vor allem im Zusammenhang mit der Autismus-Symptomatik?

Umschriebene Entwicklungsstörungen im Bereich Sprache, motorische Fähigkeiten oder schulische Fertigkeiten, als auch die Diagnose einer *Intelligenzminderung* können bei Betroffenen zu Überforderung im schulischen Rahmen und damit zu verweigerndem Verhalten in Leistungssituationen führen. Tritt das oppositionelle Verhalten nur in diesen Kontexten auf, sollte keine SSV diagnostiziert werden. Gerade Entwicklungsstörungen liegen gehäuft als komorbide Störung bei einer SSV vor. Bei einer Intelligenzminderung sollten Kinder und Jugendliche des gleichen Intelligenzniveaus als Vergleichsgruppe dienen und oppositionelle und aggressive Verhaltensweisen im Kontrast dazu verstärkt vorliegen.

Beispielhafte Exploration

- Wie verlief die Entwicklung bezüglich Sprache und Motorik? Gibt es auffällige Schwierigkeiten beim Lesen, Schreiben oder Rechnen?
- In welchen Bereichen kommt es vor, dass Regeln nicht eingehalten oder Aufforderungen nicht nachgekommen werden? Zeigen sich die Schwierigkeiten vorrangig bei schulischen und Leistungsanforderungen?

Bindungsstörungen liegen vor allem als komorbide Störungen vor. Als ursächlich erachtet werden Faktoren wie elterliche Vernachlässigung, fehlende Kontinuität bezüglich Bezugspersonen, Missbrauch oder schwere Misshandlung, die auch die Entwicklung aggressiven Verhaltens begünstigen können. Eine SSV ist in der Regel jedoch gut von Bindungsstörungen abzugrenzen, da oppositionelles oder dissoziales Verhalten nicht zu deren Kernsymptomen zählen. Die Symptome einer Bindungsstörung müssen in den ersten fünf Lebensjahren auftreten und zeigen sich häufig gerade in bindungsrelevanten Situationen.

Beispielhafte Exploration

- Wie und unter welchen Umständen ist das Kind in den ersten Lebensjahren aufgewachsen?
- Wie war die Beziehung und Bindung zu den engsten Bezugspersonen?
- Liegen Vernachlässigung, wechselnde Bezugspersonen, Missbrauch oder schwere Misshandlung in der Lebensgeschichte des Kindes vor?

Affektive Störungen wie depressive oder manische Episoden, aber auch bipolare Störungen können sowohl als komorbide Diagnose als auch als differenzialdiagnostische Alternative in Frage kommen. Kinder und Jugendliche mit einer SSV haben oft Misserfolgserlebnisse, erfahren Frustration und Zurückweisung. Infolgedessen können sich depressive Symptome wie geringes Selbstvertrauen, Traurigkeit oder mangelnder Antrieb entwickeln. Werden alle Kriterien für eine depressive Episode erfüllt, kann nach ICD-10 eine SSV mit depressiver Störung vergeben oder nach DSM-5 und ICD-11 zwei separate Diagnosen gestellt werden. Da das aggressive und oppositionelle Verhalten im Vordergrund steht und von außen als störender und auffälliger wahrgenommen wird, werden depressive Symptome häufig übersehen und sollten in der Diagnostik gut eruiert werden. Denn aggressives Verhalten und Reizbarkeit können auch im Rahmen von depressiven oder manischen Phasen auftreten. Die Verhaltensprobleme treten dann aber ausschließlich im Zusammenhang mit der veränderten Stimmung auf, während Kinder und Jugendliche mit einer SSV diese Schwierigkeiten konstant und auch in Phasen ohne affektive Störung zeigen. Zudem müssen für eine affektive Störung weitere Kriterien erfüllt werden, die eher nicht auf eine SSV hinweisen, wie beispielsweise gehobene oder auch gedrückte Stimmung sowie Interessensverlust.

Beispielhafte Exploration

- Liegen Symptome einer affektiven Störung wie veränderte Stimmung oder Interessensverlust vor?
- In welchen Situationen zeigen sich oppositionelle/aggressive/dissoziale Verhaltensprobleme? Zeigen sich diese vor allem im Zusammenhang mit der affektiven Störung?
- Seit wann liegen oppositionelle/aggressive/dissoziale Verhaltensprobleme vor? Liegt der Beginn vor oder nach Beginn der affektiven Symptomatik?

Angststörungen liegen ebenfalls häufig als Komorbidität bei einer SSV vor. Werden die Kriterien für beide Störungen erfüllt, kann nach ICD-10 die Diagnose einer sonstigen gemischten Störung des Sozialverhaltens und der Emotionen gestellt oder nach DSM-5 und ICD-11 zwei separate Diagnosen vergeben werden. Reizbarkeit, Wut oder aggressives Verhalten können auch als Symptom einer Angststörung ohne SSV auftreten. Beispielsweise können Kinder und Jugendliche mit Wutausbrüchen oder Verweigerung reagieren, wenn sie zu etwas aufgefordert werden, das sie ängstigt. Das oppositionelle oder aggressive Verhalten zeigt sich dann allerdings vorrangig in Angstsituationen und nicht darüber hinaus, während Kinder und Jugendliche mit einer SSV diese Schwierigkeiten konstant und in verschiedenen Situationen zeigen.

Beispielhafte Exploration

- Liegen Symptome einer Angststörung wie Vermeidungsverhalten vor?
- In welchen Situationen zeigen sich oppositionelle/aggressive/dissoziale Verhaltensprobleme? Zeigen sich diese vor allem im Zusammenhang mit der Angst-Symptomatik?
- Seit wann liegen oppositionelle/aggressive/dissoziale Verhaltensprobleme vor? Liegt der Beginn vor oder nach Beginn der Angstsymptomatik?

Bei *Zwangs- und Essstörungen* können ebenfalls aggressive oder dissoziale Verhaltensweisen auftreten. Werden Kinder und Jugendliche mit einer Zwangsstörung bei der Ausübung einer Zwangshandlung unterbrochen, können sie darauf mit Aggression und gewalttätigem Verhalten reagieren. Bei Essstörungen wie Bulimie kann es vorkommen, dass Lebensmittel gestohlen werden, beispielsweise im Rahmen einer starken Essattacke. Die aggressiven und dissozialen Verhaltensweisen zeigen sich dann allerdings vor allem im Zusammenhang mit den Symptomen der Zwangs- oder Essstörung, während sie bei einer SSV als übergreifendes Verhaltensmuster auftreten. Zwangs- und Essstörungen können jedoch auch als komorbide Störung in Frage kommen, dann müssen jedoch die jeweiligen Störungskriterien neben einer SSV erfüllt sein.

Beispielhafte Exploration

- Liegen Symptome einer Zwangs- oder Essstörung wie Zwangsgedanken oder Gewichtsveränderungen vor?
- In welchen Situationen zeigen sich oppositionelle/aggressive/dissoziale Verhaltensprobleme? Zeigen sich diese vor allem im Zusammenhang mit der Zwangs- oder Essstörung?

> **Good to know**
>
> Die im folgenden aufgeführten Störungsbilder sind im Kindesalter kaum relevant und spielen eher bei Jugendlichen und jungen Erwachsenen als komorbide Störungen oder Differenzialdiagnosen eine Rolle.

Kinder und Jugendliche mit SSV zeigen ein erhöhtes Risiko für späteren Substanzmissbrauch beispielsweise von Alkohol oder Drogen (▶ Kap. 2.3), sodass im Verlauf *psychische und Verhaltensstörungen durch psychotrope Substanzen* hinzukommen können. Aggressive und dissoziale Verhaltensweisen können zu Beschaffung und Konsum von Substanzen eingesetzt werden. Stehen diese jedoch nur im Zusammenhang mit Rausch, Abhängigkeit oder Entzugserscheinungen und werden nicht darüber hinaus gezeigt, sollte keine SSV vergeben werden.

Beispielhafte Exploration

- Werden legale oder illegale Substanzen konsumiert?
- Seit wann liegen oppositionelle/aggressive/dissoziale Verhaltensprobleme vor? Liegt der Beginn vor oder nach Beginn des Substanzkonsums?
- In welchen Situationen zeigen sich oppositionelle/aggressive/dissoziale Verhaltensprobleme? Zeigen sich diese vor allem im Zusammenhang mit dem Substanzkonsum?

Zu den *Abnormen Gewohnheiten und Störungen der Impulskontrolle* zählen pathologisches Stehlen (Kleptomanie) und pathologisches Feuerlegen (Pyromanie), die im Jugendalter sehr selten vorliegen. Jedoch können Diebstahl und Feuerlegen auch im Rahmen einer SSV auftreten und sind in den Symptomkriterien explizit gelistet. Pyromanie und Kleptomanie treten regelhaft als isolierte Störungen ohne weitere Verhaltensprobleme auf, während bei einer SSV weitere aggressive und dissoziale Verhaltensweisen an den Tag gelegt werden. Spezifisch für die beiden Impulskontrollstörungen ist die Ausübung ohne erkennbares Motiv, ein intensiver Drang zu stehlen bzw. Feuer zu legen vor der Handlung sowie ein Spannungsabfall und ein Gefühl der Erleichterung danach. Dagegen werden beim Vorliegen einer SSV Diebstahl und Brandstiftung eher ausgeübt, um einen Vorteil zu erlangen.

Beispielhafte Exploration

- Wurde in der Vergangenheit Feuer gelegt oder Diebstahl begangen?
- Welche Motive liegen hierfür vor? Wird ein hoher Drang davor und ein Erleichterungsgefühl danach beschrieben?

Zu den dissozialen Symptomen einer SSV zählt das Zwingen anderer zu sexuellen Handlungen. Die Ausübung sexueller Gewalt kann darüber hinaus auch auf eine *Störung der Sexualpräferenz* hinweisen. So kann die Diagnose Pädophilie bereits ab dem 16. Lebensjahr gestellt werden, wenn die geschädigte Person mindestens fünf Jahre jünger ist. Für die Diagnose einer Störung der Sexualpräferenz müssen seit mind. sechs Monaten sehr starkes sexuelles Verlangen und intensive Fantasien, die sich auf die abnorme sexuelle Aktivität beziehen, vorliegen. Darüber hinaus gibt es bei einer Störung der Sexualpräferenz meist eine andauernde und dominierende Präferenz, die die Hauptquelle sexueller Erregung darstellt.

Beispielhafte Exploration

- Kam es in der Vergangenheit zu sexuellen Übergriffen durch die Person?
- Besteht ein starker sexueller Impuls und eine intensive mentale Auseinandersetzung mit der abnormen sexuellen Aktivität seit mindestens sechs Monaten?

Bei einer *dissozialen Persönlichkeitsstörung* liegt genau wie bei einer SSV ein anhaltendes Verhaltensmuster vor, das die Grundrechte anderer sowie die sozialen Normen verletzt. Aggressives, aber auch gewalttätiges Verhalten kann auftreten. Eine Persönlichkeitsstörung wird dabei als relativ dauerhaft und tiefgreifend angesehen und beeinflusst Wahrnehmung, Verhalten und psychologische Funktionen der Betroffenen. Kinder und Jugendliche mit einer SSV können bei anhaltender Symptomatik im Verlauf die Diagnose dissoziale Persönlichkeitsstörung erhalten, die in der Regel erst ab dem 18. Lebensjahr vergeben wird. Sind dann alle Kriterien für eine dissoziale Persönlichkeitsstörung erfüllt, sollte diese Diagnose vorrangig vergeben werden.

Beispielhafte Exploration

- Werden alle Kriterien für eine dissoziale Persönlichkeitsstörung erfüllt?
- Wie alt ist die betroffene Person zum Zeitpunkt der Diagnosestellung?

Bei einer *emotional instabilen Persönlichkeitsstörung* können Impulsstörungen und launenhafte Stimmung vorliegen, die zu Wutanfällen oder auch aggressivem und streitsüchtigem Verhalten führen sowie dissoziale Aktionen (z. B. gewalttätiges Verhalten) beinhalten. Darüber hinaus müssen jedoch auch weitere Symptome zur Diagnose der Persönlichkeitsstörung vorliegen. Dazu zählen Dissoziation, Identitätsstörung, Angst vor dem Verlassen-werden, Selbstverletzungen sowie Gefühl einer inneren Leere, die für eine SSV nicht typisch sind.

Beispielhafte Exploration

- Liegen Symptome einer emotional instabilen Persönlichkeitsstörung wie Dissoziation oder innere Leere vor?
- In welchen Situationen zeigen sich oppositionelle/aggressive/dissoziale Verhaltensprobleme? Zeigen sich diese vor allem im Zusammenhang mit der emotional instabilen Symptomatik?

Schizophrene Störungen werden nur selten im Kindes- und Jugendalter diagnostiziert. Wenn sie auftreten, können sie mit Wutausbrüchen und gewalttätigem Verhalten einhergehen, insbesondere im Zusammenhang mit Wahnvorstellungen. Darüber hinaus müssen jedoch weitere Symptome wie Gedankenphänomene, Wahnwahrnehmungen oder Halluzinationen vorliegen, die sich deutlich von einer SSV abgrenzen lassen. Es ist jedoch möglich, dass vor der Diagnose einer schizophrenen Störung prämorbid eine SSV vorliegt.

Beispielhafte Exploration

- Liegen Symptome einer schizophrenen Störung wie Halluzinationen oder Wahnvorstellungen vor?

- In welchen Situationen zeigen sich oppositionelle/aggressive/dissoziale Verhaltensprobleme? Zeigen sich diese vor allem im Zusammenhang mit der Schizophrenie?
- Seit wann liegen oppositionelle/aggressive/dissoziale Verhaltensprobleme vor? Liegt der Beginn vor oder nach Beginn der schizophrenen Störung?

Neben der Abgrenzung von anderen psychischen Störungen kann auch im Rahmen von *organischen Psychosyndromen*, z.B. in Folge von Schädel-Hirn-Traumata, aggressives Verhalten auftreten und muss entsprechend differenzialdiagnostisch berücksichtigt werden. Wenn Verhaltensprobleme sehr abrupt auftreten, mit starker Veränderung der Persönlichkeit und Stimmung einhergehen oder weitere neurologische Phänomene wie Denk- und Bewusstseinsstörungen auftreten, sollte eine neurologische Abklärung erfolgen. Bei dieser wird auf Residualsymptome, frühere Hirnerkrankungen wie Entzündungen oder Verletzungen sowie Koordinationsstörungen und feinneurologische Auffälligkeiten geprüft.

Beispielhafte Exploration

- Liegen in der Vorgeschichte Unfälle, Krankenhausaufenthalte oder körperliche Erkrankungen vor?
- Traten oppositionelle/aggressive/dissoziale Verhaltensprobleme ganz plötzlich auf? Liegt der Beginn der Verhaltensprobleme vor oder nach Unfall, Krankenhausaufenthalt, körperlicher Erkrankung?

Tab. 3.1: Übersicht zu Störungen, die von Störungen des Sozialverhaltens abzugrenzen sind

Störungsbild	charakteristische Merkmale	abgrenzende Merkmale zu Störungen des Sozialverhaltens
Hyperkinetische Störung	Aufmerksamkeitsprobleme, Hyperaktivität, Impulsivität	Verhaltensprobleme primär durch Aufmerksamkeits- und Impulsprobleme; Symptome wie Vergesslichkeit und Unaufmerksamkeit
Disruptive Affektregulationsstörung	Schwere Wutausbrüche, chronisch reizbare Stimmung	höhere Intensität und Häufigkeit der Wutausbrüche; fast durchgehend chronische Reizbarkeit
Anpassungsstörung	Verhaltensprobleme nach Lebensveränderung oder belastendem Ereignis	zeitliche Korrelation mit spezifischen Lebensereignissen; kürzere Dauer und geringere Schwere der Symptomatik
Posttraumatische Belastungsstörung	Reaktion auf traumatische Erfahrung, wiederholtes Erleben und aufdrängende Erinnerung an traumatische Erfahrung	Verbindung zu spezifischem traumatischem Erlebnis; Symptome wie Flashbacks oder Wiedererleben in Träumen

3.3 Komorbide und differenzialdiagnostisch-relevante Störungsbilder

Tab. 3.1: Übersicht zu Störungen, die von Störungen des Sozialverhaltens abzugrenzen sind – Fortsetzung

Störungsbild	charakteristische Merkmale	abgrenzende Merkmale zu Störungen des Sozialverhaltens
Autismus-Spektrum-Störung	qualitative Abweichung in sozialer Kommunikation und Interaktion, stereotype, repetitive Interessen und Aktivitäten	Verhaltensprobleme bei Veränderung und Unterbrechung oder durch Kommunikations- und Interaktionsprobleme; Symptome wie qualitative Beeinträchtigung oder Stereotypien
Umschriebene Entwicklungsstörung	verzögerte Entwicklung in bestimmten Funktionen (z. B. Sprache, Motorik)	spezifische Defizite in Entwicklungsbereichen; Verhaltensprobleme v. a. in Bezug auf diese Defizite
Bindungsstörung	Auffälligkeiten in Beziehungsmustern, oft schwierige frühkindliche Beziehungserfahrungen	Vorliegen eingeschränkter Bindungserfahrungen; Verhaltensprobleme v. a. in bindungsrelevanten Situationen; oppositionelles oder dissoziales Verhalten kein Kernsymptom
Affektive Störungen (Depressive oder manische Episoden, bipolare Störung)	Veränderung der Stimmung und der Affektivität mit Auswirkung auf Aktivitätslevel	Symptome wie gehobene/gedrückte Stimmung, gesteigerter/verminderter Antrieb; Verhaltensprobleme im Zusammenhang mit veränderter Stimmung
Angststörung	übermäßige Angst mit festem Auslöser oder anhaltend ohne Bezug zu konkreter Umgebungssituation	starke Angstsymptomatik; Verhaltensprobleme im Zusammenhang mit Angst und Vermeidungsverhalten
Zwangs- und Essstörung	wiederkehrende Zwangsgedanken/-handlungen bzw. Abnormes Essverhalten (z. B. zu wenig/zu viel/erbrechen)	Verhaltensprobleme im Zusammenhang mit Zwangs- bzw. Essstörung; weitere spezifische Kriterien bezogen auf Zwang bzw. Essen
Substanzmissbrauch	Konsum von psychotropen Substanzen (Alkohol oder Drogen)	Substanzkonsum; Verhaltensprobleme im Zusammenhang mit Rausch, Sucht, Beschaffung
abnorme Gewohnheiten und Impulskontrollstörungen	Pathologisches Stehlen/Feuerlegen ohne Motiv	isolierte Symptome ohne weitere Verhaltensprobleme; Drang vor der Tat und Erleichterung danach
Störungen der Sexualpräferenz	z. B. Pädophilie	starkes sexuelles Verlangen und intensive Fantasien abnormen Inhalts; spezifische und dominierende Präferenz liegt vor
Dissoziale Persönlichkeitsstörung	anhaltendes Verhaltensmuster: Verletzung Grundrechte	höhere Intensität: tiefgreifende, anhaltende und dauerhafte Verhaltensstörung; erst im Jugend-/jungen Erwachsenenalter

Tab. 3.1: Übersicht zu Störungen, die von Störungen des Sozialverhaltens abzugrenzen sind – Fortsetzung

Störungsbild	charakteristische Merkmale	abgrenzende Merkmale zu Störungen des Sozialverhaltens
	Anderer und sozialer Normen, Mangel an Empathie	
Emotional instabile Persönlichkeitsstörung	anhaltendes Verhaltensmuster: Impulsivität, Stimmungsschwankungen, u. a. Selbstverletzungen	Symptome wie Dissoziation, Identitätsstörung oder Angst vor dem Verlassen-Werden
Schizophrene Störung	Wahn, Halluzinationen, Gedankenstörungen	Aggression und Gewalt aufgrund Wahnsymptomatik; weitere Schizophrenie-spezifische Kriterien
organische Ursachen	abrupte Verhaltensänderung z. B. in Folge eines Unfalls oder einer körperlichen Erkrankung	abrupter Beginn der Symptome; Symptome wie Veränderung der Persönlichkeit und Stimmung oder Denk- und Bewusstseinsstörungen

3.4 Fragen zur Selbstkontrolle

- Nennen Sie die häufigsten Komorbiditäten für Störungen des Sozialverhaltens.
- Zählen Sie verschiedene mögliche Differenzialdiagnosen auf und wie diese von Störungen des Sozialverhaltens abgrenzt werden können.
- Nennen Sie Diagnosen, die vor allem im Jugendalter berücksichtigt werden sollten.

4 Diagnostik und Indikation

Fallbeispiel

Tamiras Familie ist zur Diagnostik in einer psychotherapeutischen Praxis. Vor dem ersten Termin hat die Familie einen Screening-Fragebogen zu Symptomen verschiedener Störungsbilder ausgefüllt, aus dem sich Auffälligkeiten im Bereich oppositionelles und aggressives Verhalten ergeben. Das Erstgespräch wurde gemeinsam mit Tamira (9 Jahre), ihrer Mutter und ihrem Stiefvater geführt. Als Vorstellungsanlass benennt ihre Mutter Tamiras starke Wutanfälle zu Hause und in der Schule sowie häufige Konflikte mit anderen Kindern. In der Interaktion beobachtet der Therapeut, dass Tamiras Eltern sehr abweisend von ihr und mit ihr sprechen, während Tamira eher schweigsam ist und ihren Eltern beim Sprechen den Rücken zuwendet. Im nächsten Termin soll ein Anamnesegespräch mit den Eltern geführt werden, in dem Tamiras Entwicklungsgeschichte und störungsrelevante Informationen erfragt werden. Da Tamira im Beisein ihrer Eltern sehr zurückhaltend ist, soll auch sie separat noch einmal befragt werden. Der Therapeut lässt sich eine Schweigepflichtentbindung gegenüber der Schule unterschreiben, um auch dort Kontakt aufnehmen zu können und gibt der Familie am Ende störungsspezifische Fragebogen zu Störungen des Sozialverhaltens und zur Differenzialdiagnostik mit nach Hause.

Lernziele

- Sie können die einzelnen Schritte des diagnostischen Prozesses beschreiben.
- Sie kennen Breitbandverfahren und störungsspezifische Diagnostikinstrumente.
- Sie wissen, worauf bei einer körperlichen Untersuchung geachtet werden sollte.
- Sie verstehen, welche Möglichkeiten zur Verhaltensbeobachtung existieren.
- Sie kennen die unterschiedlichen, möglichen Behandlungssettings und -ebenen und wissen, welche Indikatoren dafür bestehen.

4.1 Einführung

Bei Verdacht auf eine SSV sollte eine multimodale Verhaltens- und Psychodiagnostik erfolgen, die multiple Informationsquellen, anamnestische Explorationen und standardisierte, strukturierte diagnostische Verfahren miteinbezieht (s. Petermann et al., 2016). Kern der Diagnostik stellt die Exploration der Eltern oder elternähnlicher Bezugspersonen dar. Zusätzliche Informationen werden von den Patient*innen selbst eingeholt, zudem werden bei Bedarf pädagogische Fachkräfte oder Lehrkräfte sowie weitere Bezugspersonen einbezogen. Dabei gilt es zu beachten, dass es bei verschiedenen Informationsquellen oft zu abweichenden Angaben bezüglich der Verhaltensprobleme kommt. Das Verhalten des Kindes kann in den verschiedenen Lebensbereichen unterschiedlich stark ausgeprägt sein (z. B. Konflikte vor allem mit den Lehrkräften und nicht zu Hause, da die Eltern wenig grenzsetzend sind) oder unterschiedliche Wahrnehmungen und Dissimulation sind ursächlich für widersprüchliche Angaben. Gerade das Selbsturteil der Kinder und Jugendlichen ist hierfür anfällig und kann daher eher als ein Anker für Problemverständnis und -bewusstsein gesehen werden. Die folgende Abbildung (▶ 4.1) gibt eine Übersicht über die Schritte vom Erstgespräch zu Diagnostik, auf die in diesem Kapitel genauer eingegangen wird. Genauere Informationen zu einem störungsunabhängigen Vorgehen finden sich im ersten Band der Buchreihe (s. In-Albon, Christiansen & Schwenck, 2020).

> **Merke**
>
> Erst das Vorliegen von Informationen aus verschiedenen Quellen und Lebensbereichen ermöglicht das Stellen einer fundierten Diagnose.

4.2 Erstgespräch

Im ersten Gespräch sollten Vorstellungsanlass und Erwartungen an die Vorstellung besprochen werden. Dieses Gespräch kann mit Eltern und Kind gemeinsam geführt werden, wodurch Beobachtungen zur Interaktion und zum familiären Umgang mit den Verhaltensproblemen des Kindes gemacht werden können. Ein gemeinsames Gespräch kann jedoch dazu führen, dass nicht alle Informationen weitergegeben werden oder aber Eltern stark negativ von ihrem Kind in dessen Beisein sprechen. Dann kann es sinnvoll sein, die Exploration getrennt voneinander fortzusetzen. Bei Kindern liegt der Schwerpunkt der Exploration auf den Eltern, wohingegen im Jugendalter die Exploration der Betroffenen selbst stärker in den Mittelpunkt rückt. Aufgrund des hohen Leidensdrucks haben Eltern oft einen hohen Redebedarf, sodass deren Sorgen und Ängsten in einem ersten Gespräch

4.2 Erstgespräch

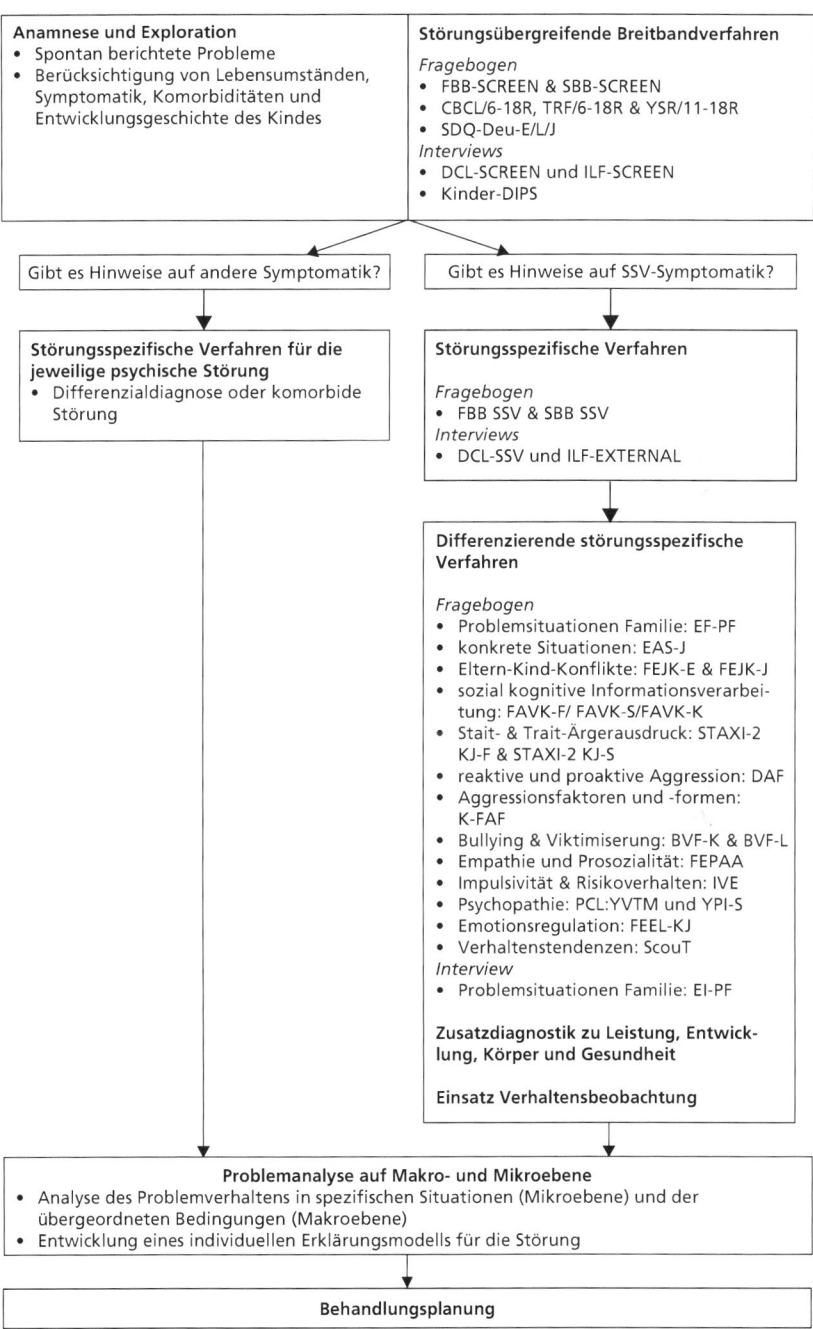

Abb. 4.1: Schritte im diagnostischen Prozess (modifiziert und ergänzt nach Görtz-Dorten, Döpfner & Steinhausen, 2019b)
Anmerkung: Informationen zu Namen und Inhalten der gelisteten Fragebogen in Kap. 4.4.

Raum gegeben und mit Verständnis darauf reagiert werden sollte. Es ist hilfreich, die Familien im Vorhinein zu bitten, zum ersten Termin Zeugnisse, bereits vorliegende Befunde und Berichte sowie das Untersuchungsheft (auch »U-Heft« oder »Gelbes Heft«) mitzubringen.

4.3 Anamnese und Exploration

Zu Beginn empfiehlt sich eine tiefgehende Exploration der Patient*innen und Bezugspersonen zur Symptomatik, Komorbiditäten, Entwicklungsgeschichte und Lebensumständen. Ergänzend können Informationen von pädagogischen Fachkräften oder Lehrkräften eingeholt werden. Diese Gespräche können mehrere Termine umfassen und sollten mit Kind und Eltern gemeinsam, aber auch getrennt erfolgen (s. o.). Beim Vorliegen einer SSV kann die Kontaktaufnahme zu Kindern und Jugendlichen erschwert sein, da sie verschlossen sind, sich oppositionell zeigen und gerade zu Beginn Schwierigkeiten haben, den eigenen Leidensdruck oder das eigene Problemverhalten zu artikulieren. Es bietet sich an, in der Exploration zunächst Interessen und Stärken zu fokussieren und so eine Beziehung aufzubauen. Orientiert an den S-3-Leitlinien der Deutschen Gesellschaft für Kinder- und Jugendpsychiatrie, Psychosomatik und Psychotherapie (DGKJP) gibt der folgende Kasten einen Überblick, welche Informationen im Rahmen von Anamnesegesprächen exploriert werden sollten (DGKJP, 2016). Alternativ kann der Einsatz eines vorgefertigten Anamnesebogens, wie des halbstrukturierten Explorationsschemas für aggressiv-dissoziales Verhalten von Görtz-Dorten et al. (2019b), hilfreich sein, um alle wichtigen Informationen zu erfassen.

Informationserhebung im Rahmen von Anamnesegesprächen (DGKJP, 2016)

Lebensumstände

- Lebenssituation, Familie und Bezugspersonen
- sozioökonomische Umstände, Belastungen und Ressourcen in der Familie
- Risikofaktoren (z. B. psychische Erkrankungen in Familie, Straffälligkeit, ungünstige Erziehung, schlechte Eltern-Kind-Beziehung)
- Vorgeschichte der Eltern

Symptomatik

- Symptome nach Klassifikationssystem
- Störungsbeginn, Verlauf und Schweregrad
- auslösende und aufrechterhaltende Bedingungen

- mit Symptomatik zusammenhängende Persönlichkeitsfaktoren und psychopathologische Auffälligkeiten (z. B. affektive Dysregulation, fehlende prosoziale Emotionalität)
- Funktionsbeeinträchtigungen in verschiedenen Lebensbereichen

Komorbidität

- komorbide psychische Störungen (z. B. Entwicklungsstörungen, internalisierende Störungen, Lernbehinderungen, hyperkinetische Störungen; ▶ Kap. 3)
- Substanzmissbrauch
- körperliche Erkrankungen

Störungsspezifische Entwicklungsgeschichte des Kindes

- Schwangerschaft und Geburt (z. B. Konsum oder Belastung während Schwangerschaft)
- frühkindliche Betreuung (z. B. Wechsel Bezugsperson, alleinerziehendes Elternteil, Fremdunterbringung)
- frühe Regulationsstörungen und ungünstige Temperamentsmerkmale und damit zusammenhängende Belastung der Bezugspersonen
- Erreichen der Meilensteine: sprachliche, emotionale, motorische und kognitive Entwicklung
- Kita- und Schulzeit (z. B. Wechsel, Leistungsdefizite, Motivation)
- sexuelle Entwicklung und Beziehungen
- Freizeit (z. B. Medienkonsum, soziale Kontakte)
- Selbstbild: Stärken, Kompetenzen, Interessen und positive Eigenschaften

Therapiemotivation und -erwartungen aller Beteiligten sollten früh besprochen werden. Dafür ist es wichtig, bisherige Versuche, mit dem Problemverhalten umzugehen, zu explorieren. Vorerfahrung mit Therapien oder anderweitigen Maßnahmen, deren Ergebnisse und die Einstellung dazu, sollten erfragt werden. Wurden Interventionen, z. B. ein Punkteplan, nicht richtig umgesetzt, sodass sie wirkungslos geblieben sind, kann dies die Einstellung zu der Intervention und die Motivation, diese zukünftig umzusetzen, beeinflussen. Wenn Familien von bisherigen Versuchen mit dem Problemverhalten umzugehen, enttäuscht sind, sollte das aufgegriffen und gut besprochen werden. Besteht ein hoher Leidensdruck, können große Hoffnungen und Erwartungen bezüglich der Behandlung bestehen, beispielsweise, dass eine Veränderung in sehr kurzer Zeit erzielt werden kann. Weichen die Erwartungen stark voneinander ab, erschwert das die Behandlungsplanung und -durchführung. Deshalb sollten realistische Möglichkeiten, aber auch Grenzen einer Behandlung mit den Beteiligten besprochen werden. Wenn Kinder und Jugendliche von Eltern oder Schule »zur Therapie geschickt« werden, kann die eigene Therapiemotivation zunächst gering ausfallen. Dies sollte erfragt und in der Behandlungsplanung mitberücksichtigt werden.

4.4 Diagnostikinstrumente

Die Exploration wird ergänzt durch den Einsatz von strukturierten Interviews und Fragebogen. Zunächst kann der Einsatz von Breitbandverfahren hilfreich sein, um neben Symptomen einer SSV, Hinweise auf andere Verhaltensprobleme und etwaige Komorbiditäten zu erhalten. Dafür ist es erneut sinnvoll, verschiedene Beurteilungsperspektiven einzubeziehen, wobei die Fragebogenergebnisse von Patient*innen, Eltern und pädagogischen Fachkräften einen eher geringen Zusammenhang aufweisen. Für Störungen des Sozialverhaltens wird die Fremdbeurteilung tendenziell als valider als das Selbsturteil eingeschätzt. Für Bereiche, in die Eltern und pädagogische Fachkräfte wenig Einblick haben, wie Konflikte mit Gleichaltrigen, Delinquenz oder internalisierende Symptomatik, kann das Selbsturteil allerdings zusätzliche, wertvolle Informationen liefern.

Im Screening-Fragebogen FBB/SBB-Screen des Diagnostik-Systems für psychische Störungen im Kindes- und Jugendalter (Döpfner & Görtz-Dorten, 2017) werden mit wenigen Items neben ersten Informationen zu Symptomen einer SSV weitere Symptombereiche erfasst: ADHS, Angststörungen, Mutismus, PTBS, Schlafstörungen und Alpträume, depressive Störungen, somatische Belastungsstörungen, Essstörungen, Entwicklungsstörungen, Ausscheidungsstörungen, Autismus-Spektrum-Störungen, Bindungs- und Beziehungsstörungen, Zwangsstörungen, Tic-Störungen, Beziehungs-/ Affektlabilität, Selbstverletzendes Verhalten, Halluzinationen sowie Substanzmissbrauch/ Spielsucht. Die Fragebogen liegen im Selbsturteil (SBB-SCREEN) für die Patient*innen selbst und im Fremdurteil (FBB-SCREEN) für Eltern und Lehrkräfte vor. Der dazugehörige Interviewleitfaden (ILF-SCREEN) mit Diagnosecheckliste (DCL-SCREEN) kann Kliniker*innen dabei helfen, Auffälligkeiten aus den Fragebogen tiefergehend zu explorieren.

Die deutsche Fassung der Achenbach-Bogen (Döpfner et al., 2014) erfasst im Eltern- (CBCL), Lehrkraft- (TRF) und Selbsturteil (YSR) neben regelverletzendem und aggressivem Verhalten das Vorliegen sozialer Probleme sowie die Problemskalen ängstlich/depressiv, rückzüglich/depressiv, körperliche Beschwerden, Denk-, (Schlaf-) und repetitive Probleme sowie Aufmerksamkeitsprobleme. Eine Übersicht über diese und weitere Breitbandverfahren bietet folgende Tabelle (▶ Tab. 4.1).

Tab. 4.1: Breitbandverfahren für verschiedene psychische Störungen (Görtz-Dorten et al., 2019b)

Instrument	Beschreibung	Reliabilität, Validität & Normierung (Zusatzquellen neben Manual bzw. Originalquelle)
FBB-SCREEN & SBB-SCREEN Fremd- und Selbstbeurteilungsbogen für das Screening	• Fragebogen • Fremdbeurteilung für Eltern oder pädagogische Fachkräfte (4–18 Jahre)	Reliabilität: Skalen $\alpha=.67$ bis $\alpha=.92$. Validität: Faktorenanalysen weisen für FBB und SBB a-priori angenommene Zu-

Tab. 4.1: Breitbandverfahren für verschiedene psychische Störungen (Görtz-Dorten et al., 2019b) – Fortsetzung

Instrument	Beschreibung	Reliabilität, Validität & Normierung (Zusatzquellen neben Manual bzw. Originalquelle)
(Döpfner & Görtz-Dorten, 2017)	• Selbstbeurteilung für Jugendliche (11–18 Jahre) • Erfassung von Hinweisen auf psychische Störungen nach ICD-10 und DSM-5 • Bezug auf SSV: Skala *Störung des Sozialverhaltes*	ordnung überwiegend nach. Normierung: Eltern- und Selbsturteil in Feldstichprobe.
DCL-SCREEN & ILF-SCREEN Diagnose-Checkliste und Interviewleitfaden für das Screening (Döpfner & Görtz-Dorten, 2017; Görtz-Dorten & Döpfner, 2020)	• klinische Beurteilung • Exploration des Kindes/Jugendlichen, Eltern und/oder Pädagog*innen • Altersbereich von 4–18 Jahren • Erfassung von Demografie, Entwicklung, körperlichem Zustand sowie Hinweisen auf psychische Störungen nach ICD-10 und DSM-5 • Bezug auf SSV: Skala *Störung des Sozialverhaltes*	Wird zurzeit pilotiert.
CBCL/6–18R, TRF/6–18R & YSR/11–18R Deutsche Schulalter-Formen der Child Behavior Checklist von Thomas M. Achenbach (Döpfner et al., 2014)	• Fragebogen • Fremdbeurteilung für Eltern oder pädagogische Fachkräfte (6–18 Jahre) • Selbstbeurteilung für Jugendliche (11–18 Jahre) • Erfassung von Kompetenzen (CBCL & YSR), Schulleistungen und adaptiven Funktionen (TRF), sowie acht Problemskalen und drei übergeordneten Skalen (alle), zusätzlich DSM-orientierte Skalen • Bezug auf SSV: Skalen *Regelverletzendes Verhalten, Aggressives Verhalten, DSM: Oppositionelle Verhaltenssymptome* sowie *DSM: Dissoziale Symptome*	Reliabilität: In Klinik- und Feldstichproben bei allen drei Fragebogen Skalen zweiter Ordnung $\alpha > .80$. Skala Gesamtauffälligkeit $\alpha \geq .93$. Validität: Internationale Studien mit repräsentativen Feldstichproben, die Faktorenmodelle der drei Fragebogenversionen kulturübergreifend replizieren und Skalierung bestätigen. Normierung: Alle Versionen an klinischer und Feldstichprobe.
Kinder-DIPS Diagnostisches Interview bei psychischen Störungen im Kindes- und Jugendalter	• klinische Beurteilung • Altersbereich 6–18 Jahre	Reliabilität: Für Kindversion prozentuale Übereinstimmung bei allen Oberklassen 85–100 %, $\kappa = 0.48$ bis $\kappa =$

Tab. 4.1: Breitbandverfahren für verschiedene psychische Störungen (Görtz-Dorten et al., 2019b) – Fortsetzung

Instrument	Beschreibung	Reliabilität, Validität & Normierung (Zusatzquellen neben Manual bzw. Originalquelle)
(Schneider, Pflug, In-Albon & Margraf, 2017)	• Exploration des Kindes/Jugendlichen und/oder der Eltern • Erfassung von Diagnosen psychischer Störungen nach ICD-10 und DSM-5 • Bezug auf SSV: Diagnose *Störung mit oppositionellem Trotzverhalten* und *Störung des Sozialverhaltens*	0.88. Für Elternversion prozentuale Übereinstimmungen von mindestens 93 %, κ = 0.85 bis κ = 0.94. Validität: Prüfung psychometrischer Skalen zeigt gute Ergebnisse. Normierung: Kategoriale Auswertung nach Klassifikationssystemen.
SDQ-Deu-E/L/J Deutsche Version des Strengths and Difficulties Questionnaire (Klasen, Woerner, Rothenberger & Goodman, 2003)	• Fragebogen • Fremdbeurteilung für Eltern oder pädagogische Fachkräfte (4 – 16 Jahre) • Selbstbeurteilung für Jugendliche (11 – 16 Jahre) • Erfassung von Verhaltensauffälligkeiten und -stärken • Bezug auf SSV: Skalen *Probleme im Umgang mit Gleichaltrigen*, *Verhaltensauffälligkeiten* und *Prosoziales Verhalten*	Reliabilität: In Normstichprobe α = .82 für Gesamtproblemscore, für Einzelskalen α = .58 bis .76 (Elternurteil) und α = .43 bis .72 (Selbsturteil). Validität: Faktorvalidität bestätigt für Eltern- und Selbsturteil. Normierung: Elternurteil und Selbsturteil an Repräsentativstichprobe. (z. B. Becker et al., 2018; Janitza, Klipker & Hölling, 2020)

Good to know

Die Ergebnisse aus den störungsübergreifenden Diagnostikinstrumenten können Hinweise auf weiteren Explorationsbedarf liefern, weshalb es sich anbietet, die Fragebogen frühzeitig auszugeben und die klinischen Interviews direkt zu Beginn durchzuführen.

4.4.1 Störungsspezifische Diagnostikinstrumente

Ergeben sich in den Breitbandverfahren Auffälligkeiten sollte in den entsprechenden Bereichen eine störungsspezifische Diagnostik erfolgen. Ergeben sich Hinweise auf oppositionelle, aggressive oder auch dissoziale Verhaltensprobleme, sollten zur Diagnosestellung spezifische Fragebogen und Interviews für SSV genutzt werden (▶ Tab. 4.2).

Im FBB/SBB-SSV werden Symptomkriterien für eine SSV nach ICD-10 und DSM-5 im Eltern-, Lehrkraft- und Selbsturteil erfasst. Die Items werden auf Symptomebene zu den Skalen *Oppositionelles Verhalten*, *Aggressiv-dissoziales Verhalten*, *Begrenzte Prosoziale Emotionalität* und Disruptive Affektregulation zusammengefasst (Döpfner & Görtz-Dorten, 2017). Zusätzlich können Skalen zu *Leidensdruck und Funktionsbeeinträchtigung* sowie *Kompetenzen* gebildet werden. Der assoziierte Interviewleitfaden (ILF-EXTERNAL) mit Diagnosecheckliste (DCL-SSV) kann dabei helfen Auffälligkeiten aus den Fragebogen tiefergehend zu explorieren. Der semistrukturierte Leitfaden erfragt korrespondierend zum Fragebogen Symptome einer SSV nach ICD-10 und DSM-5. Für jedes Symptom sind beispielhaft Fragen vorgegeben, die 1. Phänomenologie, 2. konkrete Beispiele, 3. betroffene Lebensbereiche und Situationen, sowie 4. die Häufigkeit des jeweiligen Problems erfassen. Die Fragen sind für eine Exploration der Bezugspersonen vorgesehen, können jedoch für Patient*innen adaptiert werden.

Tab. 4.2: Übersicht zu störungsspezifischen SSV-Instrumenten nach ICD-10 oder DSM-5 (Görtz-Dorten et al., 2019b)

Instrument	Beschreibung	Reliabilität, Validität & Normierung (Zusatzquellen neben Manual bzw. Originalquelle)
FBB-SSV & SBB-SSV Fremd- und Selbstbeurteilungsbogen für Störungen des Sozialverhaltens (Döpfner & Görtz-Dorten, 2017)	• Fragebogen • Fremdbeurteilung für Eltern oder pädagogische Fachkräfte (4–18 Jahre) • Selbstbeurteilung für Jugendliche (11–18 Jahre) • Erfassung aller Kriterien für die Diagnose einer Störung des Sozialverhaltens nach ICD-10 und DSM-5 einschließlich begrenzter prosozialer Emotionalität und Kriterien der disruptiven Affektregulationsstörung nach DSM-5, sowie prosoziales Verhalten	Reliabilität: Skalen Eltern- und Lehrkrafturteil α = .67 bis α = .92. Selbsturteil α = 0.68 bis α = 0.84. Validität: Umfangreiche Analysen, Faktorenstruktur für alle Versionen weitgehend nachgewiesen, Korrelationen zeigen gute Diskrimination zwischen SSV- und Repräsentativstichprobe im Elternurteil, passende Korrelationen von Lehrkrafturteil mit TRF und Selbsturteil mit YSR. Normierung: Alle Urteile in klinischer Stichprobe, Eltern- und Selbsturteil in Feldstichprobe. (z. B. Klos, Thöne, Döpfner & Görtz-Dorten, 2024)
DCL-SSV & ILF-EXTERNAL Diagnose-Checkliste und Interviewleitfaden für externale Störungen (Döpfner & Görtz-Dorten, 2017; Görtz-Dorten & Döpfner, 2020)	• klinische Beurteilung • Exploration des Kindes/Jugendlichen, Eltern und/oder Pädagog*innen • Altersbereich von 4–18 Jahren • Erfassung aller Kriterien für die Diagnose einer	Reliabilität: Gesamtskala α = .87 und Subskalen α = .68 und α = .88 (Elternexploration). Validität: Korrelationen klinischer Beurteilung in DCL-SSV basierend auf Befragung Eltern oder Jugendli-

Tab. 4.2: Übersicht zu störungsspezischen SSV-Instrumenten nach ICD-10 oder DSM-5 (Görtz-Dorten et al., 2019b) – Fortsetzung

Instrument	Beschreibung	Reliabilität, Validität & Normierung (Zusatzquellen neben Manual bzw. Originalquelle)
	Störung des Sozialverhaltens nach ICD-10 und DSM-5	che mit FBB-SSV (Elternurteil) $r = .52$ bis $r = .57$ und SBB-SSV $r = .51$ bis $r = .54$. Normierung: Kategoriale Auswertung nach Klassifikationssystemen. Orientierende Bewertung der Skalenwerte.

4.4.2 Weiterführende Diagnostikinstrumente

Neben störungsspezifischer Diagnostik wird die Überprüfung von Intelligenz-, Entwicklungs- und Teilleistungsdefiziten empfohlen. Insbesondere bei Auffälligkeiten im Kontext Schule kann die aggressive oder auch oppositionelle Symptomatik Hinweis auf schulische Überforderung, seltener auch Unterforderung, sein. Zudem liegen bei einer SSV häufig zusätzlich Defizite im Leistungs- und Entwicklungsbereich vor.

Wird durch die Exploration und die störungsspezifischen Instrumente die Diagnose einer SSV gestellt, kann im Anschluss das Problemverhalten mithilfe weiterer Fragebogen und Interviews ausdifferenziert werden. Mit diesen Instrumenten können Problemsituationen spezifiziert, Funktionsbeeinträchtigungen erhoben oder auch problemauslösende sowie -aufrechterhaltende Faktoren identifiziert und so die Therapieplanung substanziell beeinflusst werden. Eine neue Entwicklung stellt der unterstützende Einsatz digitaler Diagnostikinstrumente wie Computer oder Smartphones dar (▶ Kap. 6.10). Eine Übersicht über ergänzende Diagnostikinstrumente bieten die folgenden Tabellen (▶ Tab. 4.3, ▶ Tab. 4.4, ▶ Tab. 4.5, ▶ Tab. 4.6).

Tab. 4.3: Übersicht zur Diagnostik von Familieninteraktion und -konflikten

Instrument	Beschreibung	Reliabilität, Validität & Normierung (Zusatzquellen neben Manual bzw. Originalquelle)
EF-PF Elternfragebogen über Problemsituationen in der Familie (Döpfner, Schürmann & Frölich, 2019)	• Fragebogen • Fremdbeurteilung für Eltern (3–12 Jahre) • Erfassung von Auffälligkeiten bei hyperkinetischen und oppositionellen Verhaltensproblemen in	Reliabilität: $\alpha = .80$ bis $\alpha = .83$. Validität: Bei Stichprobe mit hyperkinetisch auffälligen Kindern Korrelationen mit von Eltern beurteilten externalen Störungen und

4.4 Diagnostikinstrumente

Tab. 4.3: Übersicht zur Diagnostik von Familieninteraktion und -konflikten – Fortsetzung

Instrument	Beschreibung	Reliabilität, Validität & Normierung (Zusatzquellen neben Manual bzw. Originalquelle)
	konkreten familiären Situationen	Aufmerksamkeitsstörungen CBCL bei $r = .46$ bzw. $r = .40$. Vergleichbare Werte Zusammenhang von Eltern beurteilter hyperkinetischer und oppositioneller Symptomatik nach DSM-III. Normierung: An Feldstichprobe, Kinder von 7;0 bis 10;11 Jahre.
EI-PF Elterninterview über Problemsituationen in der Familie (Döpfner et al., 2019)	• klinische Beurteilung • Exploration der Eltern • Altersbereich von 3–12 Jahren • Erfassung von Auffälligkeiten bei hyperkinetischen und oppositionellen Verhaltensproblemen in konkreten familiären Situationen	Keine quantitative Auswertung
FEJK-E & FEJK-J Fragebogen zu Eltern-Jugendlichen Konflikten – Version für Eltern und Version für Jugendliche (Rademacher & Döpfner, 2025)	• Fragebogen • Fremdbeurteilung für Eltern und Selbstbeurteilung für Jugendliche (14–17 Jahre) • Erfassung von Konfliktverhalten und Konfliktbeziehungen zwischen Kind und Mutter bzw. Vater	Reliabilität: Gesamtskala Fremdurteil $\alpha = .90$ (Mütter) und $\alpha = .93$ (Väter), Gesamtskala Selbsturteil $\alpha = .91$ (Mütter) und $\alpha = .94$ (Väter). Validität: Weitgehend übereinstimmend dreifaktorielle Lösung, mittlere Korrelation über Beurteilungsebenen. Normierung: An Feldstichprobe im Alter 14–17 Jahre.

Tab. 4.4: Übersicht zur Diagnostik von spezifischen Aspekten von Aggression und aggressivem Verhalten

Instrument	Beschreibung	Reliabilität, Validität & Normierung (Zusatzquellen neben Manual bzw. Originalquelle)
BVF-K & BVF-L Bullying und Viktimisierungsfragebogen in Kinder-	• Fragebogen • Fremdbeurteilung für pädagogische Fachkräfte	Reliabilität: Selbsturteil Täterskala $\alpha = .77$, Opferskala $\alpha = .76$. Fremdurteil Täter-

Tab. 4.4: Übersicht zur Diagnostik von spezifischen Aspekten von Aggression und aggressivem Verhalten – Fortsetzung

Instrument	Beschreibung	Reliabilität, Validität & Normierung (Zusatzquellen neben Manual bzw. Originalquelle)
und Lehrkraftsversion (von Marées & Petermann, 2010)	und Selbstbeurteilung für Jugendliche (4–11 Jahre) • Erfassung von reaktiver und proaktiver Reaktion von Täter*innen sowie Anzeichen einer Opferrolle	skala α = .91, Opferskala α = .85. Retest-Reliabilität nach vier Wochen α = .82. Validität: Verschiedene Validierungsstudien, Nachweis Änderungssensitivität, Übereinstimmung zwischen Peer-Nominierungen und Beobachtungsurteilen. Normierung: An Feldstichprobe.
DAF Differenzieller Aggressionsfragebogen (Petermann & Beckers, 2014)	• Fragebogen • Selbstbeurteilung für Kinder und Jugendliche (10–17 Jahre) • Erfassung reaktiver und proaktiver Aggression	Reliabilität: Subskalen α = .72 bis α = .81. Gesamtskala α = .83. Retest-Reliabilität nach 6 Wochen für Gesamtskala .73. Validität: Zusammenhänge mit SDQ und verschiedene Studien zur konvergenten und divergenten Validität. Normierung: An Feldstichprobe.
EAS Erfassungsbogen für aggressives Verhalten in konkreten Situationen (Petermann & Petermann, 2015)	• Fragebogen mit bildhafter Ausgestaltung und Reaktionsvorgaben • Altersbereich von 9–12 Jahren, Version für Jungen und für Mädchen • Erfassung von Aggression in konkreten Alltagssituationen mithilfe von 22 Bildergeschichten	Reliabilität: α = .87 (Jungen) und α = .86 (Mädchen). Retest-Reliabilität nach acht Wochen r_{tt} = .71. Validität: Hohe ökologische Validität. Hohe Übereinstimmungen mit BASYS und gute Trennung zwischen klinischen und nicht klinischen Gruppen. Keine Zusammenhänge zu Kinderpersönlichkeitstests. Normierung: An Feldstichprobe.
FAVK-F/ FAVK-S/ FAVK-K Fragebogen zum aggressiven Verhalten von Kindern (Görtz-Dorten & Döpfner, 2021a)	• Fragebogen • Fremdbeurteilung für Eltern oder pädagogische Fachkräfte (4–14 Jahre) • Selbstbeurteilung für Kinder und Jugendliche (9–14 Jahre) • klinische Beurteilung • Erfassung von Störungen sozial-kognitiver Informa-	Reliabilität: Gesamtskala und Subskalen α = .78 bis α = .95 im Elternurteil und α = .70 bis α = .94 im Selbsturteil. Validität: Faktorenanalysen bestätigen a-priori-Struktur weitgehend. Passende Korrelationen mit FBB und SBB SSV und CBCL.

Tab. 4.4: Übersicht zur Diagnostik von spezifischen Aspekten von Aggression und aggressivem Verhalten – Fortsetzung

Instrument	Beschreibung	Reliabilität, Validität & Normierung (Zusatzquellen neben Manual bzw. Originalquelle)
	tionsverarbeitung, Störungen der Impulskontrolle, Störungen sozialer Fertigkeiten und Störungen sozialer Interaktion	Normierung: An Feldstichprobe.
K-FAF Kurzfragebogen zur Erfassung von Aggressionsfaktoren (Heubrock & Petermann, 2008)	• Fragebogen • Selbstbeurteilung für Jugendliche über 15 Jahre • Erfassung von Spontaner Aggressivität, Reaktiver Aggressivität, Erregbarkeit, Selbstaggressivität und Aggressionshemmung	Reliabilität: $\alpha = .89$ für Gesamtwert, $\alpha = .55$ bis $\alpha = .84$ für Subskalen. Validität: Vergleich zwischen unauffälliger, nichtdelinquenter und delinquenter Stichprobe ergibt für alle Skalen und Gesamtskala signifikante Gruppenunterschiede. Normierung: An Feldstichprobe und forensischer Stichprobe.

Tab. 4.5: Übersicht zur Diagnostik von Emotionsregulation, Empathie und Psychopathie

Instrument	Beschreibung	Reliabilität, Validität & Normierung (Zusatzquellen neben Manual bzw. Originalquelle)
FEEL-KJ Fragebogen zur Erhebung der Emotionsregulation bei Kindern und Jugendlichen (Grob & Smolenski, 2009)	• Fragebogen • Selbstbeurteilung für Kinder und Jugendliche (10–19 Jahre) • Erfassung adaptiver und maladaptiver Emotionsregulationsstrategien für Angst, Trauer und Wut	Reliabilität: Emotions-übergreifenden Strategie-Skalen $\alpha = .69$ bis $\alpha = .91$. Sekundärskalen emotionsübergreifend für adaptive Strategien $\alpha = .93$ und maladaptive Strategien $\alpha = .82$. Retest-Reliabilitäten nach 6-Wochen für Strategie-Skalen $r_{tt} = .62$ bis $r_{tt} = .81$, für Sekundärskalen $r_{tt} = .81$ (adaptive Strategien) und $r_{tt} = .73$ (maladaptive Strategien). Validität: Befunde zu Konstruktvalidität, faktorieller Struktur, differenzieller und kriterienbezogener Validität.

Tab. 4.5: Übersicht zur Diagnostik von Emotionsregulation, Empathie und Psychopathie – Fortsetzung

Instrument	Beschreibung	Reliabilität, Validität & Normierung (Zusatzquellen neben Manual bzw. Originalquelle)
		Normierung: An Feldstichprobe.
STAXI-2 KJ-F & STAXI-2 KJ-S State-Trait-Ärgerausdrucks-Inventar-2 für Kinder und Jugendliche im Fremd- und Selbsturteil (Kupper & Rohrmann, 2016)	• Fragebogen • Fremdbeurteilung für Eltern und Selbstbeurteilung für Jugendliche (9–16 Jahre) • Erfassung von dispositionellem Ärger, Ärgerausdruck und Ärgerkontrolle	Reliabilität: Die Retest-Reliabilität State-Skala $r_{tt} = .14$ bis $r_{tt} = .29$. Trait-Skalen liegen $\alpha = .79$ bis $\alpha = .91$ und Retest-Reliabilität $r_{tt} = .67$ bis $r_{tt} = .78$. Ärgerausdruck- und Ärgerkontrollskalen $\alpha = .80$ bis $\alpha = .90$ und die Retest-Reliabilität $r_{tt} = .63$ bis $r_{tt} = .81$. Validität: Umfangreiche Ergebnisse. Explorative und konfirmatorische Faktorenanalysen belegen Faktorstruktur. Zusammenhangsmuster mit konstruktnahen und -fernen Persönlichkeitsmerkmalen. Normierung: An Feldstichprobe.
FEPAA Fragebogen zur Erfassung von Empathie, Prosozialität, Aggressionsbereitschaft und aggressivem Verhalten (Lukesch, 2005)	• Fragebogen • Selbstbeurteilung für Jugendliche (12–16 Jahre) • Erfassung von positivem Sozialverhalten (Empathie und Prosozialität) und negativem Sozialverhalten (Aggressionsbereitschaft und aggressives Verhalten)	Reliabilität: Skalen $\alpha = .57$ bis $\alpha = .79$. Validität: Verschiedene Studien zu Konstruktvalidität, gut interpretierbare Geschlechtsunterschiede und Änderungssensitivität. Normierung: An Feldstichprobe.
IVE Inventar zur Erfassung von Impulsivität, Risikoverhalten und Empathie (Stadler, Janke & Schmeck, 2004)	• Fragebogen • Selbstbeurteilung für Kinder und Jugendliche (9–14 Jahre) • Erfassung von Impulsivität, Risikoverhalten und Empathie	Reliabilität: Skala Impulsivität $\alpha = .82$ (Jungen), $\alpha = .80$ (Mädchen). Skala Risikoverhalten $\alpha = .85$ (Jungen), $\alpha = .81$ (Mädchen). Skala Empathie $\alpha = .86$ (Jungen), $\alpha = .77$ (Mädchen). Validität: Interne Validität durch Konvergenz faktorenanalytischer und itemmetrischer Analysen gesichert. Skala Impulsivität diskriminiert ADHS bzw. SSV von gesunder Kontroll-

Tab. 4.5: Übersicht zur Diagnostik von Emotionsregulation, Empathie und Psychopathie – Fortsetzung

Instrument	Beschreibung	Reliabilität, Validität & Normierung (Zusatzquellen neben Manual bzw. Originalquelle)
		gruppe. Normierung: An Feldstichprobe.
PCL:YV™ Hare Psychotherapy Checklist: Youth Version by A.E. Forth, D.S. Kosson and R.D. Hare -Deutsche Version (Sevecke & Krischer, 2014)	• klinisches Urteil • Selbstbeurteilung für Jugendliche (14–18 Jahre) • Erfassung von Psychopathie im Sinne von reduzierter prosozialer Emotionalität (Interpersonaler Faktor, Affektiver Faktor, Lifestyle Faktor und Antisozialer Faktor)	Reliabilität: Gesamtwert *ICC* = .97 und α = .98. Validität: Zahlreiche Validitätsstudien, Zusammenhang mit Psychopathie-Instrumenten nachgewiesen, Unterschiede zwischen verschiedenen Gruppen von Kindern. Normierung: An Stichprobe im Strafvollzug, amerikanische Allgemeinbevölkerung.
YPI Youth Psychopathic Traits Inventory (Köhler, Kuska, Schmeck, Hinrichs & Fegert, 2011)	• Fragebogen • Selbstbeurteilung für Jugendliche und junge Erwachsene (12–25 Jahre) • Erfassung Psychopathie in 10 Subskalen (Unehrlicher Charme, Grandiosität, Lügen, Manipulation, Kaltherzigkeit, Unemotionalität, Reuelosigkeit, Impulsivität, Abenteuersuche und Unverantwortlichkeit)	Reliabilität: Auf Faktorenebene α = .70 bis α = .82 (forensisch) und α = .81 bis α = .90 (Schule), Auf Skalenebene α = .35 bis α = .74 (forensisch) und α = .61 bis α = .77 (Schule). Validität: Inhaltsvalidität aufgrund Konstruktionsweise. Faktorenstruktur explorativ und konfirmatorisch bestätigt. Eine Multi-Trait-Multi-Method-Analyse zeigt Divergenz mit SDQ und FEEL-KJ. Normierung: An forensischer und Schulstichprobe. (z. B. Stadlin, Pérez, Schmeck, Gallo & Schmid, 2016)

Tab. 4.6: Übersicht zu computergestützter Diagnostik

Instrument	Beschreibung	Reliabilität, Validität & Normierung
ScouT Soziales computerunterstütztes Training für Kinder mit aggressivem Verhalten (Görtz-Dorten & Döpfner, 2016)	• computergestützter Test • Altersbereich von 6–12 Jahren • Erfassung von Verhaltenstendenzen, Problemlöseprozessen und kognitiver Dynamik in verschiedenen sozialen Konfliktsituationen mithilfe von Videovignetten	Reliabilität: Für Subskalen mindestens zufriedenstellend. Interraterreliabilität κ = .69 bis κ = .77. Validität: Inhaltliche, faktorielle, konvergente und divergente Validität in klinischer und Feldstichprobe nachgewiesen. Normierung: Ausstehend, Codierungs- und Interpretationshilfen für Kennwerte und Reaktionsprofil.

4.5 Körperliche Diagnostik

Zusätzlich kann eine körperliche Diagnostik wie orientierende internistische und neurologische Untersuchungen in Erwägung gezogen werden (Petermann et al., 2016). Über eine Kontaktaufnahme mit Kinder-/Hausärzt*innen ist es möglich, Informationen über zugrundeliegende oder begleitende körperliche Erkrankungen und den allgemeinen Gesundheitszustand zu erhalten. Im Rahmen körperlicher Untersuchungen sollen Zeichen von Vernachlässigung und körperliche Misshandlung ausfindig gemacht werden. Ein schlechter Ernährungszustand oder Zahnstatus kann darauf hindeuten, dass das Kind zuhause nicht ausreichend versorgt wird. Bei jungen Kindern wird darüber hinaus das Vorliegen von Hautmalen oder von unbehandelten körperlichen Symptomen geprüft. Bei solchen Befunden ist es unerlässlich zu klären, seit wann die Symptome bestehen und warum bisher keine Maßnahmen zur Behandlung ergriffen wurden. Das Vorgehen bei Verdacht auf Kindeswohlgefährdung ist in Kapitel 8.2 beschrieben (▶ Kap. 8.2). Gerade bei Jugendlichen kann eine körperliche Untersuchung dazu geeignet sein, Alkohol- oder anderen Substanzkonsum über Nadeleinstiche und entsprechende Hautveränderungen wie Abszesse und Entzündungen oder auch durch spezifische Laboruntersuchungen aufzudecken. Liegen Hinweise auf eine Entwicklungsverzögerung vor, sollte ein Elektroenzephalogramm durchgeführt werden. Je nach Befund kann auch eine bildgebende Untersuchung wie Röntgen, Computertomographie oder Magnetresonanztomographie des Schädels und Gehirns erforderlich sein.

4.6 Verhaltensbeobachtung

Erstgespräch, Anamnese und Termine zur testpsychologischen Diagnostik können genutzt werden, um das Verhalten des Kindes und der Bezugspersonen in verschiedenen Situationen zu beobachten. Um das Verhalten des Kindes im natürlichen Umfeld (z. B. im Unterricht oder in der Pause) zu beobachten, ist eine Schulhospitation hilfreich. Über Videotherapieformate ist es möglich, einen Einblick in den Familienalltag zu erhalten und schwierige Situationen (z. B. Hausaufgaben oder Zimmer aufräumen) »live« mitzuerleben. Die Beobachtung kann Hinweise auf die SSV liefern, wobei diese manchmal zu Beginn im Behandlungskontext weniger ausgeprägt gezeigt werden, aber auch zu komorbiden Störungen. Unter anderem sind die Interaktion mit den Bezugspersonen (z. B. Kind und Eltern geraten im Erstgespräch in Konflikt), aber auch mit dem therapeutisch/ medizinischen Personal (z. B. Kind verweigert Mitarbeit bei der Diagnostik), das Einhalten sozialer Regeln (z. B. Kind »schummelt« beim gemeinsamen Spiel), die Stimmung (z. B. Kind wirkt gereizt) und der Entwicklungsstand des Kindes (z. B. sprachliche oder motorische Defizite) von Interesse. Der Einsatz von Handpuppen bei Kindern kann ebenfalls geeignet sein, um Situationen nachzustellen und die Reaktion des Kindes zu beobachten. ScouT (▶ Kap. 6.9.3) bietet hierfür ein systematisiertes Vorgehen: Problemsituationen werden vorgegeben, gemeinsam mit dem Kind mithilfe von Puppen nachgespielt und das Verhalten des Kindes auf verschiedenen Skalen bewertet. Darüber hinaus gibt die folgende Tabelle (▶ Tab. 4.7) Beispiele für Instrumente, die eine systematische oder individuelle Beobachtung von Problemverhalten ermöglichen.

Tab. 4.7: Übersicht über Beobachtungsverfahren

Instrument	Beschreibung	Reliabilität, Validität & Normierung
VBV 3–6 Verhaltensbeurteilungsbogen für Vorschulkinder (Döpfner, Berner, Breuer, Fleischmann & Schmidt, 2018)	• Fragebogen • Version für Eltern und Erzieher*innen (3–6 Jahre) • Erfassung von Beobachtungen bezüglich sozial-emotionalen Kompetenzen, oppositionell-aggressivem Verhalten, Unaufmerksamkeit und Hyperaktivität versus Spielausdauer, emotionalen Auffälligkeiten • zusätzliche Symptomliste	Reliabilität: Skalen im Elternurteil $\alpha = 0.73$ bis $\alpha = 0.90$, im Erzieher*innenurteil $\alpha = 0.88$ bis $\alpha = 0.95$. Die Retest-Reliabilitäten $r_{tt} = .51$ bis $r_{tt} = .80$. Interrater-Reliabilitätswerte für Erzieher*innen $r = .56$ bis $r = .62$. Validität: Mittelwertvergleiche zwischen Vergleichs- und Repräsentativstichprobe sowie zu Beziehungen zwischen Eltern- und Erzieher*innenurteilen. Beziehungen zu Globaleinschätzungen von Erzieher*innen zu Sozialstatus, Diagnose, Entwicklungstand, Intelligenz und

Tab. 4.7: Übersicht über Beobachtungsverfahren – Fortsetzung

Instrument	Beschreibung	Reliabilität, Validität & Normierung
		familiären Bedingungen. Normierung: An klinischer und Feldstichprobe.
BASYS-L und BASYS-F Beobachtungssystem zur Analyse aggressiven Verhaltens in schulischen Settings für Lehrkräfte und Fremdbeobachter*innen (Wettstein, 2008)	• systematisches Beobachtungsverfahren • Version für Lehrkräfte und Fremdbeobachter*innen (9–16 Jahre) • Erfassung von fünf verschiedenen Formen aggressiven Verhaltens und einer Form oppositionellen Verhaltens in Kita oder Schule • in Fremdversion zusätzliche Erfassung methodisch-didaktischen Settings, Funktion des Verhaltens, Reaktion Lehrkraft auf störendes Verhalten	Reliabilität: Detektionsrate bei Lehrkräften 60 % bis 80 %. Beobachtungsübereinstimmung zwischen Fremdbeobachtenden und Lehrkräften sehr hoch. Validität: Hohe ökologische Validität, Differenzierung zwischen klinischen und nicht klinischen Gruppen. Hohe Übereinstimmung mit EAS. Normierung: An Feldstichprobe im Alter von 9–16 Jahren.
Selbst-/ Fremdbeobachtungsbogen z. B. *Wut-Tagebuch* oder *Mein Detektivbogen* (Görtz-Dorten & Döpfner, 2019b)	• individueller Fragebogen mit Spaltentechnik zur Dokumentation einer schwierigen Situation • altersunabhängige Selbst- und Fremdbeurteilung von Verhalten möglich • Erfassung z. B. von Verhalten, Kognitionen und Emotionen in Situationen (Was hast du gemacht? Was hast du gedacht? Was hast du gefühlt?)	keine quantitative Auswertung

4.7 Verfahren zur individuellen Verhaltensbeurteilung und Verlaufskontrolle

Neben standardisierten Instrumenten können individuelle Maße der Veränderung, die mit Kindern, Jugendlichen sowie Bezugspersonen definiert werden, hilfreich sein. Dafür bietet sich das Festhalten von spezifischen Problemen oder Zielen an, deren Veränderung bzw. Erreichung im Laufe der Therapie zur Verlaufskontrolle immer wieder erfasst wird. Dieses kontinuierliche Monitoring kann über Papierbogen erfolgen, die zum Beispiel täglich oder einmal in der Woche ausgefüllt werden. Darüber hinaus ist eine Erfassung digital unterstützt, z. B. über den Einsatz von Therapie-Apps, möglich. Die mehrfache Erfassung kann auch genutzt werden, um den Therapieverlauf grafisch darzustellen. Eine Übersicht über Verfahren zur individuellen Verhaltens- und Verlaufsbeurteilung bietet die folgende Tabelle (▶ Tab. 4.8).

Tab. 4.8: Übersicht über Verfahren zur individuellen Verhaltensbeurteilung und Verlaufskontrolle

Instrument	Beschreibung
PROBO Problembogen (Görtz-Dorten et al., 2019b)	• individueller Fragebogen • altersunabhängige Selbst- und Fremdbeurteilung möglich • Erfassung z. B. von Häufigkeit oder Schweregrad zuvor definierter, konkreter Probleme • individuelle Skalierung möglich
ZIEBO Zielbogen (Görtz-Dorten et al., 2019b)	• individueller Fragebogen • altersunabhängige Selbst- und Fremdbeurteilung möglich • Erfassung z. B. von Erreichung zuvor definierter, konkreter Ziele • individuelle Skalierung möglich
SSV-GKB Globale Klinische Beurteilungsskala (Görtz-Dorten et al., 2019b)	• klinische Beurteilung • altersunabhängig • Exploration des Kindes/Jugendlichen, Eltern, pädagogische Fachkraft • Erfassung verschiedener Merkmale einer SSV, einer Gesamtbeurteilung sowie häufiger komorbider Symptome (ADHS, Depressivität, Angst, Lernprobleme) • Beurteilung des aktuellen Status und Veränderung seit Beginn
Ärgerthermometer (Görtz-Dorten & Döpfner, 2019b)	• Arbeitsblatt • Selbstbeurteilung (ca. 6–12 Jahre) • Erfassung des subjektiven Ärgerausmaßes z. B. auf einer Skala von 0–100 in Konfliktsituationen
AUTHARK App-unterstützte Therapie-Arbeit für Kinder (Görtz-Dorten & Döpfner, 2019a)	• Therapie-App (Google Play Store und App Store) • Selbstbeurteilung (ca. 6–12 Jahre) • individualisierte Erfassung von Informationen über Momentary Assessment-Funktion und Videotagebuch • zusätzlich Erinnerungs- und Trainingsfunktion
JAY Journaling App for Youth (Görtz-Dorten & Döpfner, 2021b)	• Therapie-App (Google Play Store und App Store) • Selbstbeurteilung (ca. 13–17 Jahre) • individualisierte Erfassung von Informationen über Momentary Assessment-Funktion und Videotagebuch • zusätzlich Erinnerungs- und Trainingsfunktion

4.8 Problemanalyse auf Makro- und Mikroebene

Um aus den erhobenen Informationen konkrete Interventionen zur Verhaltensmodifikation abzuleiten, hilft das Aufstellen einer individuellen Problemanalyse. Dafür wird auf Mikroebene das Problemverhalten in einer spezifischen Situation und auf Makroebene die übergeordneten und übergreifenden Bedingungen, die das Problemverhalten prädisponieren, auslösen und aufrechterhalten, analysiert. Die Durchführung einer Problemanalyse kann Hinweise darauf geben, ob im Rahmen des diagnostischen Prozesses bereits ausreichend Informationen erhoben wurden oder ob weitere Auskünfte nachexploriert werden müssen. Durch die Analysen wird ein individuelles Erklärungsmodell für die psychische Störung aufgestellt, auf dessen Basis die anschließende Behandlungsplanung erfolgt.

In der Makroanalyse wird situationsübergreifendes Problemverhalten betrachtet und das Gesamtbild der Störung abgebildet (▶ Tab. 4.9). Zusätzlich können Ressourcen und Verhaltensaktiva integriert werden, die das Problemverhalten unter Umständen begrenzen und als Schutzfaktoren dienen. Grundlage liefern die Informationen aus Exploration und Diagnostik.

Tab. 4.9: Beispiel für die Makroanalyse bei einem Kind mit SSV

	Erklärung	Fallbeispiel
prädisponierend	Faktoren, die die Vulnerabilität und Auftretenswahrscheinlichkeit für psychische Störungen erhöhen (z. B. somatische und genetische Aspekte, Temperamentsmerkmale, lerngeschichtliche Disposition)	Vermutlich genetische Disposition eines impulsiven Temperaments (Toms Vater berichtet ähnliche Verhaltensprobleme in der Kindheit). Lautes Konfliktverhalten und Drohungen der Eltern in Konfliktsituationen können auf Modelllernprozesse in der Entwicklung hinweisen und als verstärkendes Verhaltensmodell betrachtet werden.
auslösend	Faktoren, die die Manifestation einer psychischen Störung begünstigen (z. B. Stressoren, spezifische lebensgeschichtliche Ereignisse)	Erhöhte Anforderungen und strengere Abläufe durch den Eintritt in die Grundschule lassen Toms Verhaltensprobleme deutlicher hervortreten. Erfahrung aufgrund impulsiven und aggressiven Verhaltens von Gleichaltrigen abgelehnt zu werden.
aufrechterhaltend	Faktoren, die die psychische Störung aufrechterhalten (z. B. Belastungen, mangelnde Kompetenzen, Reaktionen auf Problemverhalten im Sinne positiver und negativer Verstärkung)	Erhöhte Aufmerksamkeit durch Eltern und Lehrkräfte aufgrund Problemverhalten. Inkonsistentes Erziehungsverhalten der Eltern, die sich bezüglich Regeln und deren Rele-

Tab. 4.9: Beispiel für die Makroanalyse bei einem Kind mit SSV – Fortsetzung

	Erklärung	Fallbeispiel
		vanz uneinig sind. Belastete Eltern-Kind-Beziehung führt vermehrt zu Konflikten. Tom kann sich durch aggressives Verhalten bei Eltern und anderen Kindern durchsetzen. Verzerrte Informationsverarbeitung auf Seiten Toms, er unterstellt anderen eher eine feindselige Haltung und fühlt sich provoziert.
Ressourcen	Faktoren, die schützen, die Gesundheit fördern und so die Symptomatik begrenzen könnten (z. B. sozioökonomischer Status, soziale Netzwerke, Fähigkeiten, Ziele und Überzeugungen)	Tom spielt 2x die Woche Basketball im Verein, hier kann er sich größtenteils an die Regeln halten und hat keine Konflikte mit anderen Kindern. Ein enger Freund aus der Kindergartenzeit. Trotz Problemen enge Familienbindung. Gute Beziehung zu den Großeltern, die die Familie entlasten.

In der Verhaltenstherapie hat sich für die Mikroanalyse das SORKC-Schema von Kanfer und Saslow (1965) etabliert. Für das Erstellen bietet es sich an, eine konkrete, gut erinnerte Situation zu erfragen, in der das Problemverhalten aufgetreten ist (▶ Tab. 4.10). Dafür können Kinder und Jugendliche, aber auch Bezugspersonen wie Eltern oder Lehrkräfte einbezogen werden. Zusätzlich kann der Einsatz von Selbstbeobachtungsbogen von Nutzen sein, um aktuelle Situationen zu erfassen und in die Mikroanalyse mit aufzunehmen.

Tab. 4.10: Beispiel für die Mikroanalyse bei einem Kind mit Störung des Sozialverhaltens

Komponente nach Kanfer und Saslow (1965)		Erklärung	Fallbeispiel
S		auslösende Situation	Ein Kind streift Tom beim Ausziehen der Jacke vor der 1. Schulstunde mit dem Ärmel.
O		überdauernde Organismusvariablen	Genetische Disposition zu aggressivem Verhalten, Impulsivität, niedrige Frustrationstoleranz
R	kognitiv	Reaktion auf Gedankenebene	»Der macht das mit Absicht, um mich zu provozieren.«
	emotional	Reaktion auf Gefühlsebene	Wut, Ärger

Tab. 4.10: Beispiel für die Mikroanalyse bei einem Kind mit Störung des Sozialverhaltens – Fortsetzung

Komponente nach Kanfer und Saslow (1965)		Erklärung	Fallbeispiel
	physiologisch	Körperliche Reaktion	Anspannung, schneller Herzschlag
	motorisch	Reaktion auf Verhaltensebene	Tom schubst das Kind weg und schreit »Hau ab, du Idiot«.
K	Kontingenz	Regelmäßigkeit mit der R und C auftreten	Hohe Kontingenz: Fast immer wenn Tom in Konflikte involviert ist, bekommt er Ärger von der Lehrerin.
	Kontiguität	räumlicher/zeitlicher Abstand zwischen R und C	Hohe Kontiguität: Unmittelbares Gefühl von Kontrolle.
C	$\mathcal{C}^-$	negative Verstärkung	Kurzfristig nehmen Anspannung und Wut ab.
	C^+	positive Verstärkung/ Belohnung	Kurzfristig bekommt Tom Aufmerksamkeit von der Lehrerin, Gefühl von Kontrolle.
	C-	Bestrafung	Er bekommt Ärger von der anwesenden Lehrerin. Langfristig möchten die anderen Kinder nicht mehr neben Tom sitzen.
	$\mathcal{C}^+$	indirekte Bestrafung	Langfristig kann Tom keine Freundschaften in der Klasse schließen und lernt keinen sozial kompetenten Umgang mit Konflikten.

4.9 Behandlungsindikation und Setting

Präventive Maßnahmen in Gemeinden, Schulen oder Kitas sollen durch die Reduktion von Risikofaktoren und Stärkung von Schutzfaktoren die Entwicklung einer SSV verhindern. Sie können auf unterschiedlichen Ebenen erfolgen:

a) *Universelle Prävention* richtet sich an alle Kinder, Jugendlichen oder deren Bezugspersonen, unabhängig von einem spezifischen Risiko, und fördert grundlegende soziale und emotionale Kompetenzen oder Erziehungsfertigkeiten.
b) *Selektive Prävention* richtet sich an Kinder und Jugendliche mit erhöhtem Risiko für die Entwicklung einer SSV. Zu den Risikofaktoren gehören ein belastetes familiäres Umfeld oder eine sozioökonomische Benachteiligung.
c) *Indizierte Prävention* wird Kindern und Jugendlichen angeboten, die erste Auffälligkeiten im Sozialverhalten zeigen, jedoch noch nicht die vollständigen

Diagnosekriterien einer SSV erfüllen. Ziel ist es, das Fortschreiten zu klinischer Auffälligkeit zu verhindern.

Bei klinischer Symptomatik ist für die Behandlungsindikation eine Klärung der Therapiemotivation von Patient*innen und deren Umfeld essenziell. Gegebenenfalls sollten Interventionen zur Steigerung der Motivation durchgeführt werden. Folgende Abbildung (▶ Abb. 4.2) zeigt einen Entscheidungsbaum, dessen Fragen bei der weiteren Indikationsstellung unterstützen (s. Leitlinie: DGKJP, 2016). Vor Therapiebeginn muss geprüft werden, ob psychosoziale Bedingungen (z.B. Misshandlung oder Missbrauch im häuslichen Umfeld) das Wohl des Kindes gefährden (▶ Kap. 8.2). In solchen Fällen sind ein Umfeldwechsel oder die Einbindung der Kinder- und Jugendhilfe vorrangig. Diese Maßnahmen kommen auch prioritär in Frage, wenn umfeldbedingte Faktoren (z.B. überforderte Bezugspersonen, Einbindung in deviante Gruppe) therapeutische Interventionen behindern und die Symptomatik aufrechterhalten. Selbst- oder Fremdgefährdung (z.B. akute Suizidalität, schwere Aggression, Drogenkonsum) ist ebenfalls zu priorisieren und erfordert zur Gefährdungsreduktion oft zunächst eine stationäre Aufnahme. Um eine Behandlung der kindlichen Probleme zu ermöglichen, kann es zudem indiziert sein, zuerst oder parallel psychische Probleme der Eltern oder Konflikte in der Partnerschaft zu behandeln. Auch primäre, komorbide Störungen der Patient*innen müssen gegebenenfalls vor der SSV therapiert werden. Nach Klärung oder Ausschluss dieser Themen können, abhängig vom individuellen Problemverhalten, eltern-, familien-, patient*innen- sowie kita- oder schulzentrierte Interventionen zur Behandlung der SSV in Betracht gezogen werden (▶ Kap. 6), wobei Elterninterventionen als Mittel erster Wahl im Kindesalter gelten. Sind mehrere Ebenen betroffen, können auch multimodale Interventionen indiziert sein, die verschiedene Problembereiche in ein aufeinander abgestimmtes Behandlungskonzept integrieren. Diese sind insbesondere für das Jugendalter geeignet.

Bei der Auswahl des geeigneten Behandlungssettings stehen ambulante, teilstationäre und stationäre Möglichkeiten sowie Jugendhilfemaßnahmen zur Option. Bei der Entscheidung sollten Schwere- und Chronifizierungsgrad der SSV sowie das Vorliegen von Komorbiditäten und Ressourcen der Patient*innen und des Umfelds berücksichtigt werden. Meist kann eine SSV im ambulanten Setting behandelt werden. Je stärker, generalisierter und chronifizierter die Symptomatik (z.B. schwerwiegende körperliche Aggression in allen Lebensbereichen, seit mehreren Jahren), je deutlicher die komorbide Symptomatik (z.B. ausgeprägte ADHS-Symptomatik mit starker Impulsivität) und je weniger Ressourcen (z.B. psychische Störung der Eltern, Intelligenzminderung des Kindes, große Schulklasse und Überforderung der Lehrkraft) desto eher ist eine ambulante Behandlung unzureichend und eine stationäre oder teilstationäre Behandlung indiziert. Zeigt eine vorangestellte ambulante Behandlung keinen hinreichenden Erfolg, sollte ebenfalls ein Settingwechsel bedacht werden. Bei einer stationären oder teilstationären Behandlung ist der Einbezug von Bezugspersonen und der Einsatz von Interventionen im Umfeld fundamental, damit eine Übertragung der therapeutischen Inhalte aus der Klinik in den Alltag gelingt. Im Anschluss ist häufig eine ambulante Nachsorge nötig. Darüber hinaus können Interventionen auch aufsuchend im häuslichen

Umfeld erfolgen. So genannte Home Treatments finden direkt in der Familie statt und können anstelle eines stationären Aufenthalts in Frage kommen. Wenn Veränderungen im Umfeld schwer umsetzbar sind, können ambulante Maßnahmen der Kinder- und Jugendhilfe indiziert sein.

Zudem muss entschieden werden, ob Einzel-, Gruppen- oder kombinierte Therapieformen angewendet werden. Dies gilt für die Arbeit mit Kindern, Jugendlichen und Bezugspersonen sowie für eine ambulante, teilstationäre und stationäre Umsetzung. In einem Einzelsetting kann ganz spezifisch auf individuelle Probleme eingegangen werden. Eine Gruppe ist besonders geeignet, um mit Kindern und Jugendlichen soziale Kompetenzen in realen sozialen Interaktionen einzuüben, kann jedoch bei starker Symptomatik und Dissozialität herausfordernd oder sogar kontraindiziert sein. Auch Eltern können vom Erfahrungsaustausch in einer Gruppe profitieren, allerdings erschweren organisatorische Hürden oft deren Umsetzung. Gruppenbehandlungen können die Versorgungslage verbessern und z. B. alltagsnah in der Kita oder Schule mit mehreren Kindern oder Jugendlichen durchgeführt werden.

4.10 Fragen zur Selbstkontrolle

- Welche Schritte beinhaltet der diagnostische Prozess einer SSV?
- Nennen Sie mehrere Breitbandverfahren sowie störungsspezifische Fragebogen und was diese erheben.
- Warum sollte eine körperliche Untersuchung erfolgen?
- Welche Möglichkeiten zur Verhaltensbeobachtung gibt es?
- In welchem Setting und auf welcher Ebene kann die Behandlung einer SSV erfolgen?
- Was spricht für eine Behandlung im stationären oder teilstationären Setting bzw. im Einzel oder in der Gruppe?

4.10 Fragen zur Selbstkontrolle

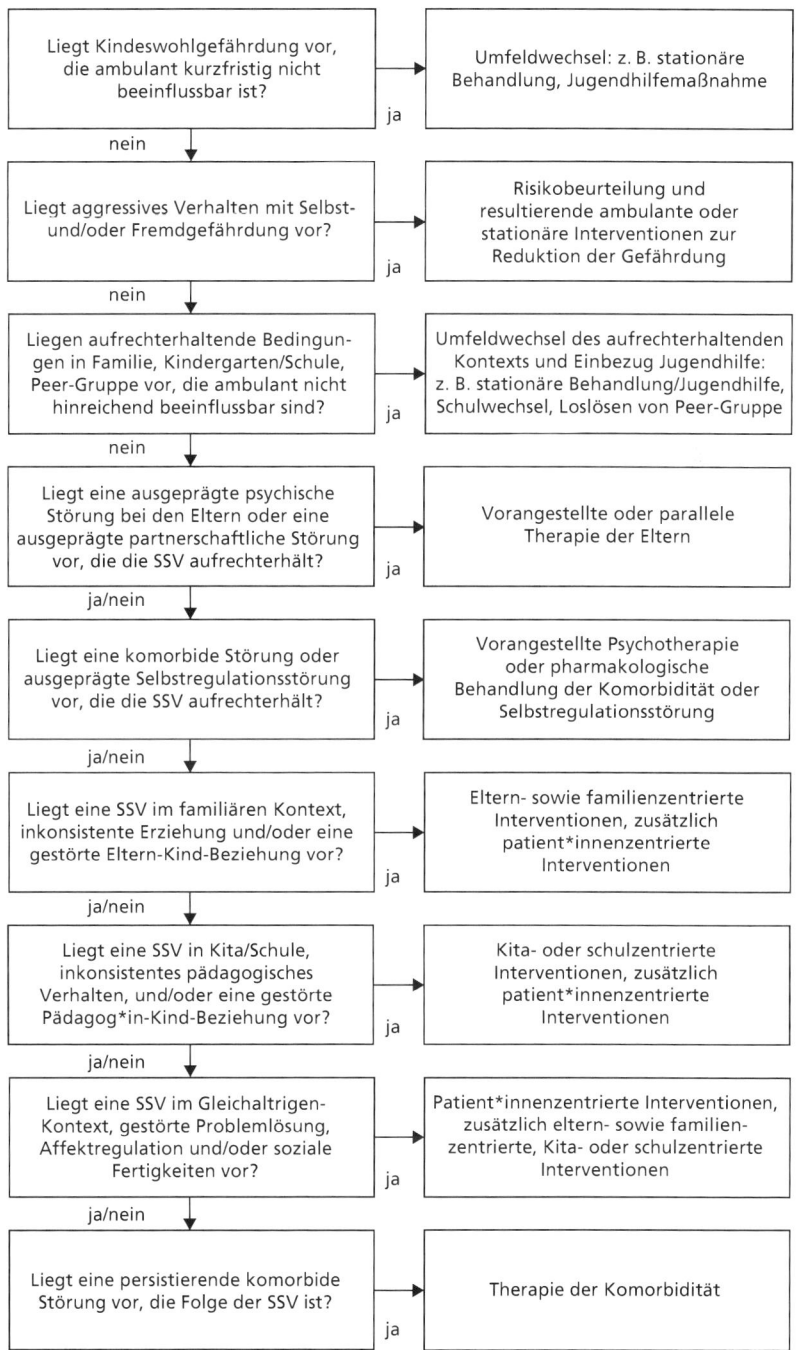

Abb. 4.2: Entscheidungsbaum für die Wahl der Behandlungsebene und des -settings (modifiziert nach Petermann, Döpfner & Görtz-Dorten, 2016)

5 Störungstheorien und -modelle

> **Fallbeispiel**
>
> Zacs Eltern sind erneut zu einem Elterntermin bei seiner Therapeutin eingeladen. Es soll diesmal darum gehen, genauer zu verstehen, woher Zacs Verhaltensprobleme kommen. Auf die Frage der Therapeutin, welche Ideen die Eltern dazu haben, nennen diese zunächst Eigenschaften und Merkmale des 7-jährigen Zac: seine Impulsivität, durch die er schnell in Konflikte gerät, seine mangelnden sozialen Kompetenzen und sein Misstrauen gegenüber anderen, wodurch er davon ausgeht, dass andere ihm gegenüber feindselig eingestellt sind. Die Therapeutin erklärt den Eltern daraufhin, dass bei Störungen des Sozialverhaltens ein multifaktorielles biopsychosoziales Entstehungsmodell angenommen wird, was bedeutet, dass auch körperlich-biologische und soziale Einflüsse eine Rolle spielen können. Es könnte beispielsweise ein genetischer Einfluss vorhanden sein, welcher durch das gehäufte Auftreten von Verhaltensweisen innerhalb der Familie erkennbar wäre. Zacs Vater berichtet, dass er sich tatsächlich in Zac wiedererkenne. Er und sein Bruder hätten ebenfalls Konflikte in der Schule gehabt und sich oft geprügelt. Auf sozialer Ebene betont die Therapeutin die Bedeutung der Eltern als Vorbilder für Zac und des elterlichen Erziehungsverhaltens. Zacs Eltern beschreiben, dass sie früher fast keine Regeln in der Familie gehabt hätten, und sich wegen Erziehungsfragen aktuell sehr uneinig seien. Zacs Vater nennt die Erziehungsmethoden der Mutter »zu lasch«, Zacs Mutter empfindet den Vater als zu streng und hart. Zur Erstellung des individuellen Entstehungsmodells werden alle genannten Aspekte auf einem Arbeitsblatt notiert.

> **Lernziele**
>
> - Sie kennen verschiedene psychische, soziale und biologische Einflussfaktoren für die Entwicklung einer SSV.
> - Sie wissen, welche Faktoren die Ursachenforschung erschweren und können die Evidenzlage einschätzen.
> - Sie haben ein Verständnis dafür, wie ein individuelles Störungsmodell mit Eltern und Kindern besprochen werden könnte.

5.1 Einführung

Kognitiv-behaviorale Störungstheorien für die Ätiologie von Störungen des Sozialverhaltens umfassen körperliche, psychische und soziale Aspekte und integrieren diese in ein klassisches biopsychosoziales Entstehungsmodell, bei dem erst das Zusammenspiel verschiedener Faktoren eine Ausbildung der Störung begünstigt (Görtz-Dorten et al., 2023). Ein genaues Verständnis der zugrundeliegenden Störungsursachen ist von hoher Relevanz, da sich daraus Präventions- und Interventionsansätze ableiten lassen. Studien zu Risikofaktoren identifizieren eine große Bandbreite an möglichen Einflüssen. Erschwert werden diese Untersuchungen, da sich mögliche Ursachen je nach spezifischem Erscheinungsbild bzw. spezifischer Diagnose, Beginn der Symptomatik, vorliegender komorbider Symptomatik, aber auch Geschlecht der Kinder und Jugendlichen unterscheiden können. Demnach scheinen verschiedene Entwicklungspfade in einer SSV resultieren zu können. Im Folgenden wird zunächst die zentrale Evidenz zu psychischen, sozialen und biologischen Einflüssen präsentiert. Im Anschluss erfolgt die praxisnahe Besprechung eines Störungsmodells anhand eines Fallbeispiels.

5.2 Psychische Einflüsse

Auf Ebene der Kinder oder Jugendlichen selbst werden verschiedene intrapsychische Defizite und Störungen auf kognitiver, emotionaler und Verhaltensebene vermutet, die zur Auslösung und Aufrechterhaltung oppositionellen und aggressiven Verhaltens beitragen können. Nach einem Modell von Görtz-Dorten & Döpfner (2019b) zählen dazu eine Störung der sozial-kognitiven Informationsverarbeitung, Defizite in der Problemlösefähigkeit, sowie eine Störung der Emotionsverarbeitung und der Verhaltensfertigkeiten. Etablierte kindzentrierte Behandlungen setzen an diesen kindlichen Defiziten an und versuchen Kompetenzen in diesen Bereichen gezielt zu stärken (▶ Kap. 6.5). Studien zu intrapsychischen Risikofaktoren basieren jedoch häufig auf nicht-klinischen Stichproben, eher breiten Konzepten wie Aggression und querschnittlichen Daten.

5.2.1 Störung der sozial-kognitiven Informationsverarbeitung

Crick & Dodge (1994) postulieren die Bedeutung von sozial-kognitiven Informationsprozessen für Schwierigkeiten in der sozialen Anpassung, wie das Auftreten aggressiven Verhaltens (▶ Abb. 5.1). Diese Verarbeitungsprozesse begleiten und bestimmen das Verhalten und die Interaktion in sozialen Situationen und können in mehrere Schritte eingeteilt werden:

1. Enkodierung von Hinweisen: Wahrnehmung und Verarbeitung interner (Selbstwahrnehmung) und externer (äußere Umwelt) Reize
2. Interpretation der Hinweisreize: Deutung und Bewertung der Reize hinsichtlich eigener Zielerreichung, Zuschreibung von Ursachen und Absichten
3. Zielklärung: Selektion eines Ziels oder gewünschten Ausgangs für die soziale Situation
4. Reaktionssuche: Auswahl einer Reaktion aus vorhandenem Verhaltensrepertoire oder Entwickeln neuer Verhaltensalternativen
5. Handlungsauswahl und Bewertung: Bewertung der Handlungsoptionen anhand erwarteten Resultats, Zutrauen in die benötigten Fähigkeiten und Angemessenheit, schließlich Auswahl der best-bewerteten Reaktion
6. Handlungsausführung: Ausführung entsprechender Reaktion und Reaktion der Umwelt darauf

Alle Prozesskomponenten werden von einer Datenbasis bestehend aus Vorerfahrungen, sozialem Wissen sowie verinnerlichten sozialen Regeln und Schemata beeinflusst. Gleichzeitig wirkt die aktuelle Situation und deren Verarbeitung auch wieder auf die Datenbasis ein und hat damit Einfluss auf die zukünftige Informationsverarbeitung.

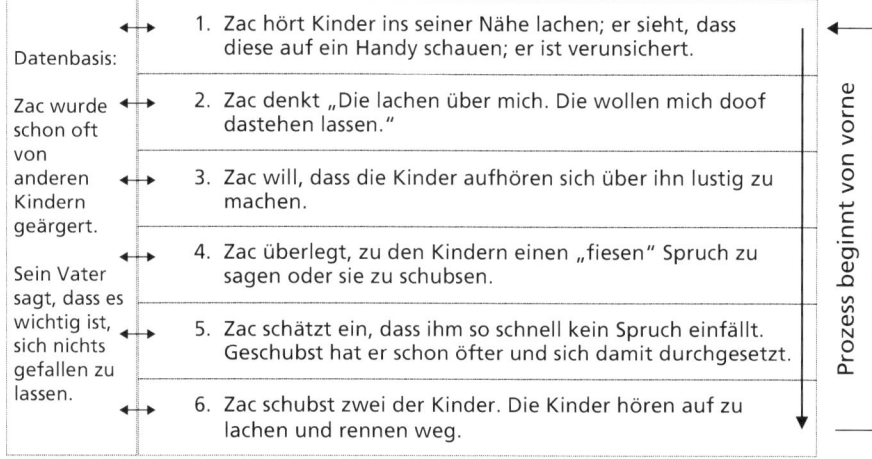

Abb. 5.1: Störungen der sozial-kognitiven Informationsverarbeitung am Fallbeispiel Zac

Einige Studien weisen auf einen Zusammenhang zwischen aggressivem Verhalten und den verschiedenen Komponenten der sozial-kognitiven Informationsverarbeitung hin (Bookhout, Hubbard, Zajac, Mlawer & Moore, 2021; de Castro & van Dijk, 2017; Yoon, Hughes, Gaur & Thompson, 1999). Eine kognitive Störung kann bei jedem Schritt auftreten und damit letztendlich handlungsleitend für aggressives Verhalten werden (Dodge & Schwartz, 1997; Döpfner, 1989). Soziale Kognitionen vor der Handlung wie »das war mit voller Absicht« und nach der Handlung wie »das geschieht der Person zu Recht« können zur Auslösung und Aufrechterhaltung aggressiven Verhaltens beitragen. Auch übergeordnete, generelle Schemata und Überzeugungen können das Verhalten beeinflussen (z. B. »man darf sich nichts gefallen lassen«, »jeder kann mein Feind sein«). Resultat einer verzerrten Wahrnehmung der sozialen Situation ist, dass diese als bedrohlich interpretiert und anderen Beteiligten negative Absichten unterstellt werden (»Hostile-Attribution-Bias«). Studien weisen darauf hin, dass Kinder mit aggressivem Verhalten eher dazu neigen, anderen eine feindselige Haltung zuzuschreiben, insbesondere, wenn die soziale Situation uneindeutig ausfällt (Dodge, 1980; Helmsen & Petermann, 2010; Verhoef, Alsem, Verhulp & De Castro, 2019). Der Zusammenhang scheint insbesondere für reaktive Aggression zu gelten (Martinelli, Ackermann, Bernhard, Freitag & Schwenck, 2018). Die Zuschreibung einer feindseligen Haltung sagt in einer Bevölkerungsstichprobe wiederum ein höheres Maß aggressiver Verhaltensprobleme vorher (Dodge et al., 2015). Bei der Zielauswahl neigen Kinder mit aggressivem Verhalten dazu eher egozentrische Ziele wie Dominanz oder Kontrolle als prosoziale Ziele zu priorisieren. Metaanalysen zeigen bei Kindern und Jugendlichen, dass die Befürwortung prosozialer Ziele mit einem niedrigeren Ausmaß und die Befürwortung antisozialer Ziele mit einem höheren Ausmaß an aggressivem Verhalten in Verbindung steht (Samson, Ojanen & Hollo, 2012). Bei der Reaktionssuche stoßen Kinder und Jugendliche mit Verhaltensauffälligkeiten in ihrem Verhaltensrepertoire eher auf aggressive Lösungen. Sie nehmen diese als zielführend wahr, schätzen ihre Kompetenzen als dafür geeignet ein und führen das aggressive Verhalten entsprechend häufiger aus als Gleichaltrige ohne die beschriebenen Abweichungen in der sozial-kognitiven Informationsverarbeitung. Die Reaktionen der Umwelt bestärken die Kinder und Jugendlichen wiederum in ihren Annahmen und Schemata, beispielsweise, weil sie Ablehnung erfahren.

Good to know

Der Fragebogen zum aggressiven Verhalten von Kindern (FAVK) von Görtz-Dorten und Döpfner (2021a) ermöglicht das Erheben von Defiziten in der sozial-kognitiven Informationsverarbeitung (u. a. das Schieben von eigenen Fehlern und Schuld auf andere, das Gefühl von anderen provoziert oder ungerecht behandelt zu werden). Im Selbst- und Fremdurteil dieses Fragebogens zeigen sich bei Kindern mit Gleichaltrigenkonflikten ausgeprägte Defizite in der Informationsverarbeitung im Vergleich zu einer repräsentativen Stichprobe.

5.2.2 Störung der Emotionsverarbeitung und Empathie

Emotionsverarbeitung umfasst das Wahrnehmen, Erkennen und Regulieren eigener Emotionen, genauso wie das Hineinversetzen und Erkennen von Emotionen bei anderen sowie das Entwickeln von Empathie und prosozialer Emotionalität. Diese Emotionsprozesse stehen in enger Verbindung mit der sozial-kognitiven Informationsverarbeitung und wurden entsprechend von Lemerise & Arsenio (2000) in das Modell von Crick & Dodge (1994) integriert. Demzufolge umfasst die Datenbasis neben kognitiven auch affektive Komponenten. Außerdem kann die Emotionsverarbeitung den gesamten Prozess der Informationsverarbeitung von der Aufnahme von Hinweisreizen bis hin zur Handlungsausführung beeinflussen und bei einer Störung ursächlich sein für oppositionelles, aggressives oder auch dissoziales Verhalten. Studien zeigen Zusammenhänge zwischen der sozial-kognitiven Informationsverarbeitung, verschiedenen Facetten der Emotionsverarbeitung und aggressivem Verhalten (Smeijers, Benbouriche & Garofalo, 2020). So besteht ein negativer Zusammenhang zwischen dem Wissen über Emotionen und externalisierendem Verhalten, der für ältere Kinder und in klinischen Stichproben am stärksten ausfällt, sowie zwischen emotionaler Intelligenz und aggressivem Verhalten bei Kindern und Jugendlichen (Trentacosta & Fine, 2010; Vega, Cabello, Megías-Robles, Gómez-Leal & Fernández-Berrocal, 2022). Zudem können spezifische adaptive und maladaptive *Emotionsregulationsstrategien* mit dem Auftreten von aggressivem Verhalten bei Kindern und Jugendlichen in Verbindung gebracht werden (Kraft, Ebner, Leo & Lindenberg, 2023). So korreliert der Einsatz der Strategien Rumination, Vermeidung und Unterdrückung positiv mit aggressivem Verhalten. Ein Review von Röll, Koglin & Petermann (2012) deutet auch auf längsschnittlicher Ebene auf einen Zusammenhang von Emotionsregulation mit aggressivem und externalisierendem Verhalten bei Kindern verschiedener Altersgruppen hin. Defizite in der Emotionsregulation stellen demnach einen erheblichen Risikofaktor für das Entwickeln von Aggressionen dar. Allerdings wird dies vereinzelt nur für Mädchen berichtet und wirkt möglicherweise indirekt durch Zurückweisungen innerhalb der Gleichaltrigengruppe (Röll et al., 2012).

Ein *dysfunktionaler Umgang mit Emotionen* kann sowohl impulsiv-aggressive Verhaltenstendenzen hervorrufen als auch eingeschränkte prosoziale Reaktionen fördern. Kinder und Jugendliche mit einer geringen Impulskontrolle, hoher Ansprechbarkeit auf emotionale Reize und Ängstlichkeit zeigen eher reaktiv-aggressives Verhalten aus dem Moment heraus (Frick, 2012). Es wird davon ausgegangen, dass sie stark auf Provokationen reagieren, ihre Emotionen nicht angemessen regulieren können und daher aggressiv handeln. Dagegen zeigen andere Kinder und Jugendliche einen eher oberflächlichen oder fehlenden Affekt und sind durch einen Mangel an Empathie sowie Gefühlskälte gekennzeichnet. Dieses Profil wird mit eher proaktiv-aggressivem Verhalten in Verbindung gebracht. Wichtig ist zudem die Differenzierung zwischen affektiver und kognitiver Empathie. *Affektive Empathie* ist eine eher automatische, angeborene Reaktion und umfasst die Fähigkeit physiologisch auf die Gefühle anderer zu reagieren und diese nachzuerleben. Dagegen bezeichnet *kognitive Empathie* die komplexe Fähigkeit, die Perspektive anderer einzunehmen und nachzuvollziehen, die sich erst im Laufe der Kindheit entwickelt (Frick & Kemp, 2021). Bei einer reduzierten prosozialen Emotionalität zeigen Befunde einen konsistenten Zusammenhang zu Defiziten in der affektiven Komponente, während die Evidenz zur kognitiven Komponente uneinheitlich ausfällt (vgl. Frick & Kemp, 2021), was für die therapeutische Arbeit bedeutsam ist. Es scheint, dass Betroffene auf kognitiver Ebene eher nachvollziehen können, dass ihr Verhalten Schaden anrichtet. Da sie das Leid anderer jedoch nur eingeschränkt berührt, setzen sie aggressives Verhalten trotzdem zu ihrem Vorteil ein. Das »Cognitive Violence Inhibition Mechanism Model« von Blair (2018) postuliert, dass die Wahrnehmung von Stresssignalen wie Trauer oder Angst bei anderen eine eigene emotionale Reaktion auslöst. Dies dient als Signal, das aggressive Impulse hemmt und somit zur Moralentwicklung beiträgt (»Das fühlt sich nicht gut an, also ist es nicht in Ordnung«). Ist die affektive Empathie jedoch beeinträchtigt – etwa bei reduzierter prosozialer Emotionalität – bleibt diese automatische Hemmung aggressiven Verhaltens aus.

> **Primäre und sekundäre reduzierte prosoziale Emotionalität**
>
> Oft werden zwei Varianten reduzierter prosozialer Emotionalität differenziert, die als primär und sekundär bezeichnet werden (Craig, Goulter & Moretti, 2021). Die primäre Variante wird als eher biologisch determiniert betrachtet und Betroffenen wird ein eher furchtloses Temperament sowie Abweichungen bei emotionalen Prozessen zugeschrieben. Dagegen wird angenommen, dass sich die zweite Variante als Reaktion auf negative Umwelterfahrungen wie Misshandlung oder Traumata entwickelt und Betroffene eher durch Hyperarousal und hohe Sensitivität sowie Ängstlichkeit gekennzeichnet sind. Die erste Variante scheint demnach von Geburt an vorzuliegen, während sich die zweite Variante auch erst im Laufe des Kindes- und Jugendalters entwickeln kann.

5.2.3 Störung der Verhaltensfertigkeiten

Sozial kompetentes Verhalten bedeutet, sich prosozial entsprechend der Bedürfnisse des*der Interaktionspartner*in zu verhalten und zeitgleich die eigenen Bedürfnisse zu berücksichtigen, sodass die soziale Interaktion auf allen Seiten als zufriedenstellend empfunden wird (Huber, Plötner & Schmitz, 2019). So ist soziale Kompetenz maßgeblich für das Aufnehmen und Aufrechterhalten von zwischenmenschlichen Beziehungen wie Freundschaften. Manchen Kindern und Jugendlichen gelingt es aufgrund mangelnder sozialer Verhaltensfertigkeiten nicht, sich sozial kompetent zu verhalten und Konflikte sozial kompetent zu lösen. Weil ihnen verbale und nonverbale soziale Kompetenzen fehlen, wissen sie sich möglicherweise nicht anders zu wehren und durchzusetzen als durch den Einsatz von Aggression. In Rollenspielen zeigen Kinder mit aggressivem Verhalten weniger sozial geschicktes Verhalten (Döpfner, 2007). Im Eltern- sowie im Selbsturteil weisen sie im Vergleich zu einer repräsentativen Stichprobe zudem stärker gestörte soziale Fertigkeiten auf (Görtz-Dorten & Döpfner, 2010). Zudem werden Kinder, die aggressiv und störend interagieren, mit größerer Wahrscheinlichkeit von anderen abgelehnt, was wiederum einen Risikofaktor für spätere Verhaltensprobleme darstellt (Chen, Drabick & Burgers, 2015).

> **Good to know**
>
> Verhaltensdefizite können exploriert, aber auch durch gezielte Verhaltensbeobachtungen festgestellt werden. Dafür eignen sich z. B. Rollenspiele zu sozialen Alltags- und Konfliktsituationen. Möglich ist auch eine systematische Erfassung,

z.B. mit Hilfe von ScouT, das Videovignetten typischer Interaktionen mit Gleichaltrigen beinhaltet (▶ Tab. 4.6).

5.2.4 Entwicklungsdefizite

Schwierigkeiten auf der Verhaltensebene können auch mit (weiteren) Entwicklungsdefiziten in Verbindung gebracht werden. Studien benennen einen niedrigen *Intelligenzquotienten* (IQ) als einen Prädiktor für SSV und Delinquenz. Diskutiert wird ein indirekter Einfluss des IQ, vermittelt über schlechte Schulleistungen, die später kriminelle Handlungen begünstigen (Murray & Farrington, 2010). Ein metaanalytisches Review repliziert einen negativen Zusammenhang zwischen Intelligenz und SSV im engeren Sinne. Für oppositionelles Trotzverhalten zeigt es hingegen, basierend auf wenigen Studien, einen leicht positiven Zusammenhang (Sánchez de Ribera, Kavish, Katz & Boutwell, 2019). Weiter berichten Studien häufig von *verbalen Defiziten* im Zusammenhang mit Aggression (Ayduk, Rodriguez, Mischel, Shoda & Wright, 2007; Barker et al., 2011), wobei hier der Einfluss einer komorbiden hyperkinetischen Symptomatik angenommen wird (Gremillion & Martel, 2014; Smith et al., 2011). Zudem scheint Intelligenz den Zusammenhang von Geburtskomplikationen mit Störungen des Sozialverhaltens zu vermitteln (Liu, Raine, Wuerker, Venables & Mednick, 2009).

5.3 Soziale Einflüsse

Studien konnten zahlreiche soziale Faktoren identifizieren, die im Zusammenhang mit SSV stehen. Inwiefern diese spezifisch für eine SSV sind oder grundsätzlich die Entwicklung einer psychischen Störung begünstigen, ist oft schwierig zu klären. Auch die kausale Richtung der Zusammenhänge ist oft unklar. Dem Erziehungs- und Elternverhalten wird als Störung der sozialen Interaktion eine große Bedeutung für die Entwicklung einer SSV zugeschrieben (Görtz-Dorten & Döpfner, 2019b). Lassen sich Schwierigkeiten in diesem Bereich identifizieren, sind eltern- bzw. eltern-kindzentrierte Interventionen indiziert (▶ Kap. 6.3).

5.3.1 Elternverhalten und Störung der sozialen Interaktion

Bereits pränatal kann sich das mütterliche Verhalten auf das Kind auswirken. Gut untersuchte Risikofaktoren für das Entwickeln einer SSV sind der *mütterliche Nikotin- und Alkoholkonsum* (Ruisch, Dietrich, Glennon, Buitelaar & Hoekstra, 2018) sowie *mütterlicher Stress* (Tung et al., 2024) während der Schwangerschaft. Ab der frühen Kindheit können Eltern durch ihre Reaktion aggressives Verhalten ihrer Kinder unbeabsichtigt verstärken. Kinder lernen dabei, dass aggressives Verhalten für sie von Vorteil ist (z. B. »ich setze mich durch«). Das assoziierte Konzept *wechselseitig erzwingender Interaktionen* zwischen Eltern und Kind, beschreibt einen Teufelskreis, in dem das Kind durch eskalierendes negatives Verhalten lernt, elterliche Aufforderungen und Grenzsetzungen zu umgehen. Gleichzeitig reagieren die Eltern zunehmend drohend und aggressiv, wodurch sie ungewollt als Modelle für aggressive Problemlösestrategien dienen (Patterson, 1982). Solche Interaktionsmuster können sich später vom familiären Umfeld auf andere Kontexte wie die Kita oder Gleichaltrigenkontakte ausweiten (Görtz-Dorten & Döpfner, 2019b). Harte und konfliktreiche, aber auch inkonsistente *Erziehungspraktiken* sind ein bedeutsamer und viel untersuchter Risikofaktor für die Entwicklung einer SSV. Aber auch *fehlende Wärme* in der Eltern-Kind-Beziehung, Vernachlässigung des Kindes, wie fehlende Aufsicht durch die Eltern oder Misshandlung begünstigen das Auftreten einer SSV (Lin, He, Heath, Chi & Hinshaw, 2022; Murray & Farrington, 2010) und das Entwickeln von reduzierter prosozialer Emotionalität (Waller, Dotterer, Murray, Maxwell & Hyde, 2017).

5.3.2 Sozialer Status, Nachbarschaft und Gleichaltrigengruppe

Ein niedriger familiärer *sozioökonomischer Status* (SES) wird ebenfalls mit Störungen des Sozialverhaltens in Verbindung gebracht. Metaanalysen und Reviews zeigen einen Zusammenhang des SES mit antisozialem Verhalten, Gewalt, Delinquenz und SSV (Lin et al., 2022; Piotrowska, Stride, Croft & Rowe, 2015; Ullman et al., 2024). In der deutschen BELLA-Studie sind die Prävalenzraten für klinische Auffälligkeiten im Bereich Störungen des Sozialverhaltens bei niedrigem SES deutlich erhöht (Ravens-Sieberer et al., 2007). Ein niedriger SES kann die kindliche Entwicklung durch begrenzte Bildungsmöglichkeiten, ein instabiles familiäres Umfeld sowie eine nachlässige oder sehr strenge Erziehung erschweren (Lin et al., 2022). Studien weisen darauf hin, dass der Zusammenhang eher indirekt durch andere Variablen wie das elterliche Erziehungsverhalten vermittelt wird (Amorim dos Santos, Santos, Sebastião Machado & Sofia de Freitas Lino Pinto Cardoso, 2023; Granero, Louwaars & Ezpeleta, 2015). Auch der *soziale Status der Nachbarschaft*, in der Kinder und Jugendliche aufwachsen, kann eine Rolle spielen. Studien deuten auf einen Zusammenhang von nachteiligen Nachbarschaftsfaktoren wie Gewalt, Kriminalität oder sozialer Benachteiligung mit Störungen des Sozialverhaltens und externalisierendem Verhalten hin (Jennings, Perez & Reingle Gonzalez, 2018). Auch hier werden indirekte Effekte vermittelt durch Eltern-Kind-Konflikte und belastende Lebensereignisse, aber auch Peer-Beziehungen angenommen. Bezogen auf *Gleichaltrige* kann sowohl die Ablehnung durch andere Kinder und Jugendliche, aber auch der Anschluss an eine deviante Gruppe mit SSV in Verbindung gebracht werden (Chang & Baskin-Sommers, 2022; Chen et al., 2015; Yue & Zhang, 2023). Es wird angenommen, dass diese beiden Faktoren sowohl Folge aggressiven Verhaltens sein können, aber auch aggressives Verhalten begünstigen und so die Verbindung von frühen Verhaltensschwierigkeiten zu späteren schwerwiegenden Auffälligkeiten vermitteln. Werden Kinder durch andere abgelehnt, wird das Erlernen eines sozial-kompetenten Umgangs mit Konflikten erschwert und ihre sozial-kognitive Informationsverarbeitung wird durch die negativen Erfahrungen beeinflusst. Infolgedessen unterstellen sie anderen verstärkt negative Absichten, was wiederum aggressives Verhalten begünstigen kann (▶ Kap. 5.2.1). Im Kontakt mit aggressiven und devianten Gleichaltrigen stellen die Verhaltensprobleme jedoch kein Problem dar und werden unter Umständen von diesen noch weiter positiv verstärkt. Studien geben Hinweise darauf, dass Kinder und Jugendliche sich aufgrund individueller Merkmale proaktiv deviante Peers suchen (Selektions-Theorie), sowie darauf, dass erst der Kontakt mit devianten Freund*innen durch Lern- und Verstärkungsprozesse aggressive und dissoziale Einstellungen und Verhaltensweisen fördert (Sozialisations-Theorie; Chen et al., 2015).

> **Good to know**
>
> Je nach Beginn und Verlauf der Störung, werden unterschiedliche Konstellationen an Risikofaktoren berichtet (Bevilacqua et al., 2018; Odgers et al., 2008). Bei Kindern, deren SSV früh auftritt und persistiert, gibt es Hinweise auf eine hohe Anzahl an Risikofaktoren, wie harsche Erziehung, Ängste der Mutter, instabile Eltern, Gewalt in der Beziehung gegenüber der Mutter und im Jugendalter Probleme mit Gleichaltrigen, Kontakt mit devianten Peers und emotionale Probleme. Bei Kindern, deren SSV früh auftritt, aber bis in Jugendalter remittiert, spielen wohl ähnliche Risikofaktoren eine Rolle, diese liegen jedoch in geringerem Ausmaß vor. Wenn eine SSV erst im Jugendalter auftritt, werden sowohl früh beobachtbare Risikofaktoren wie instabile Eltern und niedriger IQ berichtet, als auch spätere Risikofaktoren wie ein riskantes Sexualverhalten, Schulschwierigkeiten und Substanzkonsum.

5.4 Biologische Einflüsse

Auf biologischer Ebene werden genetische, hirnfunktionelle sowie -strukturelle, als auch neuroendokrine und psychophysiologische Einflüsse als verursachende und aufrechterhaltende Faktoren für eine SSV diskutiert (Görtz-Dorten et al., 2023). Mithilfe verschiedener Untersuchungsverfahren wurden Abweichungen zwischen Betroffenen und Kontrollproband*innen festgestellt. Die Studienlage ist jedoch häufig noch unzureichend, teils widersprüchlich und lässt keine endgültigen Schlüsse zu. Die Identifikation biologischer Aspekte wird durch die starke Heterogenität innerhalb der SSV und durch die noch zu geringe Anzahl an Studien mit ausreichend großen Stichproben erschwert. Zudem wurden in der Vergangenheit Studien vor allem mit männlichen Betroffenen durchgeführt oder beruhen auf veralteten Methoden. Die medizinisch-biologische Forschung entwickelt sich kontinuierlich weiter und durch verbesserte Untersuchungsmethoden entstehen neue Möglichkeiten, sodass in Zukunft mit vielen neuen Erkenntnissen zu rechnen ist.

5.4.1 Erblichkeit und Genetik

Zur Erblichkeit von Störungen des Sozialverhaltens variieren die Ergebnisse von Zwillingsuntersuchungen stark von 5 bis 74 % (Salvatore & Dick, 2018). Über verschiedene Studien hinweg wird angenommen, dass etwa 50 % der Varianz der Symptomatik auf genetische Einflüsse zurückzuführen ist (Polderman et al., 2015; Veroude et al., 2016). Die Heritabilität schwankt je nach untersuchter Symptomatik. So erklären genetische Einflüsse mehr Varianz hinsichtlich aggressiven Verhaltens im Vergleich zu nicht-aggressivem regelbrechendem Verhalten (Burt, 2009; Van Hulle, Waldman & Lahey, 2018). Reduzierte prosoziale Emotionalität weist eine Erblichkeit zwischen 25 % und 80 % auf (Moore, Blair, Hettema & Roberson-Nay, 2019).

> **Good to know**
>
> Studien konnten einige mögliche Kandidatengene, die mit Störungen des Sozialverhaltens assoziiert sein könnten, identifizieren. Solche Studien zu Kandidatengenen gehen der Frage nach, ob a priori definierte Gene eine Verbindung zum untersuchten Phänotyp, z. B. aggressives und gewalttätiges Verhalten, aufweisen. Dagegen testen genomweite Assoziationsstudien ohne Vorannahmen Hunderttausende, bis Millionen Polymorphismen auf einmal, benötigen aber auch entsprechend große Stichproben (Salvatore & Dick, 2018).

Der Zusammenhang von SSV mit zwei Polymorphismen in Genen des serotonergen Systems wurde eingehender untersucht. Hinweise bestehen auf eine Variation im *Monoaminoxidase-A-Gen (MAOA-Gen)*, durch die die Aktivität des Enzyms Monoaminoxidase A, das für den Abbau von Serotonin und Noradrenalin verantwortlich ist, abgeschwächt wird (Veroude et al., 2016). Studien bringen eine niedrige Genexpression mit Aggression, Wut, externalisierendem Verhalten und Delinquenz in Verbindung, insbesondere im Zusammenspiel mit risikoreichen Umwelteinflüssen (Edwards et al., 2010; Pickles et al., 2013; Weder et al., 2009). Andere Studien deuten auf einen Polymorphismus des *Serotonintransporter-Gens 5-HTT (5-Hydroxytryptamin-Transporter, oder auch SLC6 A4 – Solute Carrier Family 6 Member 4)*, das am Transport und der Wiederaufnahme von Serotonin im präsynaptischen Spalt beteiligt ist (Ficks & Waldman, 2014; Tielbeek et al., 2016; Veroude et al., 2016). Gegensätzlich dazu finden Vassos, Collier & Fazel (2014) in ihrer Metaanalyse für die beiden Polymorphismen keine signifikanten Assoziationen mit gewalttätigem und aggressivem Verhalten unter Ausschluss von Umwelteinflüssen, sodass weitere Untersuchungen benötigt werden. Auch für eine Variation des *Arginin-Vasopressin-Rezeptor 1 A-Gens (AVPR1 A)*, das mit dem Sozialverhalten in Verbindung gebracht wird, liegen aus einer Metaanalyse genomweiter Assoziationsstudien Hinweise auf einen Zusammenhang mit aggressivem Verhalten bei Kindern vor (Pappa et al., 2016). Zuletzt zeigen Übersichtsarbeiten zum *Oxytocin-Rezeptor Gen* einen gewissen Zusammenhang verschiedener Allele mit antisozialem Verhalten und SSV, die jedoch inkonsistent ausfallen und weiterer Forschung bedürfen (Kohlhoff, Cibralic, Hawes & Eapen, 2022; Poore & Waldman, 2020). Reviews und Metaanalysen berichten von einer großen Anzahl an möglicherweise relevanten Genen und Variationen (Baselmans et al., 2022; Ip et al., 2021; Odintsova et al., 2019). Es wird angenommen, dass eine SSV nicht durch einen einzigen genetischen Faktor, sondern durch die additiven Effekte multipler Gene und Genvariationen beeinflusst wird (Polygenie). Zudem kann das Vorliegen eines spezifischen Gens, zur Ausprägung unterschiedlicher Phänotypen führen, sodass sich verschiedene psychische Störungen genetisch überschneiden (Pleiotropie; Consortium, 2018; Grotzinger et al., 2022; Tesli et al., 2024). Auch ist davon auszugehen, dass genetische Ursachen für die unterschiedlichen Erscheinungsbilder der SSV variieren (Fairchild et al., 2019; Salvatore & Dick, 2018; Veroude et al., 2016).

5.4.2 Gene und Umwelt

Die im vorherigen Abschnitt dargestellten Befunde weisen mitunter auf einen Zusammenhang zwischen genetischen und Umwelteinflüssen hin. Genetische Risikofaktoren können beeinflussen wie auf Einflüsse aus der Umwelt reagiert wird, dies wird *Gen-Umwelt-Interaktion* genannt. Andererseits können *Gene und Umwelt miteinander korrelieren*, was bedeutet, dass bestimmte Gene sich in bestimmten Umgebungen häufen. So könnte eine bestimmte genetische Veranlagung dazu führen, dass eine bestimmte Umwelt aufgesucht wird, bestimmte genetische Faktoren könnten spezifische Umweltreaktionen hervorrufen oder Individuen mit bestimmten Genen könnten eher in eine bestimmte Umwelt hineingeboren werden. Zudem werden in den letzten Jahrzehnten zunehmend epigenetische Phänomene diskutiert. Die *Epigenetik* beschreibt den Umstand, dass bestimmte Gene in Abhängigkeit von Umweltfaktoren an- oder ausgeschaltet, bzw. mehr oder minder ausgelesen werden (Salvatore & Dick, 2018). Faktoren, die häufig im Zusammenhang zwischen Genen und Umwelt berücksichtigt werden, sind das familiäre Umfeld, Beziehungen zu Gleichaltrigen und Nachbarschaftscharakteristika (Holz et al., 2018). Beispielsweise bezüglich familiärer Umweltfaktoren zeigen Zwillingsstudien, dass Eltern-Kind-Konflikte (Burt & Klump, 2014), positives (Burt, Klahr, Neale & Klump, 2013; Henry et al., 2018), aber auch negatives Elternverhalten (Button, Lau, Maughan & Eley, 2008) sowie väterliche Drogen- oder Alkoholabhängigkeit (Haber et al., 2010) das Ausmaß des genetischen Einflusses auf die Entwicklung einer SSV beeinflussen können.

5.4.3 Funktionelle und strukturelle Abweichungen des Gehirns

Neuroimaging-Studien zeigen, dass Störungen des Sozialverhaltens mit abweichender Gehirnstruktur, -funktion sowie -konnektivität in Verbindung stehen. Es wird angenommen, dass mehrere Hirnkreisläufe betroffen sind, nicht nur einzelne Regionen (Fairchild et al., 2019). Abweichungen im Vergleich zu gesunden Proband*innen finden sich bezüglich *Emotionsverarbeitung, Empathie* und *Reaktion auf bedrohliche Reize*. In einer Metaanalyse von Berluti, Ploe & Marsh (2023) zu Jugendlichen mit SSV zeigt sich eine verringerte Gehirnaktivität im supplementärmotorischen Cortex und Gyrus frontalis superior beim Betrachten von wütenden Gesichtern und eine verringerte Aktivität in der rechten Amygdala beim Betrachten negativer Bilder und ängstlicher Gesichter. Damit ergeben sich Abweichungen in denjenigen Hirnregionen, die mit empathischem Reagieren und sozialem Lernen in Verbindung gebracht werden (Berluti et al., 2023). Vereinzelt wird jedoch abweichend eine erhöhte Amygdala-Aktivität berichtet und eine reduzierte Amygdala-Aktivität eher im Zusammenhang mit einer vorliegenden reduzierten prosozialen Emotionalität diskutiert (Viding & McCrory, 2018).

Ein weiterer Bereich in dem Kinder und Jugendliche mit SSV Defizite aufweisen ist das *Verstärkerlernen*, damit verbunden *Prozesse der Entscheidungsfindung* sowie deren neuronale Grundlagen. Hauptsächlich betroffen sind dabei die Verarbeitung von Belohnung, Bestrafung und Vermeidungslernen (Fairchild et al., 2019). Beim Vorliegen einer SSV nutzen Betroffene im Vergleich zu gesunden Proband*innen weniger Informationen, um die möglichen Folgen ihres Verhaltens, wie eine drohende Strafe oder mögliche Belohnung, abzuschätzen (White et al., 2013). Zudem zeigen sie bei Belohnung eine reduzierte Reaktion im Striatum und dem ventromedialen präfrontalen Cortex, während bei Bestrafung eine verstärkte Reaktion beobachtet wird (Hawes et al., 2021; Hwang et al., 2018; White et al., 2013; Zhang et al., 2023). Es wird angenommen, dass der ventromediale präfrontale Cortex für die Verstärkererwartung zuständig ist. Handlungen, bei denen eine positive Verstärkung erwartet wird, werden mit höherer Wahrscheinlichkeit ausgeführt. Das Striatum ist verantwortlich für das Lernen von Reaktions-Outcome Zusammenhängen, ist also dann entscheidend, wenn auf der Basis von vorherigen Lernerfahrungen bezüglich des Erhalts von Verstärkern, eine Entscheidung für eine Reaktion getroffen werden soll (Blair, Veroude & Buitelaar, 2018). Kinder und Jugendliche mit SSV treffen demnach schlechtere Entscheidungen, weil sie weniger sensitiv für Belohnung sind und gleichzeitig Bestrafung dysfunktional verarbeiten.

Weitere sogenannte »*coole« exekutive Funktionen* wie Planung, Aufgabenwechsel und das Arbeitsgedächtnis stehen unter Verdacht, beim Vorliegen einer SSV ebenfalls beeinträchtigt zu sein (Fairchild et al., 2019). Studien weisen auf Defizite hin, bei denen eine gewisse Konfundierung mit komorbider ADHS-Symptomatik vorliegt, welche jedoch nicht alle Abweichungen erklären kann (Bonham, Shanley, Waters & Elvin, 2021; Dolan & Lennox, 2013; Hobson, Scott & Rubia, 2011; Schoorl, van Rijn, de Wied, van Goozen & Swaab, 2018).

Störungen des Sozialverhaltens scheinen vor allem mit motivationalen und affektiven Beeinträchtigungen assoziiert, jedoch sind viele dieser Gehirnstrukturen auch bei den »coolen« exekutiven Funktionen involviert, die noch weiter untersucht werden müssen (Noordermeer et al., 2016).

Auf struktureller Ebene zeigt sich bei Störungen des Sozialverhaltens eine Reduktion des Volumens der *Grauen Substanz* in verschiedenen Gehirnarealen. Die Graue Substanz bildet aus Zellkörpern die oberste Schicht und damit die Rinde (Kortex) des Gehirns. Eine Reduktion des Gesamtvolumens der Grauen Substanz von 6 bis 14 % wird im Zusammenhang mit SSV berichtet (Huebner et al., 2008; Stevens & Haney-Caron, 2012). Noordermeer et al. (2016) und Rogers & De Brito (2016) berichten übereinstimmend Anomalien in der Amygdala, der Insula und dem linken Gyrus frontalis.

> **Good to know**
>
> Das Volumen der grauen Substanz setzt sich zusammen aus der kortikalen Dicke, der Gehirnoberfläche und der Gyrifikation (Herausbildung von Gehirnfurchen und Windungen), weshalb ein reduziertes Volumen der Grauen Substanz noch nicht genau erklärt, woher diese Abweichung kommt.

Weitergehende Studien zeigen für SSV übereinstimmend eine reduzierte *kortikale Dicke* in verschiedenen Hirnarealen, die an Entscheidungsprozessen, der Verarbeitung von Gesichtern und motorischen Funktionen beteiligt sind. Hingegen fallen Ergebnisse bezüglich der Gehirnoberfläche und Gyrifikation bisher inkonsistent aus (Fairchild et al., 2019). Auf mögliche Geschlechtsunterschiede weisen Befunde hin, welche beim Vorliegen einer SSV bei jugendlichen Männern eine geringere Kortikale Dicke im Gyrus supramarginalis und eine größere Oberfläche im Gyrus frontalis superior im Vergleich zu gesunden Kontrollpersonen aufzeigen, während bei Frauen die Ergebnisse genau gegensätzlich ausfallen (Smaragdi et al., 2017).

Bezüglich der *Weißen Substanz*, welche in der Hirnrinde unter der grauen Substanz liegt und vorwiegend aus myelinisierten Zellfortsätzen (Axonen) besteht, zeigen sich kontroverse Befunde. Etwas einheitlicher scheint die generelle Betroffenheit des Fasciculus uncinatus, der Frontal- und Temporallappen miteinander verbindet, jedoch zeigen Studien sowohl eine erhöhte, eine reduzierte als auch eine unveränderte Diffusion im Zusammenhang mit SSV (Noordermeer et al., 2016; Waller et al., 2017).

Zusammenfassend gibt es zum aktuellen Zeitpunkt übereinstimmende Evidenz, die auf Anomalien der Grauen Substanz und spezifischer der kortikalen Dicke im Zusammenhang mit SSV hinweist. Einflussfaktoren wie reduzierte-prosoziale Emotionalität und das Geschlecht, können die teils inkonsistenten Ergebnisse möglicherweise erklären und sollten weiter untersucht werden.

5.4.4 Neuroendokrinologie

Störungen des Sozialverhaltens können mit verschiedenen hormonellen Abweichungen in Verbindung gebracht werden, die vermutlich in Interaktion miteinander wirken. Häufig benannt ist die Hypothalamus-Hypophysen-Nebennierenrinden-Achse (HPA), welche an einer adaptiven Stressreaktion und -regulation beteiligt ist. Als Teil dieses Prozesses schüttet die Nebennierenrinde *Cortisol* aus. Im Zusammenhang mit SSV wurde sowohl der Cortisol-Grundspiegel, der am Morgen zunimmt und im Laufe des Tages abnimmt, als auch Cortisol als Reaktion auf Stressauslöser untersucht und ein Zusammenhang mit externalisierendem Verhalten gefunden. Die meisten Studien berichten bei Kindern und Jugendlichen mit SSV von einem insgesamt niedrigeren Cortisolspiegel und niedrigeren Cortisolkonzentrationen an verschiedenen Zeitpunkten am Tag (Fairchild et al., 2008; Platje et al., 2013). Wenige andere Studien berichten gegenteilig von einem erhöhten Cortisol-Grundspiegel (Figueiredo et al., 2020) und mögliche Geschlechtsunterschiede müssen weiter untersucht werden (Helleman et al., 2023; Paré-Ruel et al., 2022). Bezüglich der Reaktion auf Stress wird bei SSV insgesamt vornehmlich eine Hyporeaktivität berichtet. Diese ist spezifisch für Störungen des Sozialverhaltens und scheint unabhängig vom Vorliegen einer hyperkinetischen Störung (Bernhard, Mayer, Fann & Freitag, 2021b) oder dem Beginn der Störung zu sein (Bernhard et al., 2022). Insbesondere wird eine verringerte Cortisol-Stressreaktion mit weniger Empathie und stärker reduzierter prosozialer Emotionalität in Verbindung gebracht (Moul, Hawes & Dadds, 2018; Wright, Hill, Pickles & Sharp, 2019). Neben dem Hormon Cortisol, wird darüber hinaus geschlechtsabhängig eine veränderte Ausschüttung der Hormone Testosteron und Oxytocin diskutiert (Bernhard et al., 2022). Eine Metaanalyse weist auf einen schwachen positiven Zusammenhang von *Testosteron* und Aggression bei Männern hin (Geniole et al., 2020) und spezifisch für SSV gibt es Hinweise auf eine Erhöhung des Vorläuferhormons Dehydroepiandrosteron und seiner sulfierten Form bei Männern (Freitag et al., 2018). Neben Geschlechtseinflüssen ergeben sich Unterschiede in Bezug auf reaktive und proaktive Aggression im Zusammenspiel mit Umweltfaktoren, die weiterer Untersuchung bedürfen (Chen, Raine & Granger, 2018; del Puerto-Golzarri et al., 2023). *Oxytocin* wird mit prosozialem Verhalten und Empathie in Verbindung gebracht und erscheint deshalb insbesondere bezüglich reduzierter prosozialer Emotionalität von Interesse. Ein niedriges Oxytocinlevel ist mit stärkeren Verhaltensproblemen und reduzierter prosozialer Emotionalität assoziiert (Azzam, Seleem, Saada, Mourad & Mubarak, 2022; Levy et al., 2015) und scheint spezifisch für SSV zu sein (Isik, Bilgiç, Toker & Kilinç, 2018).

5.4.5 Psychophysiologie

Für Störungen des Sozialverhaltens werden Veränderungen in Bezug auf das vegetative Nervensystem diskutiert, das heißt jener Körperfunktionen wie Herzschlag und Hautleitfähigkeit, die nicht willentlich kontrolliert werden können und mit Erregbarkeit und Stressreaktion zusammenhängen. Eine gute Evidenzlage besteht bezüglich einer geschlechtsunabhängigen niedrigeren *Herzrate* im Ruhezustand und als Reaktion auf Stress bei SSV und Aggression (de Looff et al., 2022; Portnoy & Farrington, 2015). Diese physiologische Untererregung könnte sowohl als Zeichen für geringe Furcht interpretiert werden oder auch von den Betroffenen als unangenehmer Zustand wahrgenommen werden, der durch stimulierendes Verhalten wie das Ausüben von Aggression behoben werden soll. Eine Metaanalyse spezifisch zu Verhaltensproblemen bei Kindern und Jugendlichen findet diesen Zusammenhang auf korrelativer Basis, jedoch nicht in Fall-Kontrollstudien und bringt diesen vor allem mit reduzierter prosozialer Emotionalität in Verbindung (Fanti et al., 2019). Bei komorbider internalisierender Symptomatik liegen dagegen Hinweise auf eine mögliche psychophysiologische Hyperaktivität, das heißt verstärkte Reaktion, vor. Bezogen auf die *Hautleitfähigkeit* wird bei SSV und Aggression im Vergleich zu gesunden Proband*innen vornehmlich eine geringere Reaktion der Haut auf emotionale Stimuli berichtet (de Looff et al., 2022; Fanti, 2018; Fanti et al., 2019).

5.5 Erarbeitung und Vermittlung eines gemeinsamen Störungsmodells

In den vorherigen Abschnitten wurden psychische, soziale sowie biologische Faktoren vorgestellt, welche im Verdacht stehen zur Entwicklung von aggressiven Verhaltensweisen bzw. einer SSV beizutragen. Alle diese Faktoren sollten bei der gemeinsamen Entwicklung eines individuellen Störungsmodells bedacht werden. Zunächst sollte eine freie Exploration zu Annahmen und Vermutungen zur Störungsursache mit dem Kind, Jugendlichen und/oder den Eltern erfolgen. Zu möglichen Faktoren gehören im Sinne eines biopsychosozialen Störungsverständnisses Eigenschaften und Temperamentsmerkmale des Kindes und der Eltern, familiäre oder akute Belastungen, die elterliche Reaktion auf das Problemverhalten sowie Störungen in der Eltern-Kind-Beziehung. Biologisch-körperliche Einflüsse können ebenfalls ergänzt werden, stehen aufgrund der teilweise noch unklaren Forschungslage jedoch bei SSV nicht im Fokus. In der Regel berichten Befragte spontan nicht zu allen Bereichen Informationen. In diesem Fall sollten die noch nicht thematisierten Bereiche anschließend angesprochen und gegebenenfalls ergänzt werden. Eine gemeinsame Vorstellung über die Ursachen der Verhaltensprobleme ist elementar für das Ableiten von Behandlungsschritten. Beispielsweise kann sich der Einbezug der Bezugspersonen als schwierig erweisen, wenn diese ihren eigenen Einfluss auf die Symptomatik des Kindes nicht sehen, also aus deren Perspektive kein Anlass für Veränderungen im Erziehungsverhalten besteht. Die erarbeiteten, individuellen Faktoren sollten abschließend in ein gemeinsames Störungsmodell integriert werden. Bei jüngeren Kindern sollte das Störungsmodell einfach gehalten werden und das Externalisieren der Wut kann hilfreich sein, um einen besseren Zugang zu bekommen (▶ Kap. 5.5.2). Bei älteren Kindern und Jugendlichen kann, ähnlich dem Vorgehen mit Eltern, zunächst eine freie Exploration der Ursachen erfolgen.

5.5.1 Besprechung eines Störungsmodells mit Eltern unter Einbezug des Teufelskreismodells

Im Folgenden wird orientiert am Therapiemanual für Kinder mit aggressivem Verhalten (THAV; Görtz-Dorten & Döpfner, 2019b) in wörtlicher Rede beispielhaft vorgestellt, wie nach der freien Exploration und dem Sammeln möglicher Ursachen, die verschiedenen Faktoren in ein Störungsmodell für Eltern integriert werden können. Die Therapeutin im Fallbeispiel nutzt dafür das Arbeitsblatt aus der folgenden Abbildung (▶ Abb. 5.2).

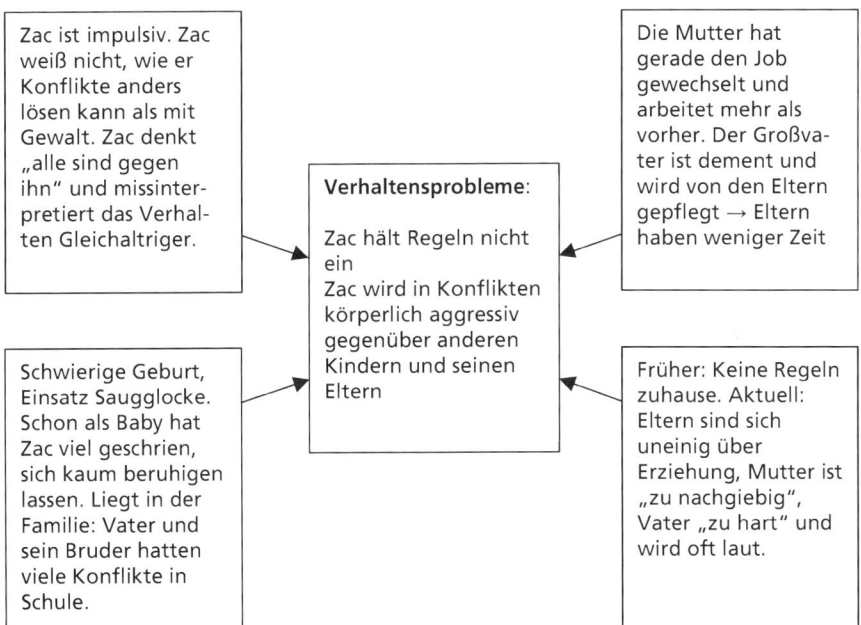

Abb. 5.2: Beispiel für ein Arbeitsblatt zum individuellen Störungsmodell erarbeitet mit den Eltern von Zac

Therapeutin:
»Sie haben berichtet, dass Zac sehr impulsiv ist und eine ‚kurze Zündschnur' hat, wie Sie es formulieren. Außerdem hat Zac den Eindruck, dass alle gegen ihn sind und reagiert schon bei Kleinigkeiten gereizt. Er hat in sozialen Situationen häufig den Eindruck, dass diese ungünstig für ihn verlaufen, er wird dadurch wütend und kann dann seine Wut nicht gut kontrollieren. Gedanken wie ‚alle sind gegen mich' beeinflussen die Gefühle und das Verhalten, das kann auch bei

Erwachsenen der Fall sein. Bei Zac kommt jedoch hinzu, dass er ihm schwerfällt, Impulse zu kontrollieren, weshalb sein starkes Ärgergefühl in Schlägen und Tritten resultiert. Sie haben zudem berichtet, dass Sie den Eindruck haben, dass er sich oft nicht anders zu helfen weiß. Manche Kinder reagieren auch deshalb aggressiv, weil es ihnen an sozial kompetenten Alternativen fehlt. Wenn Kinder in der Vergangenheit durch aggressives Verhalten ihre Ziele erreicht haben, werden sie in zukünftigen Situationen auch aggressiv reagieren. So scheint das auch bei Zac zu sein, der so beispielsweise zuhause länger als vorher besprochen an der Playstation spielen konnte. Deshalb wird er dieses Verhalten auch in Zukunft zeigen, in der Hoffnung erneut damit Erfolg zu haben. Sie stellen also fest, dass Ihre Reaktion auf Zacs Problemverhalten einen Einfluss auf ihn hat. Deshalb möchte ich Ihnen ein Teufelskreismodell (▶ Abb. 6.1) vorstellen, das einen typischen Ablauf von Konfliktsituationen in Familien mit ähnlichen Schwierigkeiten beschreibt. Der Teufelskreis beginnt mit dem Stellen einer Aufforderung, beispielsweise, dass die Playstation ausgestellt werden soll, wie es bei Ihnen häufig der Fall ist. Kommt das Kind der Aufforderung nach, reagieren Eltern oft nicht weiter darauf, es erfährt also keine Belohnung dafür, dass es etwas richtig gemacht hat. Das passiert vor allem dann, wenn bei Eltern viel los ist, so wie bei Ihnen mit dem neuen Job und der Pflege des Großvaters. Kommt das Kind der Aufforderung nicht nach, es spielt einfach weiter, wird die Aufforderung von den Eltern wiederholt und das mehrfach. Manchmal geben Eltern irgendwann auf, widmen sich anderen Dingen. Das Kind lernt also, dass es die Anweisung nur lange genug ignorieren muss, um sich durchzusetzen. Manchmal kommt es aber auch dazu, dass Eltern genervt sind und mit Konsequenzen drohen ‚Wenn du nicht sofort aufhörst, landet die Konsole auf dem Müll'. Bringt auch das nichts, werden Eltern ratlos, manchmal bedeutet das, sie geben auf. Manchmal werden sie aber auch richtig wütend, werden laut, schreien oder werden körperlich aggressiv gegenüber dem Kind, reißen beispielsweise den Controller aus der Hand und werfen ihn aus dem Fenster. Das Kind lernt, dass aggressives Verhalten nötig ist, um sich durchzusetzen. Wie sich Eltern in diesen schwierigen Situationen verhalten und welchen Weg im Teufelskreis sie einschlagen hängt auch von ihrem eigenen Temperament und von Eigenschaften, aber auch Erfahrungen und Einstellungen sowie vorhandenen Ressourcen ab. Je häufiger diese Konflikte vorkommen, desto mehr festigen sich die Muster und die Eltern-Kind-Beziehung wird immer angespannter. Erkennen Sie sich und Ihre Familie in diesem Modell wieder?«

5.5.2 Besprechung eines kognitiv-behavioralen Störungsmodells mit einem Kind mit Hilfe von Externalisierung des Problemverhaltens

Angepasst an das Alter des 8-Jährigen Zacs wird in wörtlicher Rede vorgestellt, wie orientiert am THAV (Görtz-Dorten & Döpfner, 2019b) das Störungsmodell für Kinder erklärt wird.

Therapeutin:
»Wir haben letzte Woche darüber gesprochen, dass du häufiger Streit mit anderen Kindern und deinen Eltern hast und du am Ende meistens den Ärger bekommst, obwohl du den Eindruck hast, dass du eigentlich gar nichts falsch gemacht hast. Wenn ich das Gefühl hätte, jemand anderes würde mir absichtlich eins reindrücken, wie du es bei deinen Klassenkamerad*innen manchmal hast, würde ich wahrscheinlich auch wütend werden. Wir haben aber auch festgestellt, dass deine Wut so ein bisschen größer ist als die von anderen und deshalb schwieriger zu kontrollieren. Um dir zu erklären, woher das kommt, möchte ich dir heute jemanden vorstellen:

Schau mal, das hier ist das Wutbiest (Therapeutin zeigt Handpuppe aus THAV). Dieses fiese Ding sitzt auf deiner Schulter und flüstert dir Ärgergedanken ein, damit du so richtig wütend wirst ‚Der guckt so komisch, der will dich bestimmt damit provozieren, hau dem eine rein, zeig dem mal richtig wer der Stärkere ist! Ärger dich, damit ich was zu lachen habe, dich habe ich voll unter Kontrolle!'. Dein Wutbiest ist besonders groß und stark und indem es dir diese Ärgergedanken einflüstert, macht es dich so richtig wütend, damit du am Ende zuschlägst oder trittst. Aber dafür gibt es oft Ärger und du bekommst Verbote, die dir nicht gefallen. So geht es auch vielen anderen Kindern, das kannst du mir glauben. Aber du kannst genau wie sie lernen mit dem Wutbiest umzugehen, es zu zähmen. Hier trainieren wir zusammen, den Ärgergedanken, die das Wutbiest dir einflüstert etwas entgegenzusetzen, überlegen, wie du anders mit der Wut umgehen und Konflikte ohne Gewalt lösen kannst. So hast am Ende du das Wutbiest unter Kontrolle und bekommst weniger Ärger. Hast du Lust es zu probieren?«

5.6 Fragen zur Selbstkontrolle

- Welche sozialen, psychischen und biologischen Einflussfaktoren auf die Entwicklung einer SSV gibt es?
- Welche Forschungsbedarfe weist die vorliegende Evidenz bezogen auf die verschiedenen Einflussfaktoren auf und wodurch wird deren Erforschung erschwert?
- Wie können Sie ein individuelles Störungsmodell mit Eltern und Kindern besprechen und erarbeiten? Welche Faktoren sollten darin berücksichtigt werden?

6 Psychotherapie, Pharmakotherapie und weitere flankierende Maßnahmen

> **Lernziele**
>
> - Sie kennen die Inhalte von patient*innen-, eltern- und familien-, kita- und schulzentrierten sowie multimodalen Interventionen und wissen, wann diese indiziert sind.
> - Sie haben ein Verständnis dafür, welche Schwierigkeiten im therapeutischen Prozess auftreten können.
> - Sie wissen, welche Möglichkeiten bezüglich einer medikamentösen Behandlung bestehen.
> - Sie können neben dem Gesundheitssystem weitere Systeme und Maßnahmen benennen, die häufig an der Versorgung von Störungen des Sozialverhaltens beteiligt sind.
> - Sie kennen evidenzbasierte Manuale für die Behandlung von Störungen des Sozialverhaltens.

6.1 Einführung

Vor Beginn einer Psychotherapie der SSV-Symptomatik müssen Aspekte wie Kindeswohlgefährdung und Selbst- oder Fremdgefährdung geprüft und gegebenenfalls adressiert werden (▶ Kap. 4.9). In solchen Fällen können Maßnahmen wie die Einbindung der Kinder- und Jugendhilfe oder ein Umfeldwechsel prioritär erforderlich sein. Ist eine psychotherapeutische Behandlung indiziert, können Interventionen patient*innenzentriert, eltern- und familienzentriert sowie kindertagesstätten- und schulzentriert erfolgen. Elternzentrierte Interventionen stellen für Kinder dabei das Mittel erster Wahl dar. Multikomponenten-Behandlungen kombinieren Interventionen für mehrere der genannten Personen und Kontexte miteinander und sollen dann eingesetzt werden, wenn sich die Symptomatik auf mehrere Lebensbereiche auswirkt. Da dies häufig der Fall ist, sollten in der Behandlungsplanung Interventionen für jeden der betroffenen Bereiche individuell ausgewählt werden. In multimodalen Behandlungskonzepten sind diese Interventionen genau und aktiv aufeinander abgestimmt. Diese sind insbesondere im

Jugendalter einzusetzen. Je nach individueller, familiärer Situation können Interventionen auch aufsuchend, direkt im häuslichen Umfeld erfolgen. Zusätzlich kann der Einsatz von Psychopharmaka (▶ Kap. 6.7) oder das Hinzuziehen weiterer Hilfesysteme (▶ Kap. 6.8) in Frage kommen. Dies erfordert eine erfolgreiche interdisziplinäre Zusammenarbeit (▶ Kap. 6.8.4). Eine Umsetzung aller Interventionen ist ambulant, teilstationär oder stationär sowie im Einzelsetting, in der Gruppe oder auch in einer Kombination aus beidem möglich. Auch im Rahmen von Präventionsmaßnahmen können die beschriebenen Inhalte in adaptierter Form eingesetzt werden.

6.2 Psychotherapie

6.2.1 Psychoedukation

Eine ausführliche Aufklärung und Beratung sind in jedem Fall angeraten. Bei schwach ausgeprägter Symptomatik kann Psychoedukation allein bereits ausreichend sein und stellt bei weiterem Behandlungsbedarf den Ausgangspunkt für alle weiteren Interventionen dar. Dabei wird mit den Eltern Psychoedukation immer durchgeführt. Je nach Entwicklungsstand kann die Psychoedukation mit den Betroffenen selbst inhaltliche Anpassungen erfordern (▶ Kap. 5.5). Bei Schwierigkeiten in der Kita oder Schule sollten auch die pädagogischen Fachkräfte und bei Bedarf weitere relevante Bezugspersonen (z. B. Trainer*innen aus dem Freizeitbereich) einbezogen werden. Dafür ist eine Schweigepflichtentbindung (▶ Kap. 8.1) und die Einwilligung der Eltern sowie ggf. der Kinder und Jugendlichen selbst notwendig. Die folgende Tabelle (▶ Tab. 6.1) gibt einen Überblick, welche Punkte Psychoedukation mit Eltern und anderen Bezugspersonen oder aber den Kindern und Jugendlichen selbst nach Petermann et al. (2016) beinhalten sollte.

Tab. 6.1: Übersicht Inhalte Psychoedukation und Interventionen (Petermann et al., 2016)

Psychoedukation mit Eltern	Psychoedukation mit Kindern und Jugendlichen
Übergreifend:	
Informationen bezüglich Symptomatik, ihrer Konsequenzen, Ätiologie, Verlauf und Behandlungsmöglichkeiten	
Personenabhängig: Aufklärung über mögliche Interventionen	
Beratung zur Bewältigung von individuellen Problemsituationen durch pädagogische Maßnahmen wie	• Anleitung zur Selbstbeobachtung und zur Selbststeuerung • Anleitung zur Affektkontrolle, zur Problemlösung und zu sozial kompetentem Verhalten in Konflikten

Tab. 6.1: Übersicht Inhalte Psychoedukation und Interventionen (Petermann et al., 2016) – Fortsetzung

Psychoedukation mit Eltern	Psychoedukation mit Kindern und Jugendlichen
• Stärkung der Beziehung zum Kind • Etablieren von festen Regeln, positive Verstärkung bei angemessenem Verhalten • das richtige Stellen von Aufforderungen und Grenzsetzungen • Einsatz negativer Konsequenzen bei problematischem Verhalten • sowie Unterstützung bei der Bewältigung von Konflikten	

6.3 Eltern- und familienzentrierte Interventionen

Fallbeispiel

Die Eltern des 13-jährigen Saschas berichten im Elterntermin, dass es aufgrund seines Medienkonsums sehr oft Konflikte zuhause gäbe. Er hänge oft den ganzen Tag am Handy. Wenn einer seiner beiden Väter ihn dazu auffordere, damit aufzuhören, um sich beispielsweise an die Hausaufgaben zu setzen, verweigere er das. Häufig folgten dann lange Diskussionen. Ein Vater habe es mittlerweile aufgegeben, Vorschriften zu machen und lasse Sascha in der Regel gewähren, während es dem anderen Vater wichtig sei, sich bei Sascha durchzusetzen. Dabei sei es auch schon vorgekommen, dass er Sascha angeschrien oder ihm das Handy aus der Hand gerissen habe. Die Therapeutin signalisiert den Vätern Verständnis für ihre herausfordernde Situation. Nach genauerem Nachfragen stellt sich heraus, dass die Situation zuhause durch die fast täglichen Diskussionen zum Medienkonsum stark angespannt ist. Auch zwischen den Eltern komme es dadurch zu Konflikten und es fällt ihnen schwer, etwas Positives aus dem Familienalltag zu berichten. Zur Auflösung der Negativ-Fokussierung und Verbesserung der Eltern-Kind-Beziehung erarbeitet die Therapeutin mit den Vätern, zunächst im Alltag verstärkt darauf zu achten, was mit Sascha gut gelingt und was sie an ihm schätzen. Sie einigen sich darauf dies Sascha einmal am Tag beim gemeinsamen Abendessen rückzumelden. Die Therapeutin verweist auf die Wichtigkeit von Lob zur Verstärkung erwünschten Verhaltens.

Wenn Psychoedukation und Beratung allein nicht ausreichend sind, kommen intensivere Interventionen auf Elternebene in Frage. Bis zum Jugendalter stellen sie das Mittel der Wahl in der Behandlung einer SSV dar. Danach können die Inhalte an das Jugendalter angepasst eine eher kindzentrierte Behandlung flankieren. Elternzentrierte Interventionen sollen Eltern aufzeigen, wie sie selbst das Problemverhalten ihres Kindes beeinflussen und damit die Symptomatik reduzieren können. Dies gelingt insbesondere bei solchen Problemen, die auch im familiären Rahmen auftreten, da Eltern einen direkten Zugang haben, beispielsweise selbst in der Situation anwesend sind in der das Verhalten auftritt. Werden neben den Eltern als Hauptbezugspersonen auch das Kind und weitere Familienmitglieder miteinbezogen, wird von einer familienzentrierten Intervention gesprochen. Die Interventionen zielen darauf ab, die Eltern-Kind-Beziehung und das familiäre Klima zu verbessern sowie das elterliche Erziehungsverhalten zu verändern. Zusätzlich können Eltern dazu angeleitet werden, ihr Kind als Coach zu unterstützen, beispielsweise dabei Gefühle zu regulieren oder therapeutische Aufgaben aus der kindzentrierten Behandlung umzusetzen. Tragen psychosoziale Belastungsfaktoren in der Familie zur Aufrechterhaltung der Symptomatik des Kindes bei, z. B. die psychische Erkrankung eines Elternteils oder Konflikte auf Elternebene, sollten diese bei der Behandlungsplanung berücksichtigt werden (▶ Kap. 4.9). Manuale mit elternzentrierten Interventionen sind beispielsweise das Therapieprogramm für Kinder mit hyperkinetischem und oppositionellem Problemverhalten (Döpfner, Kinnen & Halder, 2016) und das Triple-P-Programm (Sanders, Markie-Dadds & Turner, 2006). Zusätzlich besteht die Möglichkeit, dass Eltern sich eigenständig mit Selbsthilfematerialien auseinandersetzen (z. B. das Selbsthilfemanual Wackelpeter und Trotzkopf: Hilfen für Eltern bei ADHS-Symptomen, hyperkinetischem und oppositionellem Verhalten von Döpfner & Schürmann, 2023).

6.3.1 Interventionen zur Verbesserung der Eltern-Kind-Beziehung und des familiären Klimas

In manchen Familien überwiegen negative Eltern-Kind-Interaktionen und die Beziehung zwischen den Familienmitgliedern ist dadurch stark belastet. Dies kann durch die Verhaltensprobleme des Kindes verursacht worden sein, hält diese jedoch auch weiterhin aufrecht. Angenehme und schöne Erfahrungen mit dem Kind werden durch die Negativ-Fokussierung der Eltern kaum noch registriert und das Kind erhält Aufmerksamkeit nur noch über negatives Verhalten. Um hier anzusetzen, bietet sich unter anderem das Führen eines Positiv-Tagebuchs an. Eltern werden angeleitet, täglich darauf zu achten, was mit ihrem Kind gut läuft oder ihnen positiv an ihrem Kind auffällt. Sie notieren diese Dinge, auch Kleinigkeiten, im Tagebuch und melden sie ihrem Kind zurück. Zudem kann am Aufbau einer positiven Spieleinteraktion gearbeitet werden, beispielsweise über die Einführung einer Spiel- und Spaßzeit. Dabei geht es darum, gezielt eine positive und konfliktfreie Zeit miteinander zu verbringen. In den Familienalltag sollten altersangemessene positive Aktivitäten integriert und ältere Kinder und Jugendliche bei der Auswahl dieser Familienaktivitäten besonders stark miteinbezogen werden. Zusätzlich kann durch die Einführung und Einübung von Gesprächs- und Kommunikationsregeln, die für jedes Familienmitglied gelten, die familiäre Situation entlastet werden (Rademacher & Döpfner, 2025; s. Kasten).

> **Praktische Hinweise zur Durchführung und den Regeln einer Spiel- und Spaßzeit nach dem Therapieprogramm für Kinder mit hyperkinetischem und oppositionellem Problemverhalten von Döpfner et al., 2019**
>
> 1. Gemeinsam Spielideen sammeln.
> 2. Es dürfen keine anderen Kinder an der Spiel- und Spaßzeit teilnehmen.
> 3. Genaues Festlegen des Zeitpunkts der Spiel- und Spaßzeit.
> 4. Das Kind bestimmt was und wie gespielt wird.
> 5. Die Eltern lassen sich auf das Spiel ein.
> 6. Die Eltern beobachten und kommentieren das Spiel des Kindes.
> 7. Die Eltern stellen keine Fragen und geben keine Anweisungen.
> 8. Das Kind erhält Lob und positive Rückmeldungen.
> 9. Bei störendem Verhalten des Kindes wird dieses zunächst von den Eltern ignoriert durch Wegdrehen. Wenn das nicht hilft, wird die Spielezeit möglichst ohne Konflikt beendet.

Schwierige Therapiesituationen

Bei schwer gestörter Eltern-Kind-Interaktion können diese Interventionen Eltern besonders schwerfallen. Dementsprechend sollte ausreichend Zeit hierfür eingeplant und die Eltern bei Bedarf kleinschrittig angeleitet werden. Hierbei können Rollenspiele (z. B. Einüben von positiver Rückmeldung) und Videofeedback nützlich sein. Wird die Spiel- und Spaßzeit nicht richtig durchgeführt, können hier erneut Konflikte entstehen. Daher sollte die Wichtigkeit des Einhaltens der Regeln betont und gegebenenfalls zunächst im Rahmen einer Therapiestunde die Spiel- und Spaßzeit unter Anleitung der*des Therapeut*in durchgeführt werden. Dasselbe gilt für Gesprächs- und Kommunikationsregeln, die mit der Familie zunächst in der Therapie bei einem unverfänglichen Thema eingeübt werden können, bevor die Familie diese selbstständig zuhause anwendet. Manchen Eltern fällt es schwer nachzuvollziehen, warum sie in der aktuell schwierigen Situation ihr Kind mit Lob und angenehmen Aktivitäten belohnen sollen. In diesem Fall ist es wichtig, noch einmal das Störungsmodell aufzugreifen und die Negativfokussierung als aufrechterhaltenden Faktor herauszuarbeiten. Zudem kann eine gute Eltern-Kind-Beziehung als Voraussetzung für die Arbeit am Erziehungsverhalten gesehen werden, die oft kurzfristig zu einer Zunahme von Konflikten führen kann. Das Bild eines Beziehungskontos kann dabei helfen, zu vermitteln, dass zuerst »etwas eingezahlt« werden muss, bevor im nächsten Schritt »etwas abgehoben« werden kann. Zudem erleben Eltern häufig, wenn ihnen hier erste Schritte gelingen, dass es auch ihnen selbst guttut, auf Positives zu achten und schöne Aktivitäten durchzuführen. Es empfiehlt sich erst weiterzugehen, wenn sich erste Erfolge oder positive Veränderungen zeigen.

6.3.2 Verbesserung der Rahmenbedingungen

Häufig tritt problematisches Verhalten von Kindern und Jugendlichen in bestimmten Situationen auf, weil die Rahmenbedingungen ungünstig sind. Beispielsweise sind Situationen unstrukturiert und unübersichtlich oder besonders stressig und begünstigen so, dass es zu Konflikten kommt. Entsprechend sollten Eltern dabei unterstützt werden, förderliche Rahmenbedingungen zu schaffen und so die Bedingungen für die Bearbeitung und Lösung dieser Probleme zu verbessern. Dafür müssen zunächst spezifische Konfliktsituationen identifiziert und die Rahmenbedingungen geprüft werden. Verschiedene Ansätze können dann dabei helfen, die Ausgangslage zu verbessern. Wiederkehrende Routinen spielen eine zentrale Rolle, da sie Kindern Orientierung und Sicherheit geben. Eltern sollten beispielsweise darauf achten, dass Hausaufgaben immer am gleichen Ort erledigt werden, Mahlzeiten zu ähnlichen Zeiten stattfinden und die Abfolge im Badezimmer konsistent bleibt. Gleichzeitig ist es wichtig, Ablenkungen zu minimieren. Ein aufgeräumter Arbeitsplatz ohne Spielsachen oder elektronische Geräte sowie ein Essen ohne laufenden Fernseher können hierbei hilfreich sein. Auch die Anpassung der Anforderungen an das Kind ist entscheidend. Überforderungen lassen sich vermeiden, indem komplexe Aufgaben in kleinere, bewältigbare Schritte zerlegt werden. Ergänzend sollten Eltern gezielte Hilfestellungen anbieten (z.B. Spülmaschine gemeinsam auszuräumen, nach 15 Minuten Hausaufgaben kurz nachzusehen). Ein positives Familien-Klima ist eine weitere Voraussetzung für erfolgreiche Problemlösungen. Eltern sollten schwierige Interaktionen möglichst nicht in Angriff nehmen, wenn sie selbst gestresst oder emotional angespannt sind. Stattdessen ist es sinnvoll, zunächst eine ruhige und konstruktive Haltung einzunehmen. Schließlich kann es hilfreich sein, gemeinsam zu reflektieren, wer innerhalb der Familie am besten geeignet ist, das jeweilige Problem in der spezifischen Situation anzugehen. Indem Therapeut*innen Eltern dabei unterstützen, diese Rahmenbedingungen anzupassen, schaffen sie eine stabile Basis für weitere Veränderungen.

Schwierige Therapiesituationen

Manche Eltern zeigen Widerstände, weil sie die Notwendigkeit von Veränderungen nicht sehen oder die Maßnahmen als Kritik wahrnehmen. Zudem fällt es vielen schwer, neue Routinen im Alltag konsequent umzusetzen, besonders in stressigen Situationen. Belastete oder überforderte Eltern erleben die Maßnahmen zudem häufig als zusätzlichen Stress, während unrealistische Erwartungen an schnelle Erfolge zu Frustration und Abbruch führen können. Hier ist es wichtig Verständnis für die Belastung der Eltern zu zeigen. Zudem können für erste Erfolgserlebnisse einfache Situationen ausgewählt und das Vorgehen kleinschrittig, unter Würdigung von Teilerfolgen, gestaltet werden. Auch äußere Faktoren wie begrenzter Wohnraum oder beruflicher Druck erschweren manchmal die Umsetzung. In der Arbeit mit den Eltern muss deren individuelle Lebensrealität berücksichtigt werden, um möglichst konkrete und realistische Veränderungen abzuleiten. Zudem kann es hilfreich sein, mit den Eltern eigene Ressourcen herauszuarbeiten und gegebenenfalls die Inanspruchnahme zusätzlicher Unterstützung anzuregen.

6.3.3 Interventionen zur Veränderung des elterlichen Erziehungsverhaltens

Ein wichtiger Faktor, der zur Entstehung, aber auch Aufrechterhaltung von Symptomatik im Rahmen einer SSV beitragen kann, sind positive und negative Verstärkung problematischen Verhaltens. Oft erreichen Kinder und Jugendliche durch Aggression und Opposition zumindest kurzfristig ihr Ziel, z. B., weil Eltern in einem Konflikt irgendwann nachgeben und die gewünschte Süßigkeit im Supermarkt kaufen. In diesem Fall wird von positiver Verstärkung gesprochen. Genauso kann es jedoch sein, dass Kinder und Jugendliche durch ihr Verhalten eine für sie unangenehme Sache oder Situation vermeiden können, beispielsweise durch einen Wutanfall das Erledigen von Hausaufgaben hinauszuzögern. Hierbei handelt es sich um eine negative Verstärkung des Verhaltens. Zudem erhalten Kinder und Jugendliche mit SSV häufig zunehmend Aufmerksamkeit für negative Verhaltensweisen, beispielsweise für das Nichteinhalten einer Regel, während angemessene Verhaltensweisen, wie das direkte Nachkommen einer Aufforderung, unbeachtet bleiben. Manche Eltern reagieren auch selbst mit Aggression, schreien oder sind körperlich gewalttätig, um sich gegenüber dem Kind durchzusetzen und sprechen übermäßige Bestrafungen aus. So stellen sie ein Verhaltensmodell dar, von dem Kinder und Jugendliche lernen, dass aggressives Verhalten nötig ist, um sich durchzusetzen.

Eltern kann dieser Zusammenhang zwischen dem eigenen Erziehungsverhalten und dem Problemverhalten des Kindes mit Hilfe eines Teufelskreis-Modells der Eltern-Kind-Interaktion erklärt werden (▶ Abb. 6.1). Von dieser Grundlage ausgehend, werden weitere Interventionen zur Umsetzung effektiver Erziehungsstrategien abgeleitet. Dazu zählen

- das Formulieren und konsequente Umsetzen von Familienregeln: Zunächst werden Eltern angeleitet, zentrale Regeln für die Familie genau zu formulieren. Hier sollten, wenn vorhanden, beide Elternteile einbezogen werden, sodass bei den Grundregeln Einigkeit herrscht. Je älter die Kinder, desto stärker sollten diese ebenfalls am Prozess beteiligt sein. Eltern sollen lernen, wirkungsvolle Aufforderungen und Grenzsetzungen angemessen zu stellen, beispielsweise weniger und dafür eindeutige Aufforderungen.
- das Loben und Verstärken angemessenen Verhaltens: Eltern sollen lernen durch positive Verstärkung angemessenes Verhalten ihres Kindes zu fördern. Dazu gehört der Einsatz von verbaler Verstärkung wie Lob, die bewusste Aufmerksamkeitslenkung auf angemessenes Verhalten und bei Bedarf der Einsatz von Punkteplänen.
- das Einsetzen eindeutiger, konsistenter negativer Konsequenzen für Problemverhalten: Eltern sollen dabei unterstützt werden, für problematisches Verhalten negative Konsequenzen festzulegen, die sich bestmöglich direkt aus dem Pro-

blemverhalten ergeben und regelmäßig durchführbar sind. So sollen Drohungen, die nicht umgesetzt werden, aber auch ein harsches Bestrafen aufgrund eigener Emotionalität zukünftig vermieden werden.

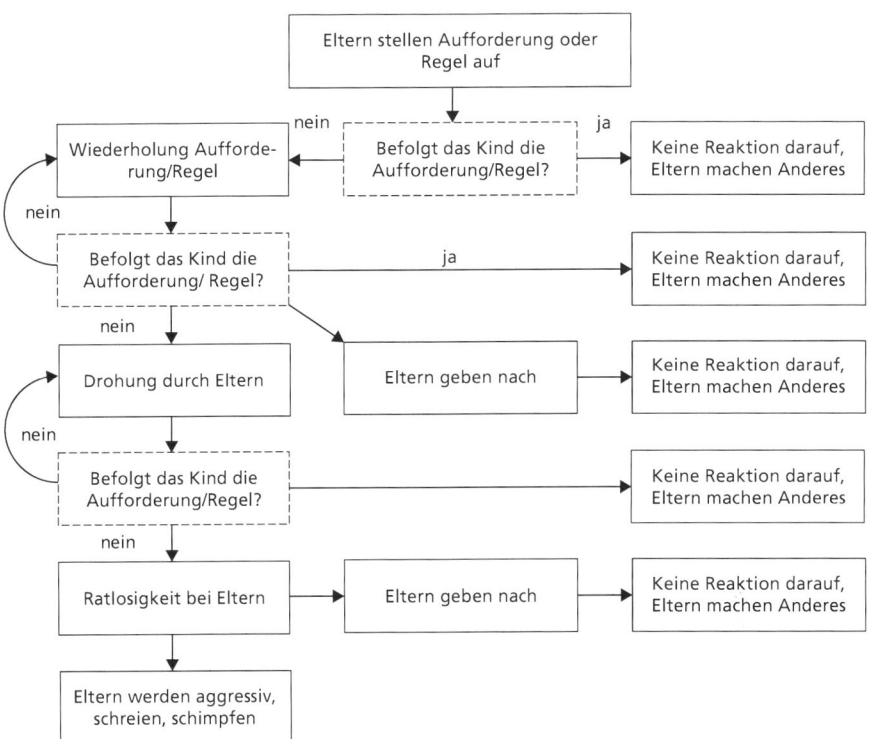

Abb. 6.1: Teufelskreis der Eltern-Kind-Interaktion modifiziert aus dem THAV von Görtz-Dorten & Döpfner (2019b, mit freundlicher Genehmigung des Hogrefe Verlags)

Schwierige Therapiesituation

Das Erziehungsverhalten zu verändern, welches sich häufig über einen langen Zeitraum eingeschliffen hat und auf eigenen Erfahrungen und daraus abgeleiteten grundlegenden Prinzipien basiert, fällt vielen Eltern schwer. Um die Relevanz der Interventionen und die Motivation diese umzusetzen, zu stärken, sollte sichergestellt werden, dass Eltern den Teufelskreis der Eltern-Kind-Interaktion verstanden haben. Sie sollten außerdem dafür sensibilisiert werden, dass die Umsetzung sehr anstrengend sein kann und gerade negative Konsequenzen das Problemverhalten auch erst einmal kurzfristig verstärken können, da Kinder mit Opposition und Wut darauf reagieren. Eltern gelingt es oft nicht, sich direkt konsistent konsequent zu verhalten und benötigen hier viel Unterstützung.

Manche Eltern stellen sehr viele Aufforderungen und Regeln auf, andere haben aufgrund der vielen Konflikte aufgegeben dem Kind Grenzen zu setzen. Hier gilt es mit den Eltern zu erarbeiten, dass es für die Kinder und Jugendlichen wichtig ist, mit angemessenen Regeln und Strukturen aufzuwachsen, diese jedoch auch wirklich umsetzbar sein sollten und im Rahmen der Therapie deshalb zunächst einige wenige, wichtige Regeln fokussiert werden. Es ist hilfreich sich dafür zunächst auf wenige, konkrete Problemverhaltensweisen zu konzentrieren und deren Veränderung im Rahmen der Interventionen zu beobachten.

Manche Eltern sind irritiert, dass sie ihr Kind für Selbstverständlichkeiten loben sollen, andere sind besorgt darüber, negative Konsequenzen einzusetzen, da diese dem Kind schaden könnten. Hier sollte noch einmal auf die entsprechenden Stellen im Teufelskreis-Modell verwiesen und die kurz- und langfristigen Konsequenzen des Erziehungsverhaltens verdeutlicht werden.

6.3.4 Eltern als Coach

Neben Interventionen, die direkt am Verhalten der Eltern ansetzen, können die Eltern auch dazu angeleitet werden, ihr Kind bei Verhaltensänderungen zu unterstützen. Je nachdem, in welchen Bereichen auf Kindebene Probleme oder Defizite vorliegen, können Eltern beispielsweise dabei helfen, Gefühle wahrzunehmen und zu regulieren, Konfliktsituationen nachbesprechen und alternative Handlungsmöglichkeiten sammeln oder auch die Kontaktaufnahme zu nicht-devianten Peers fördern. Finden kindzentrierte Interventionen statt, können die Eltern auch für therapeutische Aufgaben, die das Kind zwischen den Sitzungen erledigen soll (z. B. Wuttagebuch ausfüllen) einbezogen werden. So können sie an die Durchführung erinnern, zur Selbstbeobachtung anleiten, oder auch dabei helfen, in der Therapie erlernte Strategien im Alltag einzusetzen.

Schwierige Therapiesituationen

Damit Eltern als Coach agieren können, sollten sie selbst in der Lage sein in Konfliktsituationen ruhig zu bleiben und zu handeln, um nicht noch weitere Konflikte zu provozieren. Dafür ist es hilfreich, wenn zuvor bereits am Aufbau einer positiven Eltern-Kind-Beziehung gearbeitet wurde, Eltern im Umgang mit den eigenen Emotionen wie dem Umgang mit der eigenen Wut geschult wurden oder sie zunächst nur in solche Situationen eingebunden werden, in denen sie nicht selbst am Konflikt beteiligt sind (z. B. Streit mit anderem Kind auf dem Spielplatz).

6.3.5 Adaptation beim Vorliegen reduzierter prosozialer Emotionalität

Das Vorliegen reduzierter prosozialer Emotionalität stellt Eltern und Behandelnde vor eine besondere Herausforderung. Der Einbezug der Eltern in die Behandlung dieser Kinder und Jugendlichen ist essenziell, Interventionen müssen jedoch angepasst werden. Eine Adaptation der Eltern-Kind-Interaktionstherapie spezifisch für reduzierte prosoziale Emotionalität macht diesbezüglich Empfehlungen (Fleming & Kimonis, 2018). Noch verstärkt sollte die Bedeutung von Wärme in der Eltern-Kind-Beziehung und einer positiven Bindung hervorgehoben werden. Entsprechend sollen Eltern lernen, ihre Zuneigung verbal und körperlich gegenüber dem Kind, beispielsweise durch eine warme Tonlage, Lächeln oder Umarmungen auszudrücken. Durch Beobachtungsbogen im Alltag können Eltern die Umsetzung dieser Verhaltensweisen bei sich selbst beobachten und bewerten. Belohnungsorientierte Strategien zeigen sich wirksamer als negative Konsequenzen und sollten bei Interventionen zur Veränderung des Erziehungsverhaltens in den Vordergrund gestellt werden. Bei Punkteplänen sollte darauf geachtet werden, dass keine Punkte abgezogen werden und dass positive Verhaltensweisen, nicht die Abwesenheit negativen Verhaltens, verstärkt werden. Darüber hinaus sollen Eltern die emotionale Entwicklung ihrer Kinder fördern, indem sie selbst als Modell handeln und das Erkennen und Verstehen von Emotionen bei ihrem Kind verstärken (Fleming & Kimonis, 2018).

> **Merke: Auswahl elternzentrierter Therapiebausteine**
>
> - Wenn in der Eltern-Kind-Beziehung negative Interaktionen wie Konflikte und Schimpfen oder auch ein Mangel an Wärme vorherrschen, dann sollten Interventionen zur Verbesserung der Eltern-Kind-Beziehung und des familiären Klimas durchgeführt werden.
> - Wenn ungünstige Rahmenbedingungen das Problemverhalten verursachen oder begünstigen, sollten Interventionen zur Verbesserung der Rahmenbedingungen umgesetzt werden.
> - Wenn Eltern inkonsistentes Erziehungsverhalten zeigen, z. B. sehr streng und strafend und dann wieder nachgiebig sind oder auch generell keine Regeln und Struktur vorgeben, dann werden Interventionen zur Umsetzung effektiver Erziehungsstrategien eingesetzt.
> - Wenn Kinder und Jugendliche die Unterstützung ihrer Eltern für eigene Verhaltensänderungen benötigen, dann können die Eltern als Coach angeleitet werden.
> - Wenn bei Kindern und Jugendlichen zusätzlich reduzierte prosoziale Emotionalität vorliegt, sollten die Elterninterventionen entsprechend adaptiert werden.

6.4 Kindertagesstätte- und schulzentrierte Interventionen

Fallbeispiel

In einem ersten Telefonat hat Lenis Klassenlehrer Informationen zu ihrer Diagnose Hyperkinetische Störung des Sozialverhaltens erhalten. Bei einem zweiten Gespräch vier Wochen später berichtet er, dass ihm dies bereits geholfen habe, da er zuvor das Gefühl gehabt habe, die 7-jährige Leni benehme sich im Unterricht mit Absicht »daneben«. Jetzt verstehe er, dass dies Teil ihrer Störung sei, die eben auch eine körperliche Grundlage habe. Dennoch sei Lenis Verhalten nach wie vor unverändert, sie arbeite häufig nicht mit und zerreiße auch mal ihre Arbeitsmaterialien, wenn sie sich ärgere. Leni sitze in der vorletzten Reihe, dadurch falle oft erst spät auf, dass sie nicht am eigentlichen Thema arbeite. Zudem gebe es auch einige andere Kinder in der Klasse, die auffälliges Verhalten zeigten. Wenn Leni sich gar nicht überzeugen lasse mitzuarbeiten, drohe er teilweise damit, dass Leni die Pause drinnen verbringen müsse. Da er aber selbst in der Pause oft Aufsicht auf dem Schulhof habe, entlasse er sie dann meist doch in die Pause. Mit dem Klassenlehrer wird zunächst eine Veränderung der Sitzordnung thematisiert. Zudem wird gemeinsam herausgearbeitet, dass das Androhen und Nicht-Einhalten von Konsequenzen eine aufrechterhaltende Wirkung auf das Problemverhalten haben kann. Der Klassenlehrer wird angeregt, gemeinsam mit seiner Stellvertreterin für Regelverstöße negative, aber auch für angemessenes Verhalten positive Konsequenzen festzuhalten, die zunächst für die ganze Klasse gelten können. In einem Termin per Videokonferenz sollen diese dann besprochen und gegebenenfalls spezifisch auf Leni angepasst werden.

Da gerade in der Kita und im Schulkontext besonders viele Regeln vorherrschen, aber pädagogische Fachkräfte und Lehrkräfte durch die Gruppensituation häufig weniger Ressourcen und Kapazitäten für einzelne Kinder zur Verfügung haben, tritt auch hier bei Kindern und Jugendlichen mit SSV Problemverhalten auf. Da dieses Verhalten aber auch ein Zeichen für Überforderung sein kann, sollte zunächst eine Prüfung der Schulform und gegebenenfalls eine Umschulung erfolgen. Zusätzlich können Inklusionsmaßnahmen zur Teilhabe an einer Regelschule in Frage kommen oder auch der Wechsel auf eine Förderschule erforderlich sein (▶ Kap. 6.8.1). Auch für Kinder im Vorschulalter stehen bei schwerwiegender Symptomatik Sonder- bzw. heilpädagogische Einrichtungen zur Verfügung.

Kita- und schulzentrierte Interventionen orientieren sich stark an denen für Eltern, sind jedoch an die besonderen Bedingungen im Kita- oder Schulalltag anzupassen. Voraussetzung dafür ist eine gelungene Kooperation zwischen Institution und der Familie, sodass ein Informationsaustausch und eine langfristige Zusammenarbeit gelingen kann (▶ Kap. 6.8.4). Gibt es hier Konflikte sollte zunächst an der Kommunikation und Kooperation gearbeitet werden. Im Fokus steht die Verbesserung der Lehrkraft-Kind-Beziehung und die Umsetzung effektiver Erziehungsstrategien. Diese Maßnahmen können individuell an das Kind gerichtet sein, aber empfehlen sich in Kombination mit Maßnahmen auf Gruppenebene, die sich an alle Kinder und Jugendlichen richten. Wenn möglich, sollten institutionelle Rahmenbedingungen angepasst werden. Pädagogische Fachkräfte und Lehrkräfte können, wenn ihre Kapazitäten dies zulassen, ebenfalls als Coach des Kindes eingesetzt werden, um z. B. an Regulationsstrategien zu erinnern oder Konfliktsituationen nachzubesprechen. Im Folgenden wird nur auf die Maßnahmen eingegangen, die kita- bzw. schulspezifisch erfolgen, weitere Details sind den elternspezifischen Interventionen zu entnehmen. Beispiel für ein Manual mit kita- und schulzentrierten Interventionen ist das Präventionsprogramm für Expansives Problemverhalten (Plück, Wieczorrek, Metternich-Kaizman & Döpfner, 2006). Zudem liefert das Schulbasierte Coaching bei Kindern mit expansivem Problemverhalten (SCEP) ein Handbuch für die Gestaltung eines Lehrkraftcoachings zum Umgang mit expansiv-auffälligen Schüler*innen (Hanisch, Richard, Eichelberger, Greimel & Döpfner, 2018).

6.4.1 Verbesserung der Rahmenbedingungen

Teilweise können ungünstige Rahmenbedingungen in der Institution bei Kindern und Jugendlichen mit SSV das Auftreten von Verhaltensproblemen verstärken und aufrechterhalten. Dazu zählen unter anderem die Gruppengröße und -zusammensetzung, z. B. eine sehr große Gruppe mit vielen auffälligen Kindern oder auch der Sitzplatz, z. B. sitzt das Kind so, dass es nicht direkt im Blickfeld der Lehrkräfte ist oder neben einem anderen auffälligen Kind. Wenn es möglich ist, sollten diese Rahmenbedingungen verändert werden, beispielsweise durch einen Klassenwechsel oder eine Anpassung des Sitzplatzes.

6.4.2 Verbesserung der Lehrkraft-/pädagogischen Fachkraft-Kind Beziehung

Manche Kinder und Jugendliche mit SSV stören häufig und massiv den Unterricht, sodass es vor allem zu negativer Lehrkraft-Kind-Interaktion kommt. In Linie mit dem elternzentrierten Vorgehen können Lehrkräfte angeleitet werden, verstärkt auf positive Anteile und Verhaltensweisen des Kindes zu achten und dies entsprechend rückzumelden. Dafür können auch gemeinsame Termine mit den Kindern bzw. Jugendlichen und Lehrkräften durchgeführt werden. Dies kann aus logistischen Gründen auch im Online-Format erfolgen. In der Kita kann die Beziehung auch durch kurze Spieleinheiten verbessert werden.

6.4.3 Veränderung des Erziehungsverhaltens

In der Kita und in der Schule sollten gewisse Strukturen und Regeln auf Gruppenebene für alle gelten. Bei Bedarf sollte die pädagogische Fachkraft oder Lehrkraft beim Aufstellen von Gruppenregeln und entsprechender positiver sowie negativer Konsequenzen unterstützt werden. Möglicherweise müssen diese individuell für das Problemverhalten des Kindes modifiziert oder noch ergänzt werden. Ebenso sollten bereits existierende Punktepläne besprochen und ggf. überarbeitet werden. Die Grundlage liefert erneut das Teufelskreis-Modell (▶ Abb. 6.1), das an die Kita- bzw. Schulsituation angepasst wird.

6.4.4 Schwierige Therapiesituationen

Probleme bei der Umsetzung von kita- und schulzentrierten Interventionen können entsprechend der elternzentrierten Interventionen auftreten. Zusätzlich muss jedoch berücksichtigt werden, dass institutionelle Rahmenbedingungen wie große Klassen oder auch schwierige Klassenzusammensetzungen die Ressourcen und Möglichkeiten von pädagogischen Fach- und Lehrkräften einschränken und zu schwierigen Therapiesituationen führen können. Wenn eine Zusammenarbeit abgelehnt wird oder Interventionen nicht umgesetzt werden, sollte für die kurzfristigen negativen Folgen von Veränderungen, wie ein erhöhter Aufwand und Anstrengung, Verständnis entgegengebracht werden, jedoch die langfristigen positiven Folgen, wie eine Beruhigung der gesamten Klasse durch die Einführung von Klassenregeln, hervorgehoben werden. Manchen pädagogischen Fach- und Lehrkräften fällt es schwer, einem einzelnen Kind in der Gruppe/Klasse verstärkt Aufmerksamkeit zuzuwenden, gerade wenn dieses besonders durch negatives Verhalten auffällt. In diesem Fall können zunächst Maßnahmen auf Gruppenebene, die sich an alle Kinder bzw. Schüler*innen richten, eingesetzt werden, aber auch noch einmal auf den Teufelskreis verwiesen werden.

> **Merke: Auswahl kita- und schulzentrierter Therapiebausteine**
>
> - Wenn in der Interaktion von Kita/Schule und Eltern Konflikte auftreten, die einen Austausch erschweren, dann sollten Interventionen zur Verbesserung der Kooperation und Kommunikation durchgeführt werden.
> - Wenn die Verhaltensprobleme des Kindes auf äußere Rahmenbedingungen der Institution zurückzuführen sind, dann sollten Interventionen zur Veränderung dieser eingesetzt werden.
> - Wenn die Interaktion von Kita/Schule und Kind durch Konflikte und Problemverhalten angespannt und beeinträchtigt ist, dann sollten Interventionen zur Verbesserung der Beziehung durchgeführt werden.
> - Wenn in Kita/Schule inkonsistentes Erziehungsverhalten gezeigt wird, z.B. sehr streng und strafend und dann wieder nachgiebig reagiert wird oder auch generell keine Regeln und Struktur vorgegeben werden, dann werden Interventionen zur Umsetzung effektiver Erziehungsstrategien individuell für das Kind oder auf Gruppenebene eingesetzt.

6.5 Patient*innenzentrierte Interventionen

Fallbeispiel

Alison, 9 Jahre, bringt ihren Selbstbeobachtungsbogen in die Therapiestunde. Darauf berichtet sie mit Unterstützung ihrer Mutter von einem Konflikt in der Schule. In der großen Pause habe sie anderen Kindern auf dem Schulhof den Ball weggenommen. Als eines der Kinder damit drohte, die Lehrerin zu holen, schubste Alison es. Sie bekam daraufhin einen Eintrag ins Klassenbuch. Im Gespräch mit dem Therapeuten stellt sich heraus, dass Alison eigentlich gerne mit den anderen Kindern gespielt hätte, aber nicht weiß, wie sie anderweitig mit ihnen in Kontakt treten kann. Der Therapeut lässt sich mit Hilfe des Beobachtungsbogens und geleitet durch Fragen, die Ausgangssituation von Alison schildern. Im Anschluss nutzen sie Handpuppen, um die Situation nachzustellen. Dabei übernimmt der Therapeut die Rolle von Alison und Alison die des anderen Kindes. In einer Nachbesprechung kann Alison einordnen, dass ihr Verhalten bei den anderen vermutlich »uncool angekommen« ist und sie damit auch in Zukunft nicht mitspielen wird dürfen. Danach überlegen der Therapeut und Alison gemeinsam, wie sie anderweitig mit den Kindern in Kontakt kommen könnte. Alison fände es am besten, schon auf dem Weg in die Pause ein Kind anzusprechen, ob es mit ihr spielen möchte. In einer Art Drehbuch hält der Therapeut fest, wie das aussehen könnte. In der nächsten Stunde wollen sie das neue Verhalten nachspielen und einüben. Währenddessen soll eine Kamera laufen, damit sie sich die Übung noch einmal gemeinsam ansehen können.

Bereits im Kindergartenalter können patient*innenzentrierte Interventionen durchgeführt werden, wobei diese stark an den Entwicklungsstand angepasst werden müssen. Je älter die betroffenen Kinder und Jugendlichen sind, desto größer wird auch die Bedeutung dieser Interventionsebene. Indiziert sind patient*innenzentrierte Interventionen, wenn Kinder und Jugendliche Aggression und Konflikte im Gleichaltrigenbereich zeigen, die durch eltern- und familienbezogene Interventionen vermutlich nicht erreicht werden können. Zudem können Störungen der sozial-kognitiven Informationsverarbeitung, der Affekt- und Impulskontrolle oder auch Defizite in den sozialen Kompetenzen, der Empathiefähigkeit oder moralischen Urteilsbildung vorliegen, die mit den Kindern und Jugendlichen selbst bearbeitet werden sollten. Letzteres gilt insbesondere beim Vorliegen reduzierter prosozialer Emotionalität und sollte bei diesen Kindern und Jugendlichen im Rahmen der Behandlung berücksichtigt werden. Um Therapieziele und geeignete Interventionen auf Patient*innenebene abzuleiten, sollte also nachvollzogen werden, welche individuellen Faktoren die SSV mitverursachen und aufrechterhalten (▶ Kap. 5.2). In vielen Fällen liegen mehrere dieser Störungen und Defizite vor, sodass meist eine Kombination verschiedener Interventionen nötig ist. Beispiele für Manuale mit patient*innenzentrierten Interventionen sind das THAV (Görtz-Dorten & Döpfner, 2019b), das ScouT (Görtz-Dorten & Döpfner, 2016) und das Training mit aggressiven Kindern (Petermann & Petermann, 2023). Das Verhaltenstherapeutische Intensivtraining zur Reduktion von Aggression (Grasmann & Stadler, 2009) ist spezifisch für den Einsatz in Gruppen entwickelt worden. Die Umsetzung gerade bei SSV kann jedoch herausfordernd sein, da es zu Konflikten innerhalb der Gruppe kommen kann oder aggressive und dissoziale Verhaltensweisen von anderen Teilnehmer*innen übernommen werden (»Devianztraining«). Daher sollte die Zusammensetzung der Gruppe sowie die Eignung der Teilnehmer*innen stets individuell geprüft werden.

6.5.1 Problemlösetraining

Diese Art Intervention soll zu einem effektiven Umgang mit Problemen anleiten. Häufig geht es um soziale Situationen, wie das Lösen von Konflikten, jedoch kann das Vorgehen auch auf anderweitige sachliche Probleme, wie das Lösen einer schwierigen schulischen Aufgabe, übertragen werden. Der Problemlöseprozess umfasst mehrere Stufen, beginnend mit der Wahrnehmung eines Problems bis hin zur tatsächlichen Ausführung einer Handlung. Eine Störung und damit Interventionsbedarf kann bei Kindern und Jugendlichen mit einer SSV auf jeder dieser Stufen vorliegen (▶ Kap. 5.2.1). Entsprechende Defizite können durch gezielte Exploration mit den Kindern und Jugendlichen selbst oder mit Bezugspersonen identifiziert werden. Ein Problemlösetraining setzt daran an, die Wahrnehmung und Interpretation von Situationen zu verbessern, Lösungsalternativen zu entwickeln und zu bewerten sowie Vertrauen in die eigenen Kompetenzen zur Durchführung und eine entsprechende Erfolgserwartung aufzubauen (Görtz-Dorten, 2020). Neue Möglichkeiten Probleme zu lösen, werden im therapeutischen Kontext schrittweise vermittelt. Insgesamt wird der Einfluss kognitiver Prozesse auf das Verhalten betont. Ziel ist es für spezifische Probleme effektive und adäquate Lösungswege zu erarbeiten (▶ Tab. 6.2). Dafür wird zunächst das Problem selbst genauer analysiert, z. B. die Umstände der sozialen Situation auf kognitiver, emotionaler und Verhaltensebene detailliert erfragt. Danach werden alternative Lösungsmöglichkeiten für das konkrete Problem gesammelt. Für jede Option werden Vor- und Nachteile inklusive möglicher Konsequenzen sowie deren Umsetzbarkeit bewertet. Auf dieser Basis wird die beste Lösung ausgewählt und bei Bedarf im Rahmen eines Sozialen Kompetenztrainings eingeübt (▶ Kap. 6.5.3). Zuletzt erfolgt eine Übertragung dieser neuen Strategie in den Alltag. Das Training soll dabei unterstützen die interpersonellen und kognitiven Fähigkeiten weiterzuentwickeln, um auch auf zukünftige Probleme besser reagieren zu können. Problemlösetrainings können altersunabhängig mit den Patient*innen selbst oder unter Einbezug der Bezugspersonen durchgeführt werden. Aufgrund des stark kognitiven Fokus sollte zunächst geprüft werden, ob die Kinder und Jugendlichen die Voraussetzungen für diese Intervention erfüllen und alternativ eher praktische Übungen durchgeführt werden.

Tab. 6.2: Praktische Hinweise zur Exploration der sozial-kognitiven Informationsverarbeitung

Fragen	Erläuterung
1. Was ist passiert?	Zunächst erfolgt eine Beschreibung des Problems, z. B. einer konkreten Situation oder eines Konflikts. Dabei werden Kognitionen, übergreifende Überzeugungen, Einstellungen und Schemata erfasst und gegebenenfalls modifiziert. Auf dieser Stufe können Fehlwahrnehmungen der Situation aufgedeckt werden.
2. Was kannst du tun? Was wären weitere Möglichkeiten?	Im Anschluss wird überlegt, welche Handlungsmöglichkeiten für das Problem zur Verfügung stehen. Hier kann es sein, dass nur aggressive Lösungen genannt werden. Gemeinsam sollten Alternativen dazu gesammelt werden.
3. Was wird passieren?	Für alle Lösungsmöglichkeiten werden Konsequenzen besprochen. Hier kann es sein, dass gerade die langfristig negativen Folgen aggressiver Handlungen übersehen werden. Dann sollte das Sammeln von Vor- und Nachteilen unterstützt werden.
4. Was wird erfolgreich sein?	Nun wird bewertet, welche Handlungsalternativen für die Problemlösung erfolgversprechend erscheinen. Dabei kann eine hohe Erfolgserwartung für aggressive Lösungen und eine Misserfolgserwartung für sozial kompetente Lösungen auffallen.
5. Was kannst du gut?	Zuletzt wird bewertet, welche der Lösungsmöglichkeiten realisierbar sind. Hier kann es sein, dass die Kompetenzerwartung für aggressives Verhalten höher ist als die für sozial kompetentes. Bei Bedarf sollte besprochen werden, wer das Kind unterstützen kann.
6. Was wirst du tun?	Nun folgt eine Entscheidung zugunsten einer Lösung. Wenn alle vorherigen Schritte ausreichend bearbeitet wurden, sollte keine aggressive Handlung mehr ausgewählt werden. Die kompetente Problemlösemöglichkeit kann z. B. im Rollenspiel eingeübt werden.

Anmerkungen Vorgehen eines Problemlösetrainings orientiert an den Stufen der sozial-kognitiven Verarbeitung (Döpfner, 1989).

6.5.2 Emotionsregulations- und Ärgerkontrolltraining

In einem Emotionsregulationstraining soll die Erkennung und Wahrnehmung eigener Emotionen gefördert und eine adaptive Regulation dieser angeleitet werden. Oft stehen dabei besonders starke und überschießende Emotionen wie Wut oder Ärger im Mittelpunkt. Ist das der Fall, wird auch von einem Ärgerkontrolltraining gesprochen. In diesem lernen betroffene Kinder und Jugendliche frühzeitig ärgerauslösende Situationen und aufkommenden Ärger zu identifizieren. Beobachtungsaufgaben im Alltag, z. B. ein Selbstbeobachtungsbogen, können helfen, mögliche Muster von Wutanfällen oder besonders konfliktanfällige Situationen zu identifizieren. Darüber hinaus lernen Kinder und Jugendliche die körperlichen

Anzeichen von Wut bei sich frühzeitig wahrzunehmen. Ein Ärgerthermometer (z. B. mit einer Skala von 0 bis 100) kann dabei helfen, die Intensität des Gefühls einzuschätzen. So sollen Kinder und Jugendliche lernen, sich nicht mehr von ihren Emotionen überwältigen zu lassen, sondern bewusst und kontrolliert damit umzugehen. Für eine verbesserte Impulskontrolle werden durch kognitive Interventionen ärgerauslösende Gedanken bearbeitet und Methoden zur Spannungsregulation vermittelt. Dafür werden typische Kognitionen in schwierigen Situationen gesammelt (z. B. »Der hat mich mit Absicht schief angeschaut, um mich zu provozieren.«), kritisch hinterfragt (z. B. »Gibt es alternative Erklärungen?«) und durch hilfreiche Gedanken ersetzt (z. B. »Wer ruhig bleibt, ist cool.«). Als Strategien zum Abbau von Spannung eignen sich Selbstinstruktion, Entspannungs- und Atemübungen sowie alternative Wege zur Spannungsabfuhr wie eine Runde laufen. Kinder und Jugendliche sollen geeignete Strategien für sich identifizieren, diese zunächst in der Therapie und später auch im Alltag einüben. Bei ausgeprägter Impulsivität kann die Umsetzbarkeit dieser Interventionen jedoch eingeschränkt sein, da Emotionen und Verhalten so abrupt und intensiv auftreten, dass kaum Gelegenheit besteht, in diese Prozesse einzugreifen. Darüber hinaus kann ganz allgemein ein adaptiver Umgang mit Emotionen angeregt werden. Dazu kann es gehören, mit Kindern und Jugendlichen einzuüben, sich mit etwas Positivem zu beschäftigen, wenn es ihnen nicht gut geht (z. B. Lieblingsbuch lesen, Musik hören), den emotionalen Auslöser zu akzeptieren (z. B. »Mathe gehört einfach zur Schule dazu!«) oder umzubewerten (z. B. »Die Klausur ist eine Herausforderung, die ich bewältigen kann.«).

6.5.3 Förderung der Empathiefähigkeit und prosozialen Emotionalität

Einige Kinder und Jugendliche haben Schwierigkeiten, sich in andere Menschen hineinzuversetzen. Dies äußert sich darin, dass sie oft wenig Schuldgefühle empfinden, kaum Verantwortung für ihr problematisches Verhalten übernehmen oder primär auf ihren eigenen Vorteil bedacht sind, ohne die Auswirkungen ihres Handelns auf andere zu berücksichtigen. In manchen Fällen erfüllen diese Kinder und Jugendlichen möglicherweise die Kriterien einer reduzierten prosozialen Emotionalität. Um die Empathiefähigkeit bei diesen Kindern und Jugendlichen zu fördern, wird zunächst ein grundlegendes Verständnis für Emotionen vermittelt. Durch gezielte Aufklärung über verschiedene Gefühle sowie deren Bedeutung wird eine Basis geschaffen, auf der weitere Übungen aufbauen können. Übungen zum Erkennen und Wahrnehmen eigener und fremder Gefühle sowie zu den Gedanken und Motiven anderer Personen sind wesentliche Bestandteile dieses Ansatzes. Dabei wird sowohl die affektive Empathie, das Mitfühlen mit den Emotionen anderer, als auch die kognitive Empathie, das Verständnis für die Perspektive anderer, gezielt gefördert. Der Einsatz von Rollenspielen, insbesondere mit Rollentausch, unterstützt diesen Prozess, da die Kinder und Jugendlichen so die Perspektive anderer Personen aktiv einnehmen können. Auf diese Weise wird

Empathie nicht nur als theoretisches Konzept vermittelt, sondern praktisch erlebbar und nachvollziehbar gemacht.

> **Studien zum Training der Emotionserkennung bei reduzierter prosozialer Emotionalität**
>
> Gängige Behandlungsformen müssen vermutlich weiter angepasst werden, um den Bedürfnissen von Kindern- und Jugendlichen mit reduzierter prosozialer Emotionalität gerecht zu werden. Insbesondere für Jugendliche, die nicht allein durch elternzentrierte Interventionen erreicht werden können, müssen geeignete patient*innenzentrierte Interventionen entwickelt werden. Auch wenn bei Kindern und Jugendlichen mit reduzierter prosozialer Emotionalität Schwierigkeiten bei verschiedenen Emotionsprozessen wie der Emotionserkennung als Teil des Entstehungsmodells angenommen werden, ist der Nutzen von Trainings zur Erkennung von Emotionen noch unklar und wurde bisher zu wenig untersucht (Fleming, 2023; Waaler et al., 2024).

6.5.4 Soziales Kompetenztraining

Aggressives Verhalten in der sozialen Interaktion kann auch darauf zurückgeführt werden, dass es Kindern und Jugendlichen an den grundlegenden sozialen Fähigkeiten mangelt. So wissen sie beispielsweise nicht, was sie sagen können, um einen Konflikt zu lösen oder wie sie sich ohne aggressives Verhalten durchsetzen können. Büch & Döpfner (2011) unterteilen soziale Fähigkeiten in drei Kategorien. Zu den Basisfähigkeiten gehören grundlegende soziale Verhaltensweisen wie das Halten von Blickkontakt, eine aufrechte Körperhaltung und das Sprechen mit klarer und deutlicher Stimme. Zu den Fähigkeiten zur Kontaktaufnahme zählen Kompetenzen wie Gesprächsführung, Telefonieren oder das Eingliedern in eine Gruppe. Die Kategorie der Kompetenzen, um Konflikte zu lösen, umfasst Fähigkeiten wie »Nein« sagen, Grenzen setzen und angemessen um etwas bitten. Der Fokus von sozialen Kompetenztrainings liegt auf der praktischen Einübung solcher Verhaltensfertigkeiten, gängigerweise in Rollenspielen (▶ Tab. 6.3). Ausgangspunkt stellt eine individuelle, spezifische Problemsituation dar, für die geeignete Fertigkeiten zur Bewältigung eingeübt werden. Für die Übungen können die*der Therapeut*in selbst oder in einer Gruppe andere Kinder und Jugendliche eingebunden werden. In einem Einzelsetting können auch Handpuppen verwendet werden, um die Situation nachzuspielen (z.B. THAV und ScouT; Görtz-Dorten & Döpfner, 2016; Görtz-Dorten & Döpfner, 2019b). Dies kann es Kindern erlauben ihr Verhalten unbefangener darzustellen, z.B. eine aggressive Handlung auszuführen. Das Aufzeichnen von Übungen auf Video erleichtert es, die Ausführung im Nachhinein zu bewerten, eine Außenperspektive auf das eigene Verhalten einzunehmen und kann generell zur Teilnahme aktivieren. Über einen Rollentausch kann zur Perspektivübernahme angeregt werden. Zudem können die*der Therapeut*in selbst oder andere Kinder und Jugendliche Verhaltensweisen vorspielen und so über Modelldarbietung als Vorbild für sozial kompetentes Verhalten dienen. Über den Einsatz von positiver Verstärkung wird der Aufbau sozialer Kompetenzen zusätzlich unterstützt. Insgesamt bietet sich ein graduiertes Vorgehen an, bei dem für erste Erfolgserlebnisse zunächst einfache Situationen und Verhaltensweisen eingeübt werden und sich der Schwierigkeitsgrad zunehmend steigert. Wichtig ist, dass die neu erlernten Inhalte aus der Therapiestunde in den Alltag übertragen werden. Dabei können wöchentliche Hausaufgaben und der zusätzliche Einbezug von Bezugspersonen helfen (▶ Kap. 6.3.4). Durch Technologien wie Virtual Reality können Situationen für Rollenspiele noch realistischer dargestellt und entsprechend stärkere Emotionen ausgelöst werden.

Tab. 6.3: Praktische Hinweise zur Durchführung von Rollenspielen nach Görtz-Dorten and Hautzinger (2020) im Rahmen eines sozialen Kompetenztrainings

Schritte	Erklärung zur Durchführung
1. Situations- und Problembeschreibung	• Herausarbeiten individueller Problemsituationen
2. Festlegung der Situation, Rollen und Handlung	• Ausgangssituation und Rollen definieren • Vorbesprechung sozial kompetenten Verhaltens: kleinschrittiges Vorgehen unter Berücksichtigung von Körperhaltung, Mimik, Gestik, Stimmmodulation und Sprachinhalt • abhängig vom Ausmaß der Defizite und bereits durchgeführter Interventionen ist eine Variation von konkretem Drehbuch bis hin zu spontaner Improvisation möglich
3. Durchführung	• optionaler Einsatz von Puppen und Videoaufzeichnung möglich • einmal bis mehrfache Durchführung
4. Rückmeldung	• zunächst Selbstbewertung des Kindes und Fokussierung auf effektive Elemente • Rückmeldung durch Therapeut*in und positive Verstärkung sozial kompetenten Verhaltens • Benennung ineffektiver Elemente und Besprechung von Verbesserungsvorschlägen
5. Wiederholung und Variation	• Wiederholung des Rollenspiels, bis Zielverhalten erreicht ist • Steigerung des Schwierigkeitsgrads möglich, z. B. durch Loslösung vom Drehbuch oder spontane, variierende Reaktionen • optionaler Rollentausch, Durchspielen verschiedener Ausgänge und möglicher Lösungsansätze
6. Transfer	• Übertragung des Verhaltens in den Alltag • bei Bedarf zunächst mit Unterstützung, z. B. Begleitung in der schwierigen Situation • langfristiges Ziel ist regelmäßiges eigenständiges einüben des Verhaltens im Alltag, zur Protokollierung Einsatz eines Selbstbeobachtungsbogens möglich

6.5.5 Selbstmanagementstrategien

Oft erleben Kinder und Jugendliche kurzfristig positive Konsequenzen durch aggressive Verhaltensweisen, können sich und ihre Wünsche beispielsweise damit durchsetzen, wodurch die Aggression aufrechterhalten wird. Bei jüngeren Kindern kommt hier der Arbeit mit Eltern und anderen Bezugspersonen zum Erziehungs- und konsequenten Regelverhalten eine besondere Bedeutung zu (▶ Kap. 6.3.3). Ältere Kinder und Jugendliche sollten jedoch verstärkt in die Therapie einbezogen und durch Selbstmanagementstrategien zu einer eigenständigen Problembewältigung angeleitet werden. Dafür wird in der Therapie gemeinsam mit den Kindern und Jugendlichen besprochen, welche persönlichen Therapieziele sie verfolgen möchten und diese dann zusammen festgelegt. Durch Selbstbeobachtung soll das Problembewusstsein gestärkt und zugleich der Fortschritt in Bezug auf die persönlichen Ziele kontinuierlich im Auge behalten werden. Dabei kann der Einsatz von Selbstbeobachtungsbogen hilfreich sein. Für positive Entwicklungen sollen die Kinder und Jugendlichen lernen sich durch Selbstverstärkung selbst zu belohnen. Dies kann auf kognitiver Ebene, beispielsweise durch sich selbst loben oder positive Affirmationen erfolgen oder auch durch konkrete Handlungen und Belohnungen, durch die das positive Verhalten verstärkt wird. Kinder und Jugendliche sollen dazu angeleitet werden, sich und ihr Verhalten unabhängig von ihren Eltern und eigenmotiviert zu kontrollieren.

6.5.6 Interventionen in der Gleichaltrigengruppe

Kinder und Jugendliche mit SSV haben häufig Schwierigkeiten, Kontakte zu unauffälligen Gleichaltrigen aufzubauen. Sie schließen sich daher oft Gruppen an, in denen ähnliche problematische Verhaltensweisen gezeigt werden, da sie dort eher akzeptiert werden. Solche Gruppenzugehörigkeiten können die Störung nicht nur aufrechterhalten, sondern sogar verstärken, insbesondere wenn andere Gruppenmitglieder noch riskantere Verhaltensweisen vorleben. Bleiben diese Kontakte bestehen, können die Betroffenen immer wieder in schwierige Situationen kommen, in denen sie beispielsweise aufgrund von Gruppendruck Gewalt oder Delinquenz ausüben. Zielsetzung kann deshalb die Loslösung aus einer devianten Gleichaltrigengruppe sein. Besteht der soziale Kreis ausschließlich aus devianten Freund*innen, ist es besonders wichtig, neue Kontakte zu unauffälligen Gleichaltrigen zu fördern und den Zugang zu altersgerechten, attraktiven Freizeitaktivitäten zu ermöglichen. Dies gilt ebenso für Kinder und Jugendliche, die aufgrund ihrer SSV isoliert sind und nur wenige oder gar keine engen Freundschaften haben. Dafür können die zuvor genannten Interventionen zum Abbau aggressiver Impulse gegenüber Gleichaltrigen (▶ Kap. 6.5.2), Einüben sozialer Kompetenzen für eine angemessene Interaktion (▶ Kap. 6.5.4) oder auch zum Ausarbeiten der Vor- und Nachteile einer devianten Gruppe (▶ Kap. 6.5.1) genutzt werden.

6.5.7 Besonderheiten im Jugend- und jungen Erwachsenenalter

Je nach Symptomatik und Entwicklungsstand des Kindes können die oben genannten Interventionen auch für den Übergang ins Jugendalter in Frage kommen. Zusätzlich können familienzentrierte Maßnahmen für alle Familienmitglieder, wie ein Problemlöse- oder ein Kommunikationstraining zur Reduktion familiärer Konflikte eingesetzt werden. Je älter die Jugendlichen, desto weniger kann unter Umständen durch Elternarbeit erreicht werden und desto größer wird die Bedeutung, die den kindzentrierten Interventionen zukommt. Problematisch ist jedoch, dass gerade junge Erwachsene mit SSV durch eine geringe Therapiemotivation auffallen und für diesen Altersbereich kaum evidenzbasierte Therapieverfahren vorliegen. Eine Behandlung kann zudem dadurch erschwert sein, dass sich die SSV in Richtung einer dissozialen Persönlichkeitsstörung entwickelt, eine zusätzliche Suchtproblematik vorliegt oder die Betroffenen straffällig geworden sind. Häufig müssen also neben Therapie weitere unterstützende Institutionen, wie das Jugendamt oder Arbeitsamt hinzugezogen werden, da Bildungsweg und Integration in den Arbeitsmarkt Schwierigkeiten bereiten (▶ Kap. 6.8). Hierfür sind multimodale Behandlungen geeignet, die nicht nur kindzentrierte Interventionen beinhalten, sondern alle betroffenen Systeme integrieren (▶ Kap. 6.6).

6.5.8 Schwierige Therapiesituationen

Viele Kinder und Jugendliche mit SSV kommen zunächst nicht eigenmotiviert, sondern werden von Eltern, Kita oder Schule in die Therapie »geschickt«. Zudem haben einige negative Erfahrungen in der Beziehung mit Erwachsenen gemacht, zum Beispiel, dass sie von Lehrkräften abgelehnt oder von Eltern bestraft werden. Dies kann zu Verweigerung und Misstrauen führen und den Beziehungsaufbau schwierig gestalten. Hierfür sollte also unbedingt ausreichend Zeit eingeplant werden. Zudem kann es hilfreich sein, sich zunächst auf positive Anteile und Interessen des Kindes oder der*des Jugendlichen zu fokussieren, bevor in problemorientierte Themen eingestiegen wird. Zudem können eine altersgerechte Psychoedukation, eine gemeinsame Zieldefinition und eine Validierung des Kindes eine Grundlage für die Zusammenarbeit schaffen.

Manche Kinder und Jugendliche möchten nicht über Problemen sprechen, nehmen das eigene Verhalten als weniger problematisch wahr als z. B. erwachsene Bezugspersonen oder übernehmen dafür keine Verantwortung. Je nach Hintergrund des Verhaltens, kann es hilfreich sein als Einstieg mit Therapiegeschichten und -beispielen zu arbeiten, um es zu externalisieren (z. B. über das Wutbiest aus dem THAV; Görtz-Dorten & Döpfner, 2019b) oder zunächst an der Perspektivübernahme zu arbeiten (z. B. über Rollenspiele). So wird eine Auseinandersetzung mit dem eigenen Erleben erleichtert und eine Bereitschaft zur Veränderung unterstützt. Eine Identifikationsfigur kann zudem helfen, eine Diskrepanz zwischen dem aktuellen Verhalten und den allgemeinen Zielen und Werten des Kindes sichtbar zu machen und Widerstände, die im Veränderungsprozess auftreten können, zu bearbeiten.

Wenn Kinder und Jugendliche im Rahmen der Therapie Schwierigkeiten zeigen sich an Regeln zu halten oder die Mitarbeit verweigern, hat sich die Absprache konkreter Verhaltensregeln unter Einsatz eines Punkteplans bewährt. Für die Einhaltung von Regeln werden Punkte vergeben, die im Rahmen der Therapie, zum Beispiel für Spielzeit am Ende oder kleine Geschenke eingelöst werden können.

Neben Schwierigkeiten in der Therapiestunde selbst, kann die Umsetzung von Therapiehausaufgaben und Übungen im Alltag misslingen. Mögliche Gründe reichen von organisatorischen Problemen bis hin zu Lustlosigkeit und Widerstand aufseiten der Kinder und Jugendlichen. Der genaue Hintergrund sollte zunächst eruiert und das Vorgehen entsprechend angepasst werden. Es ist hilfreich, die Durchführung klar zu besprechen und das Kind aktiv in die Planung einzubeziehen. Außerdem sollte der experimentelle Charakter der Aufgaben hervorgehoben werden, sodass auch ein Misserfolg als wertvolle Lernchance betrachtet werden kann. Die Aufgaben sollten zudem dem Entwicklungsstand und der Selbstständigkeit des Kindes angepasst werden, etwa durch den Einsatz von Erinnerungs-Apps oder die Einbindung der Eltern.

> **Merke: Auswahl von patient*innenzentrierten Therapiebausteinen**
>
> - Wenn Kinder und Jugendliche soziale Situationen als eher feindselig wahrnehmen, ihnen bei der sozial-kognitiven Problemlösung vor allem aggressive Verhaltensalternativen einfallen und sie diese als positiv und erfolgsversprechend bewerten, kann das auf eine Störung der sozial-kognitive Informationsverarbeitung hindeuten und die Durchführung eines Problemlösetrainings wird empfohlen.
> - Wenn eine hohe Impulsivität und ein starkes Ärgerempfinden dazu führen, dass Kinder und Jugendliche ihre Impulse und aggressiven Affekte schlecht kontrollieren können, wird von gestörter Affekt- und Impulskontrolle gesprochen und ein Ärgerkontroll- oder auch Emotionsregulationstraining durchgeführt.
> - Wenn Kinder und Jugendliche sich in der Kontaktaufnahme mit anderen oder auch in Konfliktsituationen sozial ungeschickt verhalten, weisen sie unter Umständen soziale Kompetenzdefizite auf und ein soziales Kompetenztraining zur Einübung von Verhaltensfertigkeiten ist nötig.
> - Wenn Kinder und Jugendliche mit schwierigen Verhaltensweisen kurzfristig erfolgreich sind, aber für sozial kompetentes Verhalten keine positive Verstärkung erfolgt, kann mit Hilfe von Selbstmanagementstrategien an einer Veränderung der Konsequenzen gearbeitet werden.
> - Wenn Kinder und Jugendliche Schwierigkeiten haben sich in andere hineinzuversetzen und Perspektiven anderer zu übernehmen oder auch bei der moralischen Urteilsbildung nicht zwischen richtig und falsch unterscheiden

> können, dann werden Interventionen zur Förderung der Empathiefähigkeit und prosozialen Emotionalität eingesetzt.
> - Wenn Kinder und Jugendliche aggressives Verhalten gegenüber anderen Kindern und Jugendlichen zeigen oder dieses gemeinsam mit den Freund*innen auftritt, sind Interventionen in der Gleichaltrigengruppe indirekt über die betroffenen Kinder und Jugendlichen durchzuführen.

6.6 Multimodale Interventionen

Da häufig verschiedene Lebensbereiche der Kinder und Jugendlichen durch die SSV beeinträchtigt sind, müssen meist sowohl patient*innen-, eltern-, als auch kita- bzw. schulzentrierte Maßnahmen kombiniert werden. Erfolgt dies aufeinander abgestimmt, wird von einer multimodalen Behandlung gesprochen. Viele vorrangig verhaltenstherapeutische Manuale greifen dieses Prinzip auf und bieten entsprechend der zuvor dargestellten Therapiebausteine passende Inhalte für jede Interventionsebene an (z. B. das THAV von Görtz-Dorten und Döpfner, 2019b; und das Training mit aggressiven Kindern von Petermann und Petermann, 2023). Darüber hinaus integrieren multimodale Interventionen oft systemische und familientherapeutische Ansätze (▶ Tab. 6.4). Diese wurden vornehmlich für Jugendliche mit schwerwiegender Symptomatik, Substanzkonsum oder Delinquenz entwickelt, die durch bisherige Interventionsformen nicht ausreichend erreicht werden konnten. Häufig müssen hier neben verschiedenen therapeutischen Maßnahmen auch die Kinder- und Jugendhilfe oder das Justizsystem in das Behandlungskonzept integriert werden. Ist die Vorgehensweise hochfrequent und intensivtherapeutisch, wird von einer multimodalen Intensivbehandlung gesprochen. Diese sollte von einer zentralen Person koordiniert werden, das Familiensystem sowie das gesamte Umfeld der Jugendlichen einbeziehen, Termine mehrmals pro Woche umfassen und idealerweise eine durchgehend verfügbare Kontaktperson bieten (DGKJP, 2016). Oft stützen sich diese Ansätze auf Modelle zu Risiko- und Schutzfaktoren, mit dem Ziel, nicht nur Problemverhalten zu verringern, sondern auch Stärken und Ressourcen zu erkennen und gezielt zu fördern. Die Multisystemische Therapie (MST; Henggeler, Schoenwald, Borduin, Rowland & Cunningham, 2012) integriert neben systemischen auch kognitiv-verhaltenstherapeutische Prinzipien und wurde spezifisch für die Behandlung von dissozialem Verhalten entwickelt. Die Termine finden hochfrequent aufsuchend direkt in der Familie statt. Die MST nimmt an, dass dissoziales Verhalten aus dem Zusammenspiel von Risikofaktoren aus verschiedenen Bezugssystemen resultiert und will daher alle Systeme wie Schule, Gemeinde und die Gleichaltrigengruppe mobilisieren. Eine zentrale Rolle für Veränderungsprozesse wird dabei den Eltern beigemessen, die gezielt gestärkt werden, um Veränderungen in der Schule, der Gemeinde und der Gleichaltrigengruppe anzuregen und darüber das kindliche Problemverhalten zu reduzieren (▶ Abb. 6.2).

> **Good to know**
>
> Auf Grundlage einer Änderung der Psychotherapie-Richtlinie ist die systemische Therapie seit 2024 auch bei Kindern und Jugendlichen eine Leistung der gesetzlichen Krankenversicherung. Für intensivtherapeutische Angebote wie die MST oder MDFT erfolgt die Finanzierung bisher in der Regel über die Jugendhilfe gemäß Sozialgesetzbuch, sodass bei Bedarf das zuständige Jugendamt kontaktiert werden sollte. Eine Internetrecherche kann dabei helfen, regionale Angebote zu finden.

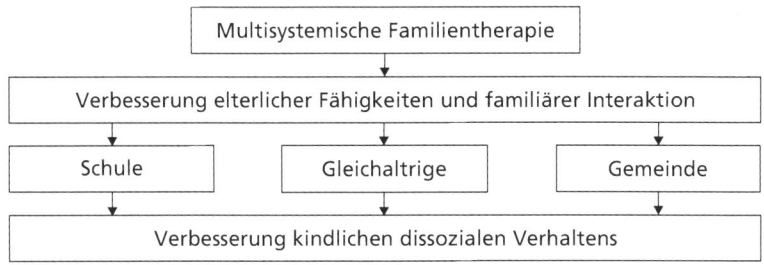

Abb. 6.2: Veränderungstheorie der Multisystemischen Familientherapie (Henggeler et al., 2012b)

Die Multidimensionale Familientherapie (MDFT; Spohr, Ganter, Bobbink & Liddle, 2011) richtet sich an Jugendliche mit Drogenmissbrauch, Delinquenz und multiplen Verhaltensproblemen. Grundlage der Behandlung ist die Annahme, dass für eine Verbesserung individueller Probleme die Patient*innen selbst, Eltern, aber auch das außerfamiliäre Umfeld wie Gleichaltrige oder soziale Hilfesysteme in die Behandlung integriert werden müssen. Die*der Therapeut*in koordiniert fallführend alle Interventionen, die intensiv ambulant oder auch stationär durchgeführt werden können. Das START NOW Programm wurde spezifisch für weibliche Jugendliche mit SSV in Jugendhilfeeinrichtungen adaptiert (Kersten et al., 2016; Stadler et al., 2024). Klassische verhaltenstherapeutische Methoden werden mit der Dialektisch Behavioralen Therapie verbunden und sollen als multimodale Intervention von Mitarbeiter*innen der jeweiligen Institution durchgeführt werden. Teilnehmende erhalten so nicht nur Einzel- und Gruppensitzungen, sondern auch ein lebensnahes Coaching im Alltag.

Tab. 6.4: Durchführung eines Kommunikationstrainings mit der ganzen Familie nach dem SELBST-Familienprobleme von Rademacher & Döpfner (2025)

Schritte	Erklärung zur Durchführung
1. Einführung zum Kommunikationstraining	• Vorwissen erfragen • Erarbeiten der Relevanz guter familiärer Kommunikation • optional: Einführung Kommunikationsmodell
2. Identifizieren von Kommunikationsfallen und Ableitung alternativer Strategien	• Mögliche Fallen sammeln: z. B. Unterbrechungen, Anklagen und Vorwürfe, Verallgemeinerungen, durch Dritte sprechen, unterdrückte Gefühle • Positive Strategien erarbeiten: z. B. eigenen Gesprächsanteil beachten, Ich-Botschaften, »nie« und »immer« vermeiden, Gefühle und Bedürfnisse benennen • optional: Einsatz von Videoaufnahmen familiärer Kommunikation
3. Einüben positiver Kommunikation	• Einsatz erarbeiteter positiver Strategien bei neutralem Thema in Therapiestunde • Rückmeldung von Therapeut*in zur Umsetzung
4. Verwenden der Strategien bei Konflikten	• Einsatz erarbeiteter positiver Strategien bei Konfliktthemen mit steigender Schwierigkeit in Therapiestunde • Rückmeldung von Therapeut*in zur Umsetzung
5. Übertragung in den Alltag	• Job der Woche: Beobachtungen im Alltag und Einsatz der Strategien in realen Konflikten

> **Merke: Auswahl Multimodaler Interventionen**
>
> • Wenn mehrere Lebensbereiche betroffen sind, bei jugendlichen Patient*innen und komplexen Problemkonstellationen, sollte auf multimodale Interventionen zurückgegriffen werden.

6.7 Pharmakotherapie

Fallbeispiel

Der 14-Jährige Niklas ist auf einer Förderschule mit dem Schwerpunkt emotionale und soziale Entwicklung. In der kleinen Klasse kann er sich gut an die Regeln halten. Er zeigt jedoch eine deutlich reduzierte Frustrationstoleranz und reagiert stark impulsiv. Wenn er eine Aufgabe nicht versteht, wird er schnell wütend. Dabei wirft er oft seine Schulsachen oder seinen Stuhl durch das Klassenzimmer. Einmal hat er in Rage einen Klassenkameraden mit einer Schere am Arm verletzt. Seitdem befindet er sich zusätzlich in psychotherapeutischer

Behandlung. In der Nachbesprechung der Schulvorfälle zeigt er sich teilweise einsichtig und kann sich sein Verhalten selbst nicht erklären. Die Wut überkomme ihn »wie ein Orkan« und er könne dann nichts mehr dagegen machen. Zuhause fallen die Wutausbrüche teilweise noch massiver aus. Dabei reißt er Schränke von der Wand und wird gegenüber seiner Pflegemutter auch körperlich aggressiv. Diese ist stark besorgt, wie sich die Situation mit Niklas weiterentwickelt, wenn dieser noch größer und körperlich stärker wird. Im Rahmen der Therapie konnte an Niklas Einsicht und Perspektivübernahme gearbeitet werden, Ausmaß und Häufigkeit der Wutanfälle bleiben jedoch unverändert. Deshalb hat Niklas Familie in Absprache mit der Therapeutin einen Termin in einer kinder- und jugendpsychiatrischen Praxis verabredet, um die Möglichkeit einer Pharmakotherapie zu prüfen.

Im Rahmen einer multimodalen Behandlung kann bei einer SSV zusätzlich der Einsatz von Psychopharmaka indiziert sein. Dieser erfolgt jedoch weder routinemäßig noch ohne begleitende Maßnahmen wie Psychoedukation und psychosoziale oder therapeutische Interventionen (Görtz-Dorten et al., 2023). Dafür müssen Vor- und Nachteile einer Medikation im individuellen Fall gut gegeneinander abgewogen werden.

Folgende Punkte können laut den Leitlinien der DGKJP (2016) für eine pharmakotherapeutische Behandlung sprechen und gilt es bei der Indikationsstellung zu berücksichtigen:

- Ein schweres Ausmaß an Symptomatik,
- ein stark eingeschränktes Funktionsniveau,
- psychosoziale oder therapeutische Interventionen sind unzureichend,
- das Vorliegen von sehr starker Aggressivität, Wutausbrüchen und deutlicher emotionaler Dysregulation,
- das Vorliegen einer komorbiden psychischen Störung, deren Behandlung auch die SSV-Symptomatik reduzieren könnte (z. B. eine Hyperkinetische Störung oder Depressionen).

Für die Behandlung von Kindern und Jugendlichen mit einer SSV ist in Deutschland derzeit kein Medikament zugelassen, sodass hier nur eine Off-Label-Behandlung möglich ist.

> **Good to know**
>
> Off-Label bedeutet, dass ein Medikament außerhalb des behördlich zugelassenen Rahmens verwendet wird. Beispielsweise liegt bisher nur eine Zulassung für den Erwachsenenbereich vor und es wird dennoch bei einer jugendlichen Person eingesetzt oder ein für hyperkinetische Störungen zugelassenes Präparat wird zur Reduktion von Impulsdurchbrüchen bei einer SSV verwendet.

Psychopharmaka, die für eine Behandlung von Störungen des Sozialverhaltens in Frage kommen, gehören zu den Wirkstoffgruppen der Antipsychotika (auch Neuroleptika genannt), der Stimulanzien und Nicht-Stimulanzien für die Behandlung von hyperkinetischen Störungen und der Antiepileptika. Bei starker Aggression besteht die höchste Evidenz für die Verwendung des atypischen Neuroleptikums Risperidon (Loy, Merry, Hetrick & Stasiak, 2017). Wobei die Einnahme stark zeitlich begrenzt und aufgrund möglicher starker Nebenwirkungen (z. B. Gewichtszunahme, Sedierung) unter kontinuierlicher Kontrolle erfolgen sollte (Pisano & Masi, 2020; Shafiq & Pringsheim, 2018). Der deutliche Anstieg der Verschreibungen von Antipsychotika bei SSV in den letzten Jahren ist als äußerst kritisch zu betrachten. Hinweise legen nahe, dass dieser Trend insbesondere bei vulnerablen Gruppen wie fremduntergebrachten Kindern und Jugendlichen noch stärker ausgeprägt ist und nicht immer mit begleitenden psychosozialen Interventionen einhergeht (Rajkumar, 2022). Liegt neben einer SSV das Vollbild einer hyperkinetischen Störung oder auch einzelne korrespondierende Symptome vor, kann eine Medikation entsprechend der Zulassung für hyperkinetische Störungen erfolgen, um oppositionelles oder aggressives Verhalten zu verringern. Als Mittel erster Wahl werden Stimulanzien wie Methylphenidat eingesetzt und nur als Alternative wird auf Nicht-Stimulanzien wie Atomoxetin zurückgegriffen (Pringsheim, Hirsch, Gardner & Gorman, 2015). Liegt neben einer SSV eine depressive Störung vor, kann eine Medikation mit einem selektiven Serotonin-Wiederaufnahme-Inhibitor erfolgen. Fluoxetin gilt als Mittel erster Wahl (Goodyer & Wilkinson, 2019). Zudem gibt es Hinweise auf die Wirksamkeit des Antiepileptikums Valproat und des Antipsychotikums Lithium (Pringsheim et al., 2015). Wobei beide aufgrund unzureichender Evidenz und möglicher starker Nebenwirkungen (wenn überhaupt) nur dann eingesetzt werden sollten, wenn vorherige Medikationsversuche mit anderen Psychopharmaka nicht wirksam waren. Lithium erfordert aufgrund geringer therapeutischer Breite zudem regelmäßige Blutwertkontrollen und sollte nur im stationären Setting eingesetzt werden (Balia, Carucci, Coghill & Zuddas, 2018).

Merke: Auswahl pharmakologischer Therapiebausteine

- Pharmakotherapie ist bei SSV weder Standard noch als alleinstehender Therapiebaustein einzusetzen.
- Wenn eine starke Symptomatik, starke Beeinträchtigung, deutliche Aggressivität und Impulsdurchbrüche oder eine komorbide Störung vorliegen oder bisherige Behandlungsversuche unerfolgreich verliefen, kann der Einsatz von Psychopharmaka bedacht werden.
- Wenn komorbide einige Symptome oder auch das Vollbild einer hyperkinetischen Störung vorliegen, dann können Stimulanzien eingesetzt werden.
- Wenn komorbide eine depressive Störung vorliegt, dann kann ein selektiver Serotonin-Wiederaufnahme-Inhibitor eingesetzt werden.

- Wenn unter Abwägung der Vor- und Nachteile, der Einsatz von Medikation für Symptome der SSV in Frage kommt, dann kann zunächst das atypische Neuroleptikum Risperidon verwendet werden.

6.8 Flankierende Maßnahmen und interdisziplinäre Zusammenarbeit

Fallbeispiel

Kasia, 16 Jahre, kommt seit drei Monaten regelmäßig, aber wenig motiviert zur Therapie. Ihre Eltern berichten, dass sie in der Vergangenheit mehrfach größere Geldbeträge aus ihren Geldbeuteln genommen habe und sich regelmäßig nachts rausschleiche, um sich mit Freund*innen zu treffen. In Gesprächen dazu, zeige Kasia wenig Einsicht. Häufig käme es dann zum Streit. Als Kasia einmal Hausarrest bekommen habe, habe sie in ihrem Zimmer einen Joint geraucht und dabei einen kleinen Brand verursacht. Kasia behaupte, das sei aus Versehen passiert, ihre Eltern haben jedoch den Eindruck, dass sich Kasia so an ihnen rächen wollte. Generell lüge Kasia viel, aber auch so geschickt, dass ihre Eltern gar nicht mehr wissen, was sie ihr glauben können. In einem Elterngespräch wird deutlich, dass die beiden stark beruflich eingebunden sind und so kaum Einblick in den Alltag ihrer Tochter haben. Zudem hat Kasia drei jüngere Geschwister. Kasias Eltern geben an, sich stark überfordert zu fühlen und aktuell wenig Möglichkeiten für Veränderungen zu sehen. Der Therapeut bespricht mit der Familie eine mögliche Kontaktaufnahme mit dem zuständigen Jugendamt. Er klärt die Familie darüber auf, dass sowohl die Eltern als auch Kasia selbst Recht auf Unterstützung durch das Jugendamt haben und die Unterstützungsangebote sehr unterschiedlich in der Art sowie Intensität sind. Die Familie erarbeitet, angeleitet durch den Therapeuten, eine Liste mit Unterstützungsbedarfen in der Familie und wendet sich mit dieser an das zuständige Jugendamt. Nach Entbindung der gegenseitigen Schweigepflicht findet ein gemeinsamer Termin mit dem zuständigen Jugendamtsmitarbeiter, den Eltern, Kasia und dem Therapeuten statt.

Die Versorgung von Kindern und Jugendlichen mit einer SSV erfordert in aller Regel ein interdisziplinäres Zusammenwirken verschiedener Versorgungssysteme. Psychotherapie, mit oder ohne begleitende Pharmakotherapie, stellt dabei in aller Regel nur einen Behandlungsbaustein dar, dessen Erfolg durch eine Kooperation mit weiteren Akteuren maßgeblich mitbestimmt wird. Im Folgenden werden drei Versorgungssysteme vorgestellt, denen bei der Behandlung einer SSV eine besondere Bedeutung zukommt.

> **Good to know**
>
> Bei der Initiierung eines Kontakts oder einer Kooperation zwischen den Versorgungssystemen ist in jedem Fall die Schweigepflicht zu beachten (▶ Kap. 8.1).

6.8.1 Das Bildungssystem

Aufgrund der Schulpflicht in Deutschland stellt die Schule für die allermeisten Kinder und Jugendlichen eine zentrale Lebenswelt dar. Dies macht Schulen zu einem geeigneten Ort für Präventionsmaßnahmen und zur frühzeitigen Identifikation weiterer Unterstützungsbedarfe. Die Aufnahme einer Kooperation zwischen dem Gesundheits- und dem Bildungssystem kann beidseitig erfolgen. Das Bildungssystem kann Kinder, Jugendliche und Eltern dahingehend beraten therapeutische Fachpersonen für eine diagnostische Untersuchung oder eine psychotherapeutische Behandlung zu kontaktieren. Zudem werden Psychotherapeut*innen damit beauftragt, diagnostisch abzuschätzen, ob ein sonderpädagogischer Förderbedarf oder ob eine länger als sechs Monate andauernde psychische Störung vorliegt und entsprechend eine Eingliederungshilfe nach § 35a des achten Buchs des Sozialgesetzbuches (SGB VIII) zu empfehlen ist. Kinder- und jugendpsychiatrische Maßnahmen werden insbesondere bei der Abwendung oder Auflösung von krisenhaften Situationen mit akuter Selbst- oder Fremdgefährdung angefragt. Umgekehrt sollten Psychotherapeut*innen das Schulsystem in die diagnostische Untersuchung einbeziehen. Werden Symptome oder Funktionsbeeinträchtigungen im schulischen Kontext identifiziert, sind schulzentrierte Interventionen in Absprache mit den pädagogischen Fachkräften umzusetzen (▶ Kap. 6.4). Die Möglichkeiten einer schulischen Förderung (z. B. in Form von individuellen Förderplänen oder einem Nachteilsausgleich) sollten bei Bedarf mit der Schule thematisiert werden.

Eingliederungshilfe nach § 35a SGB VIII

Die Eingliederungshilfe nach § 35a SGB VIII ist eine spezifische Leistung der Kinder- und Jugendhilfe, die Kindern und Jugendlichen mit einer (drohenden) seelischen Behinderung gewährt wird. Ziel ist es, ihre Teilhabe am gesellschaftlichen Leben zu verbessern bzw. zu ermöglichen. Die Hilfeleistungen umfassen pädagogische und therapeutische Maßnahmen (wie Psychotherapie oder Familientherapie, Lernförderung oder Freizeitangebote), die Unterstützung bei der schulischen Integration (z. B. durch eine Inklusionsbegleitung) sowie die Betreuung in teilstationären oder stationären Einrichtungen. Die Eingliederungshilfe wird dabei individuell auf die Bedürfnisse der Kinder oder Jugendlichen abgestimmt und in der Regel durch eine diagnostische Abklärung sowie fachliche Stellungnahmen begleitet.

Sonderpädagogischer Förderbedarf »emotionale und soziale Entwicklung«

Ein sonderpädagogischer Förderbedarf liegt vor, wenn davon auszugehen ist, dass Bildungs-, Entwicklungs- und Lernmöglichkeiten an einer regulären Schule ohne sonderpädagogische Unterstützung beeinträchtigt wären (Kultusministerkonferenz, 1994). Förderschwerpunkte können in den Bereichen Sehen, Hören, Sprache, körperliche und motorische Entwicklung, Lernen oder emotionale und soziale Entwicklung vorliegen. Die Regularien für die Feststellung sind abhängig vom jeweiligen Bundesland. Um eine Überprüfung des sonderpädagogischen Förderbedarfs anzustoßen, ist aber in jedem Fall ein Austausch zwischen Eltern, Lehrkräften, Schulpsycholog*innen, Schulsozialarbeiter*innen und ggf. den Kindern und Jugendlichen selbst sinnvoll. Die Entscheidung darüber trifft jedoch die zuständige schulische Behörde (z. B. Schulamt). Bei Förderbedarf werden entsprechende pädagogische Maßnahmen abgeleitet, welche nach der UN-Behindertenrechtskonvention verstärkt die Integration ins allgemeine Bildungssystem ermöglichen sollen (Beauftragter der Bundesregierung für die Belange von Menschen mit Behinderungen, 2018). In einigen Fällen kann jedoch auch ein anderer Förderort, wie beispielsweise eine Förderschule, erforderlich sein.

Individuelle Förderpläne und Nachteilsausgleich

Individuelle Förderpläne, die in Zusammenarbeit mit Lehrkräften, Schulsozialarbeiter*innen, Eltern und Kindern bzw. Jugendlichen erstellt werden, können dazu beitragen, Lern- und Entwicklungsziele realistisch zu setzen und kontinuierlich zu evaluieren. Kinder und Jugendliche mit Verhaltensauffälligkeiten haben außerdem Anspruch auf Nachteilsausgleiche, die ihre spezifischen Bedürfnisse berücksichtigen, etwa in Form von separaten Arbeitsplätzen oder zusätzlicher Zeit bei Prüfungen.

6.8.2 Das Kinder- und Jugendhilfesystem

Kinder und Jugendliche mit einer SSV weisen begleitend oder im Anschluss an eine psychotherapeutische Behandlung häufig einen Bedarf an Unterstützung durch das Kinder- und Jugendhilfesystem auf. Wenn bereits Hilfen oder Maßnahmen der Kinder- und Jugendhilfe wahrgenommen wurden, ist ein Austausch mit den Durchführenden häufig sinnvoll. Anlässe für einen Kontakt zum Kinder- und Jugendhilfesystem sind beispielsweise ein aufgedeckter Bedarf der Eltern an Hilfen zur Erziehung (gemäß § 27 SGB VIII), eine weiterhin bestehende oder drohende Teilhabebeeinträchtigung der Kinder oder Jugendlichen (gemäß SGB VIII) oder auch das Vorliegen gewichtiger Anhaltspunkte für eine Kindeswohlgefährdung (▶ Kap. 8.2). Mitunter bitten Patient*innen auch selbst um eine Inobhutnahme durch das Jugendamt. Gleichzeitig können auch Akteur*innen des Kinder- und Jugendhilfesystems den Kontakt zu therapeutischen Fachpersonen anregen. So können Psychotherapeut*innen zu Hilfeplanungen beitragen, z. B. mit Informationen zu Diagnostik oder Behandlung.

Angebote und Maßnahmen der Kinder- und Jugendhilfe

Kinder und Jugendliche (§ 8 Absatz 2 SGB VIII) sowie deren Eltern (§ 27 SGB VIII) haben das Recht, sich für eine Unterstützung an das Jugendamt, den gesetzlichen Träger der Kinder- und Jugendhilfe, zu wenden. Die Feststellung des Hilfebedarfs und die Aufstellung eines Hilfeplans (gemäß § 36 SGB VIII) obliegt dem Jugendamt und sollte unter Einbezug der Kinder und Jugendlichen sowie deren Familien erfolgen. Mögliche Maßnahmen der Kinder- und Jugendhilfe sind im achten Buch des Sozialgesetzbuchs (SGB VIII) geregelt. Die Angebote erstrecken sich von familienunterstützenden Maßnahmen (z. B. Erziehungsberatung, sozialpädagogische Familienhilfe, Erziehungsbeistand, soziale Gruppenarbeit) über familienergänzende Maßnahmen (z. B. gemeinsames Wohnen für alleinerziehende Mütter/Väter und deren Kinder im Vorschulalter, Tagesgruppen, sozialpädagogische Tagespflege), bis hin zu familienersetzenden Maßnahmen (z. B. Vollzeitpflege, Heimerziehung, intensive sozialpädagogische Einzelbetreuung; Gintzel et al., 2020). Zudem gibt es freie Träger (z. B. Wohlfahrtsverbände, Vereine), welche, oftmals in Kooperation mit den öffentlichen Trägern, wichtige Aufgaben übernehmen und Leistungen anbieten. Auch für junge Erwachsene bietet das Jugendamt Hilfen an. Diese sind unter § 41 SGB VIII (Hilfe für junge Volljährige) geregelt und werden meist bis zur Vollendung des 21. Lebensjahres gewährt. Unterstützung kann u. a. im Bereich Schule bzw. Berufsausbildung geleistet werden. Auch im Rahmen der Jugendgerichtshilfe (gemäß § 52 SGB VIII) bei Strafverfahren gegen Jugendliche und junge Erwachsene bis 20;11 Jahre ist das Jugendamt involviert.

6.8.3 Das Justizsystem

Delinquentes Verhalten ist ein Symptomkriterium der SSV im engeren Sinne. Insbesondere bei Jugendlichen ist es möglich, dass bereits Kontakte zum Justizsystem, genauer zur Polizei, Staatsanwaltschaft oder Jugendgerichtshilfe, bestehen oder bestanden haben. Bei inhaftierten Jugendlichen werden häufig die Diagnosekriterien für eine SSV erfüllt, jedoch ist die psychotherapeutische Versorgung von Jugendlichen in Haft in Deutschland aktuell noch unzureichend. Eine Zusammenarbeit von Psychotherapeut*innen mit dem Justizsystem kann aus einer psychotherapeutischen Behandlung oder aus einer gutachterlichen Tätigkeit resultieren. Die Tätigkeit als Sachverständige*r und als Behandler*in muss deutlich voneinander abgegrenzt werden.

Diversionsmaßnamen und Ausrichtung des Jugendstrafvollzugs in Deutschland

Diversionsmaßnahmen werden Jugendlichen meist im Vorfeld oder während eines Jugendstrafverfahrens angeboten, um dieses zu vermeiden oder abzuwenden. Sie kommen insbesondere bei minder schweren Straftaten in Betracht und erfordern die Zustimmung der Jugendlichen sowie häufig auch der Sorgeberechtigten. Ziel ist es strafrechtliche Verfahren zu vermeiden und stattdessen pädagogische und erzieherische Maßnahmen wie Sozialstunden, Wiedergutmachung oder Teilnahme an Anti-Gewalt-Trainings anzubieten. Diese Maßnahmen können dazu beitragen, von weiteren Straftaten abzuhalten und die soziale Entwicklung zu unterstützen. Falls eine Inhaftierung unvermeidbar ist, liegt der Schwerpunkt des Jugendstrafvollzugs in Deutschland auf der Rehabilitation und Reintegration. Bildungs- und Ausbildungsangebote sowie therapeutische Maßnahmen sind zentrale Elemente, um die Rückkehr in die Gesellschaft zu erleichtern.

6.8.4 Austausch und Kooperation zwischen den Versorgungssystemen

Eine gelungene Versorgung einer SSV beinhaltet in der Regel ein interdisziplinäres Zusammenwirken verschiedener Versorgungssysteme. Ein wertvolles Instrument zur interdisziplinären Zusammenarbeit stellt der sogenannte runde Tisch dar, welcher die regelmäßige Zusammenkunft aller relevanter Akteur*innen, die an der Betreuung und Behandlung von Kindern oder Jugendlichen beteiligt sind, bezeichnet. Ziel runder Tische ist es, eine transparente Kommunikation und enge Kooperation zwischen den Beteiligten sicherzustellen, um ein mit allen Akteur*innen abgestimmtes, individuelles und ganzheitliches Versorgungskonzept zu entwickeln und umzusetzen. Zu den Teilnehmer*innen eines runden Tisches zählen typischerweise: Eltern, pädagogische und psychologische Fachkräfte (wie Lehrkräfte, Schulpsycholog*innen und Schulsozialarbeiter*innen), Vertreter*innen des Jugendamts, Therapeut*innen (wie Psychotherapeut*innen, Ergotherapeut*innen und Logopäd*innen), Psychiater*innen oder auch Kinderärzt*innen. Die Kinder bzw. Jugendlichen selbst sollten je nach Alter und Entwicklungsstand beteiligt werden, um ihre Sichtweise und Bedürfnisse einzubringen. Eltern bringen indes Informationen zum familiären Alltag ein und entscheiden über die Umsetzung von Maßnahmen. Therapeutisches Fachpersonal sollte am runden Tisch mitwirken. Die Rollen und Verantwortlichkeiten der Beteiligten sollten zu Beginn jedes Treffens klar definiert werden, um Missverständnisse zu vermeiden. Wichtig für das Gelingen ist zudem eine vorab festgelegte Agenda, eine möglichst neutrale Moderation, die Dokumentation des Treffens sowie der Schutz sensibler Daten.

6.9 Therapiemanuale

Im Folgenden werden geeignete Therapiemanuale für die Behandlung von Kindern und Jugendlichen mit einer SSV vorgestellt. Diese haben sich einerseits klinisch bewährt, andererseits wurde deren Wirksamkeit durch Studien belegt. Die folgende Tabelle (▶ Tab. 6.5) bietet einen Überblick über die Programme, die im Anschluss genauer beschrieben werden. Sie unterscheiden sich darin, ob sie sich an die Kinder und Jugendlichen selbst, an deren Bezugspersonen oder als multimodales Programm an verschiedene Systemebenen richten. Die Durchführung erfolgt im Einzel- oder Gruppenformat, ambulant, stationär oder auch als aufsuchende Therapie. Die Inhalte der Therapiemanuale konvergieren mit den oben genannten kind-, eltern- oder auch schul- und kitazentrierten Interventionen und setzen dabei unterschiedliche Schwerpunkte.

Tab. 6.5: Übersicht zu Therapiemanualen für die Behandlung von Kindern, Jugendlichen und deren Bezugspersonen bei Störungen des Sozialverhaltens

Programm	Zielgruppe	Format	Inhalte
Prosoziales Verhalten lernen: »Ich bleibe cool!« Ein Trainingsprogramm für die Grundschule Von Roth & Reichle (2008)	Prävention Grundschulkinder	Gruppenformat	sozial-emotionale Kompetenzen, Konfliktlösung
Therapieprogramm für Kinder mit aggressivem Verhalten (THAV) Von Görtz-Dorten & Döpfner (2019b)	Kinder (6–12 Jahre) Eltern Pädagogische Fachkräfte und Lehrkräfte	Einzelformat	kognitive Interventionen, Emotionsregulation, soziale Kompetenz, Problemlösung, Erziehungsverhalten
Soziales computerunterstütztes Training für Kinder mit aggressivem Verhalten (ScouT) Von Görtz-Dorten & Döpfner (2016)	Kinder (6–12 Jahre)	Einzelformat computergestützt	Problemlösestrategien, soziale Informationsverarbeitung, soziale Kompetenz
Therapieprogramm für Kinder mit hyperkinetischem und oppositionellem Problemverhalten (THOP) Von Döpfner et al. (2019) Von Döpfner, Kinnen & Halder (2016)	Kinder (3–12 Jahre) Eltern Pädagogische Fachkräfte und Lehrkräfte auch für hyperkinetische Störungen	Einzel- und Gruppenformat	positive Eltern-Kind-Beziehung, Erziehungsverhalten, Selbstinstruktion, Selbstmanagement

Tab. 6.5: Übersicht zu Therapiemanualen für die Behandlung von Kindern, Jugendlichen und deren Bezugspersonen bei Störungen des Sozialverhaltens – Fortsetzung

Programm	Zielgruppe	Format	Inhalte
Training mit aggressiven Kindern Von Petermann & Petermann (2023)	Kinder (6–12 Jahre) Eltern	Einzel- und Gruppenformat	Ärgermanagement, Konfliktlösung, Perspektivübernahme, Selbstkontrolle, soziale Kompetenzen, Erziehungsverhalten
Das Baghira-Training Von Aebi, Perriard, Scherrer & Wettach (2012)	Kinder (8–13 Jahre)	Gruppenformat	Ärger- und Impulskontrolle, Konfliktlösung, Stärkung emotionaler Kompetenzen
Verhaltenstherapeutisches Intensivtraining zur Reduktion von Aggression Von Grasmann & Stadler (2009)	Kinder (6–14 Jahre) Eltern	v. a. stationär Gruppenformat	soziale Kompetenz, Selbst- und Emotionsregulation, Erziehungsverhalten
Das Triple P Programm Von Sanders et al. (2006) Von Turner, Markie-Dadds & Sanders (2007) Von Sanders & Ralph (2006)	universelle, selektive, indizierte Prävention Eltern von Kindern und Jugendlichen	Einzel- und Gruppenformat	Erziehungsverhalten
Präventionsprogramm für Expansives Problemverhalten (PEP) Von Plück et al. (2006)	Prävention Pädagogische Fachkräfte und Lehrkräfte Eltern von Kindern (3–6 Jahre)	Gruppenformat	Bezugsperson-Kind-Interaktion, Erziehungsverhalten
Schulbasiertes Coaching bei Kindern mit expansivem Problemverhalten (SCEP) (Hanisch et al., 2018)	Prävention und Fallbezogen Pädagogische Fachkräfte und Lehrkräfte (Grundschulalter)	Gruppenformat Einzelcoaching	Erziehungsverhalten, Rahmenbedingungen
Wackelpeter und Trotzkopf: Hilfen für Eltern bei ADHS-Symptomen, hyperkinetischem und oppositionellem Verhalten	Eltern	Selbsthilfemanual	positive Eltern-Kind-Beziehung, Erziehungsverhalten

Tab. 6.5: Übersicht zu Therapiemanualen für die Behandlung von Kindern, Jugendlichen und deren Bezugspersonen bei Störungen des Sozialverhaltens – Fortsetzung

Programm	Zielgruppe	Format	Inhalte
Von Döpfner & Schürmann (2023)			
Familienprobleme im Jugendalter: SELBST (Rademacher & Döpfner, 2025)	Jugendliche (13–18 Jahre) Eltern	Einzelformat	Familiensystem, Selbstmanagement, Problemlöse- und Kommunikationsfähigkeiten
Störung des Sozialverhaltens bei Jugendlichen – Die Multisystemische Therapie in der Praxis Von Eigenheer, Rhiner, Schmid & Schramm (2015)	multimodal Jugendliche mit schwerer Störung des Sozialverhaltens	aufsuchende Therapie flexibles Format	Herausarbeiten aufrechterhaltender Faktoren, Ableitung entsprechender Interventionen
Multidimensionale Familientherapie: Jugendliche bei Drogenmissbrauch und Verhaltensproblemen wirksam behandeln Von Spohr et al. (2011)	multimodal Jugendliche mit Substanzmissbrauch	aufsuchende Therapie flexibles Format	Verbesserung familiärer Interaktion und Beziehung, Suchtinterventionen, Risikoverhalten

6.9.1 Prosoziales Verhalten lernen: »Ich bleibe cool!« – Ein Trainingsprogramm für die Grundschule

Von Roth & Reichle (2008)

Das universelle Präventionsprogramm richtet sich an Grundschulkinder in der ersten Klasse und kann in der Gruppe an Schulen oder in psychologischen Beratungsstellen von Psycholog*innen, Pädagog*innen und Lehrkräften durchgeführt werden. Ziel ist die Prävention aggressiven Verhaltens über die Förderung prosozialen Verhaltens. Dafür sollen die Teilnehmenden sozial-emotionale Kompetenzen und Konfliktlösestrategien erlernen, die den Übergang in die Schule erleichtern. Das Training beinhaltet neun Trainingseinheiten (► Tab. 6.6) und integriert Diskussionen, spielerische Übungen und Rollenspiele.

Tab. 6.6: Übersicht über Module und Inhalte des »Ich bleibe cool!« Trainingsprogramms (Roth & Reichle, 2008)

Modul	Inhalt
1. Wir lernen uns kennen	Kennenlernen und Gruppenregeln
2. Gefühle erkennen	Erkennen, Verstehen, Benennen von Gefühlen

Tab. 6.6: Übersicht über Module und Inhalte des »Ich bleibe cool!« Trainingsprogramms (Roth & Reichle, 2008) – Fortsetzung

Modul	Inhalt
3. Vertiefung Gefühle: Ärger	Erkennen von Ärger, Abbau von Anspannung
4. Soziale Kompetenz	Vermittlung von »Freundschaftsfertigkeiten«, Umgang mit schwierigen sozialen Situationen (z. B. Ablehnung)
5. Interpersonelles Problemlösen	Kognitive Problemlösung und Konsequenzen eigenen Handelns
6. Interpersonelles Problemlösen	Erweiterung Verhaltensrepertoire
7. Ärgermanagement	Problemlösung und Ärgerkontrolle
8. Umgang mit ärger-provozierenden Situationen	Entwicklung Coping-Strategien
9. Abschied	Wiederholung und Reflexion der Inhalte

6.9.2 Therapieprogramm für Kinder mit aggressivem Verhalten (THAV)

Von Görtz-Dorten & Döpfner (2019b)

Das verhaltenstherapeutische, multimodale Behandlungsprogramm richtet sich an Kinder im Alter von 6 bis 12 Jahren, die aggressives Verhalten insbesondere gegenüber Gleichaltrigen zeigen. Die Behandlung richtet sich sowohl an Kinder mit reaktiver Aggression, als auch an Kinder mit proaktiver Aggression und reduzierter prosozialer Emotionalität. THAV ist für ein Einzelsetting ausgelegt, kann jedoch auch für Gruppen modifiziert werden. Der Fokus liegt auf patient*innenzentrierten Interventionen im Rahmen eines sozialen Kompetenztrainings, welche durch umfeldzentrierte Interventionen für Eltern und Lehrkräfte ergänzt werden. Durch den modularen Aufbau können die einzelnen Bausteine und Interventionen je nach Problematik und Defiziten des Kindes individuell ausgewählt werden (▶ Tab. 6.7). Diese zielen darauf ab, dysfunktionale Kognitionen zu modifizieren, die Impulskontrolle zu stärken, Problemlösefähigkeiten und soziale Kompetenzen aufzubauen sowie soziale Interaktionen zu verbessern und beziehen dabei auch immer die Bezugspersonen mit ein.

Tab. 6.7 Übersicht über THAV-Module und Bausteine (Görtz-Dorten & Döpfner, 2019b)

Modul	Bausteine
1. Vorbereitung, Diagnostik, und Verlaufskontrolle	Beziehungsaufbau, Therapiemotivation & Ressourcenaktivierung Diagnostik und Problemdefinition Störungskonzept
2. Modifikation sozialer Kognitionen	Ärger-Gedanken und Ärgerkiller-Gedanken Eis-Gedanken und Warm-Up Gedanken Denkfallen
3. Modifikation der Emotionsverarbeitung	Erkennung & Regulation eigener Emotionen Kognitive und affektive Empathie Ärgerkontrolle Prosoziale Emotionalität
4. Soziales Problemlöse- und Verhaltensfertigkeitentraining	Kontakte aufnehmen und Freund*innen finden Nicht immer der/die Erste sein müssen Konflikte lösen und Rechte durchsetzen Andere Kinder nicht ausnutzen oder ihnen aktiv schaden
5. Abschluss	Bilanzierung, Rückfallprävention & Ablösung

6.9.3 Soziales computerunterstütztes Training für Kinder mit aggressivem Verhalten (ScouT)

Von Görtz-Dorten & Döpfner (2016)

Das computergestützte Problemlöse- und Kompetenztraining ist für Kinder im Alter zwischen 6 und 12 Jahren mit aggressivem Verhalten und fokussiert auf Probleme im Gleichaltrigenbereich. Das kindzentrierte Programm kann als Diagnostikinstrument und als eigenständige therapeutische Intervention eingesetzt werden. Zudem ist eine Integration in eine multimodale Therapie, wie das THAV (Görtz-Dorten & Döpfner, 2019b) möglich. Das Training schult die sozial-kognitive Informationsverarbeitung der Kinder und soll so Fehlwahrnehmungen und Missinterpretationen von sozialen Situationen reduzieren sowie sozial kompetente Handlungsmöglichkeiten aufbauen. Dafür werden kognitive Interventionen zur Veränderung ärger-auslösender Denkinhalte, Modelllernen durch den Einsatz von Videosequenzen und Rollenspieltechniken eingesetzt. Basis dafür ist ein interaktives Computerprogramm, das fünf unterschiedliche soziale Problemsituationen (z. B. Konfrontation mit unwahrer Behauptung oder verbaler Aggression) in Videos und Arbeitsblättern aufgreift. Ein möglicher Ablauf bei der Anwendung als therapeutisches Verfahren bietet der folgende Kasten. Für das gesamte Programm werden 10–15 Sitzungen benötigt.

> **Trainingsablauf der ScouT-Intervention**
>
> 1. Schritt: Informationen für die Bezugspersonen
> 2. Schritt: Installation Verstärkersystem
> 3. Schritt: Filmsequenz anschauen und analysieren
> 4. Schritt: Transfer auf eigene Erfahrungen des Kindes
> 5. Schritt: Handlungsalternativen entwickeln und Konsequenzen berücksichtigen
> 6. Schritt: Filmsequenz zu Handlungskonsequenzen anschauen
> 7. Schritt: Sozialkompetente Reaktion als beste Handlungsalternative identifizieren
> 8. Schritt: Einüben sozial kompetenter Reaktion
> 9. Schritt: Wut- und Streittagebuch als Therapieaufgabe, sozial kompetentes Verhalten im Alltag einsetzen
> 10. Schritt: Einbezug der Bezugsperson als Coach für Kinder
> 11. Schritt: Besprechung Therapieaufgabe in Therapiestunde
> 12. Schritt: Abschluss

6.9.4 Therapieprogramm für Kinder mit hyperkinetischem und oppositionellem Problemverhalten (THOP)

Von Döpfner et al. (2019)

Das verhaltenstherapeutische, multimodale Programm ist für die Behandlung von Kindern im Alter von 3 bis 12 Jahren mit hyperkinetischen und/oder oppositionellen Verhaltensauffälligkeiten einsetzbar. Neben einem Manual für das Einzelsetting (Döpfner et al., 2019) liegt ein Manual spezifisch für Elterngruppen vor (Döpfner et al., 2016). Der Fokus liegt auf familienzentrierten Interventionen, die sich meist an Bezugspersonen und Kind gemeinsam richten. Zusätzlich können kindzentrierte Interventionen ausgewählt werden und ein separater Teil richtet sich spezifisch an die Arbeit mit Kindertagesstätten oder Schulen. Die einzelnen Themenblöcke und zugehörigen Bausteine können flexibel auf die individuellen Bedürfnisse angepasst ausgewählt und in individueller Abfolge eingesetzt werden (▶ Tab. 6.8). Ziel ist es, die Eltern-Kind-Beziehung zu verbessern, Erziehungskompetenzen zu stärken und individuelles Problemverhalten zu vermindern. Zudem kann mit dem Kind ein Spiel- und Selbstinstruktionstraining durchgeführt und Selbstmanagementstrategien erarbeitet werden.

> **Good to know**
>
> Auf der E-Training-Seite https://www.etraining-kjp.de/ werden die Manuale THAV, ScouT und THOP mithilfe von Therapievideos und Hinweisen zu schwierigen Situationen noch einmal genauer und therapienah vorgestellt.

Tab. 6.8: Übersicht über THOP-Themen und Bausteine (Döpfner et al., 2019)

Thema	Bausteine
1. Problemdefinition, Störungskonzept und Behandlungsplanung	F01/K01: Definition Verhaltensprobleme des Kindes in Familie F02/K02: Erarbeitung Elemente eines gemeinsamen Störungskonzeptes F03/K03: Entwicklung eines gemeinsamen Störungskonzeptes F04/K04: Behandlungsziele und -planung
2. Förderung positiver Eltern-Kind-Interaktion und Eltern-Kind-Beziehung	F05/K05: Fokussierung auf positive Erlebnisse mit dem Kind F06/K06: Aufbau positiver Spielinteraktionen
3. Interventionen zur Verminderung von impulsiven und oppositionellen Verhaltensweisen	F07/K07: Etablierung von klaren Regeln und Grenzen F08/K08: Entwicklung effektiver Aufforderungen F09/K09: Soziale Verstärkung bei Beachtung von Aufforderungen F10/K10: Soziale Verstärkung bei nicht-störendem Verhalten F11: Aufbau wirkungsvoller Kontrolle F12/K12: Natürliche negative Konsequenzen
4. Spezielle operante Methoden	F13/K13: Aufbau Token-Systeme F14: Anpassung Token-Systeme F15/K15: Verstärker-Entzugs-Systeme F16/K16: Auszeit
5. Interventionen bei spezifischen Verhaltensproblemen	F17a/K17a: Spieltraining F17b/K17b: Selbstinstruktionstraining K17c: Selbstmanagementtraining F18/K18: Bewältigung von Verhaltensproblemen bei den Hausaufgaben F19/K19: Bewältigung von Verhaltensproblemen in der Öffentlichkeit
6. Ressourcenaktivierung und Stabilisierung der Effekte	F20: Anleitung Bezugsperson, etwas für sich selbst zu tun F21: Stärken und Interessen des Kindes fördern, Energie kanalisieren F22: Selbstständige Bewältigung von zukünftigen Verhaltensproblemen
7. Ergänzende kindzentrierte Interventionen	K23: Die Sache mit den Pillen K24: Schule kann auch Spaß machen

6.9.5 Training mit aggressiven Kindern

Von Petermann & Petermann (2023)

Das verhaltenstherapeutische, multimodale Behandlungsprogramm richtet sich an Kinder im Alter von 6 bis 12 Jahren, die durch aggressives und oppositionelles Verhalten auffallen. Das Manual beinhaltet Inhalte zur Durchführung von Einzel-

sowie Gruppentrainingsstunden sowie Informationen zur Eltern- und Familienberatung. Der kindzentrierte Ansatz besteht aus 8 bis 13 Einzel- und 7 bis 14 Gruppensitzungen, zusätzlich erfolgen mindestens 6 Bezugspersonen- und Familiensitzungen (▶ Tab. 6.9). Durch Entspannungsgeschichten, Rollenspiele und Videomaterial für die Kinder sollen Anspannung und Unruhe reduziert, zur Differenzierung zwischen Selbst- und Fremdwahrnehmung angeleitet, die Perspektivübernahme gefördert und Selbstkontrolle sowie soziale Kompetenzen verbessert werden. Zusätzlich sollen durch die Elterntermine der Familienalltag besser strukturiert und Erziehungskompetenzen gestärkt werden.

Tab. 6.9: Übersicht der Inhalte des Einzel-, Gruppen- und Elterntrainings des Trainings mit aggressiven Kindern (Petermann & Petermann, 2023)

Interventionsebene	Module
Einzeltraining	1. Auseinandersetzung mit aggressivem Verhalten, Differenzierung angemessenes und unangemessenes Verhalten 2. Selbstverbalisation und -instruktion 3. Konsequenzen eigenen Handelns vorhersehen 4. Verschiedene Wege der Konfliktlösung 5. Sich selbst kritisch einschätzen
Gruppentraining	1. Kennenlernen und Wiederholung 2. Gruppenregeln aufstellen 3. Einfühlungsvermögen üben 4. Umgang mit Wut 5. Umgang mit Lob, Nichtbeachtung und Tadel 6. Eigenes Verhalten widerspiegeln und Konfliktlösung 7. Verhalten stabilisieren und immunisieren
Eltern- und Familienberatung	1. Kennenlernen, Verhaltensanalyse und Therapieziele 2. Aufforderungen und Tokenpläne 3. Kommunikations- und Erziehungsprobleme 4. Stabilisieren und Immunisieren

6.9.6 Kinder mit oppositionellem und aggressivem Verhalten – Das Baghira-Training

Von Aebi et al. (2012)

Das verhaltenstherapeutische Manual eignet sich für Kinder im Alter von 8 bis 13 Jahren mit oppositionellem und aggressivem Problemverhalten. Es kann in sozialpädagogischen, schulischen oder psychiatrischen Einrichtungen im Gruppenformat durchgeführt werden und richtet sich dabei auch an die Durchführung im stationären Rahmen. Ziel ist die Vermittlung von Strategien zur Ärger- und Impulskontrolle, sozial-kompetenter Konfliktlösung und Stärkung emotionaler Kompetenzen. Dafür werden in neun Modulen, die jeweils einer Sitzung entsprechen, unter anderem Rollenspiele, Gruppendiskussionen, Körperübungen und Fantasiereisen eingesetzt (▶ Tab. 6.10).

Tab. 6.10: Übersicht über Module und Inhalte des Baghira-Gruppentrainings (Aebi et al., 2012)

Modul	Inhalt
1. Kennenlernen und Einführung	Überblick über Module, Einführung zu den Inhalten, Kennenlernen und Aufstellen von Gruppenregeln
2. Therapieziele und Motivation	Belastungsfaktoren und Ressourcen, Erarbeiten von Zielen
3. Gefühle und Selbstwahrnehmung	Gefühle benennen und erkennen, Gefühlskurve
4. Umgang mit Wut und Aggression	Kurz- und langfristige Konsequenzen, Umgang mit Wut
5. Impuls- und Ärgerkontrolle	Unterscheidung planvoller Kopf und impulsiver Bauch, Selbstinstruktion, Entspannung
6. Konflikt und Problemlösung	Gesprächsregeln, Einübung im Rollenspiel, konkrete Problemlösung
7. Empathie und Perspektivübernahme	Unterscheidung Gedanken und Gefühle, Empathie und Vertrauen
8. Positive und negative Rückmeldung	Theorie zu Lob und Kritik, praktische Anwendung
9. Wiederholung	Spielerische Wiederholung, Belohnung und Urkunde

6.9.7 Verhaltenstherapeutisches Intensivtraining zur Reduktion von Aggression

Von Grasmann & Stadler (2009)

Das multimodale, intensive verhaltenstherapeutische Programm ist für den stationären Rahmen konzipiert und für Kinder im Alter von 6 bis 14 Jahren mit SSV und aggressivem Verhalten geeignet. Die kindzentrierten Interventionen finden im Gruppenformat in zehn ganztägigen Einheiten innerhalb von zwei Wochen statt (s. folgenden Kasten). Zusätzlich erfolgt ein ambulantes Gruppen-Elterntraining in neun Sitzungen über acht Wochen (▶ Tab. 6.11). Die Kindersitzungen erfolgen hochstrukturiert und beinhalten Module zu sozialem Kompetenztraining, Entspannung, gemeinsame Projektarbeiten sowie einzeltherapeutische Sitzungen zur Besprechung individueller Themen. Je nach Alter und Schwerpunkt des Problemverhaltens können die Module inhaltlich flexibel gestaltet werden. Eltern wird Wissen zum Problemverhalten und Erziehungsstrategien vermittelt, zudem geht es um angemessene Reaktionen auf problematisches Verhalten und die Verbesserung des familiären Klimas. Zusätzlich bietet das Manual Anregungen für die Anwendung außerhalb eines intensivtherapeutischen Settings z. B. im Einzel oder auch in der Jugendhilfe.

> **Themen für die kindzentrierten Interventionen**
>
> - Kennenlernen und in Kontakt treten
> - Psychoedukation bei ADHS
> - Psychoedukation bei Störungen des Sozialverhaltens
> - Wahrnehmung und Aufmerksamkeit
> - Positives Selbstbild
> - Wut und Aggression
> - Selbstregulation
> - Emotionserkennung
> - Angemessene Selbstbehauptung
> - Freundschaft und Vertrauen

Tab. 6.11: Übersicht über Themen für die Elternarbeit (Grasmann & Stadler, 2009)

Thema	Inhalt
1. Ich möchte unsere Situation besser verstehen	Information und Einführung
2. Wie wird unsere Beziehung besser?	Positives fokussieren und loben
3. Meine, deine, unsere Zeit	Wertvolle Zeit
4. Komm, lass uns Lösungswege finden	Regeln etablieren
5. Ich möchte, dass du tust, was ich dir sage	Aufforderungen
6. Das hast du dir verdient	Verstärkersysteme
7. Dann musst du aus Erfahrungen lernen	Natürliche Konsequenzen
8. Du machst mich wütend	Umgang mit Wutanfällen und aggressivem Verhalten
9. Das nehme ich mit	Rückblick und Notfallplan

6.9.8 Das Triple P Programm

Triple P Elternprogramm als Einzeltraining von Sanders et al. (2006)/Das Triple P Elternprogramm als Gruppenformat von Turner et al. (2007)/Das Triple P Elternprogramm für Jugendliche im Gruppenformat von Sanders & Ralph (2006)

Das verhaltenstherapeutisch-orientierte Programm richtet sich als universelle, selektive oder auch indizierte Prävention an Eltern von Kindern im Kleinkind- bis zum Jugendalter mit Verhaltens-, Entwicklungs- oder auch emotionalen Problemen, wobei die Interventionen nicht spezifisch für Kinder mit externalisierenden Verhaltensproblemen ausgelegt sind. Das Training kann im Einzel- (Sanders et al., 2006) oder auch Gruppenformat (Turner et al., 2007) erfolgen, zusätzlich liegt ein Selbsthilfebuch für Eltern vor (Sanders, Turner & Markie-Dadds, 2009). Inhaltlich werden Erziehungswissen und -strategien vermittelt und das Selbstvertrauen der Eltern soll gestärkt werden

6.9.9 Präventionsprogramm für Expansives Problemverhalten (PEP)

Von Plück et al. (2006)

Das Präventionsprogramm richtet sich an Erzieher*innen und Eltern von Kindern im Alter von 3 bis 6 Jahren, die frühe Anzeichen einer oppositionellen oder auch hyperkinetischen Störung aufweisen, ohne dass eine klinische Diagnose vollständig erfüllt sein muss. Das Programm besteht aus sechs bis elf Sitzungen, die im Gruppenformat separat für Erzieher*innen und Eltern von pädagogischem oder psychologischen Fachpersonal durchgeführt werden können (▶ Tab. 6.12). Der Fokus liegt dabei auf der Stärkung von Bezugspersonen und der Verbesserung der Interaktion zwischen Bezugsperson und Kind, sowie zwischen den Bezugspersonen. Eltern werden angeleitet ihr Erziehungsverhalten in spezifischen kritischen Problemsituationen zu verändern, sodass trotz Gruppenformat individuelle Interventionen im Vordergrund stehen. Genauso sind die Sitzungen für die Erzieher*innen strukturiert, wobei diese auf den Kitaalltag angepasst und zusätzlich Sitzungen zur Gestaltung einer konstruktiven Erzieher*innen-Eltern-Interaktion integriert sind.

Tab. 6.12: Übersicht über Sitzungen und Inhalte des PEP (Plück et al., 2006)

Sitzung	Zielgruppe	Inhalt
0	Erzieher*innen Eltern	Kennenlernen
1	Erzieher*innen Eltern	Das Kind -Freud und Leid
2	Erzieher*innen Eltern	Teufelskreis, Spielzeit und wertvolle Zeit
3	Erzieher*innen Eltern	Energie sparen und Auftanken
4	Erzieher*innen Eltern	Regeln und Aufforderungen
5	Erzieher*innen Eltern	Positive Konsequenzen

Tab. 6.12: Übersicht über Sitzungen und Inhalte des PEP (Plück et al., 2006) – Fortsetzung

Sitzung	Zielgruppe	Inhalt
6	Erzieher*innen Eltern	Negative Konsequenzen Problemverhalten in der Öffentlichkeit • ständiger Streit • ausdauerndes Spiel • Hausaufgaben
7	Erzieher*innen	Kontakte aufbauen und Freund*innen finden
8	Erzieher*innen	Ausdauerndes Spiel
9	Erzieher*innen	Elternarbeit und Elterngespräche
10	Erzieher*innen Eltern	Zusammenfassung

6.9.10 Schulbasiertes Coaching bei Kindern mit expansivem Problemverhalten (SCEP)

Von Hanisch et al. (2018)

Das Handbuch zum schulbasierten Coaching richtet sich an Fachkräfte, die Lehrkräfte und pädagogisches Personal an Grundschulen im Umgang mit expansivem Problemverhalten schulen möchten. Als eintägige Fortbildung im Gruppenformat ist SCEP als Präventionsprogramm geeignet, kann jedoch auch fallspezifisch über zwölf Wochen als Einzelcoaching durchgeführt werden. Zwölf Bausteine (▶ Tab. 6.13), basierend auf verhaltenstherapeutischen Methoden, können modular und individuell eingesetzt werden. Das Programm setzt vor allem am Erziehungsverhalten der Lehrkräfte und den schulischen Rahmenbedingungen an, jedoch werden auch Strategien für Schüler*innen und Kooperationsmöglichkeiten mit Eltern und anderen Hilfesystemen vermittelt.

Tab. 6.13: Übersicht über Bausteine des SCEP (Hanisch et al., 2018)

Thema	Bausteine
Basis schaffen	1. Wissen zu expansivem Problemverhalten 2. Bedingungsmodell, Probleme und Ziele
Rahmenbedingungen	3. Lernumgebung 4. Routinen und Struktur 5. Beziehung 6. Stress
Lehrkraftverhalten	7. Regeln und Aufforderungen 8. Positive und negative Konsequenzen 9. Verstärker- und Verstärkerentzugssysteme

Tab. 6.13: Übersicht über Bausteine des SCEP (Hanisch et al., 2018) – Fortsetzung

Thema	Bausteine
Selbstmanagementstrategien für Schüler*innen	10. Wenn-Dann-Pläne
	11. Selbstbeobachtung
Kooperation mit Eltern	12. Elterngespräche und weitere Hilfen

6.9.11 Wackelpeter und Trotzkopf: Hilfen für Eltern bei ADHS-Symptomen, hyperkinetischem und oppositionellem Verhalten

Von Döpfner & Schürmann (2023)

Das verhaltenstherapeutisch-orientierte Selbsthilfemanual richtet sich an Eltern von Kindern im Alter von 3 bis 12 Jahren mit hyperkinetischen und/oder oppositionellen Verhaltensproblemen. Das Buch kann jedoch auch von anderen Bezugspersonen wie pädagogischen Fachkräften oder Lehrkräften verwendet werden. Der Inhalt ist angelehnt an das THOP-Manual, beinhaltet Informationen zu den Störungsbereichen und bietet einen 16-stufigen Leitfaden (▶ Tab. 6.14) zur Verminderung von Verhaltensproblemen inklusive Arbeitsmaterialien und konkreter Anwendungsbeispiele. Für die Eltern von Jugendlichen liegt eine adaptierte Version des Selbsthilfemanual vor (Kinnen, Rademacher & Döpfner, 2015).

> **Good to know**
>
> Selbsthilfebücher können von den Eltern eigenständig verwendet werden, was hilfreich sein kann, um z. B. Wartezeiten für einen Therapieplatz zu überbrücken. In einer eher kindzentrierten Behandlung kann das Buch jedoch auch in die Therapie integriert und Elterntermine genutzt werden, um die Inhalte aufzugreifen und offene Fragen zu klären.

Tab. 6.14: Inhalte des 16-stufigen Elternleitfaden (Döpfner & Schürmann, 2023)

Thema	Stufe
Das Problem unter die Lupe nehmen	1. Welche Probleme hat mein Kind?
	2. Probleme, Belastungen, Stärken in der Familie
	3. Der Teufelskreis
Sich wieder mögen lernen	4. Was mögen Sie an Ihrem Kind?
	5. Spaß- & Spielzeit
Das kriegen wir geregelt: Familienregeln	6. Familienregeln
	7. Wirkungsvolle Aufforderungen
	8. Loben
	9. Natürliche Konsequenzen

Tab. 6.14: Inhalte des 16-stufigen Elternleitfaden (Döpfner & Schürmann, 2023) – Fortsetzung

Thema	Stufe
Spielerisch, aber konsequent -Verhaltensänderung	10. Der Punkte-Plan 11. Veränderung und Beendigung des Punkteplans 12. Der Wettkampf um lachende Gesichter
Stärken Sie sich und Ihr Kind!	13. Auftanken und etwas für sich selbst tun 14. Stärken und Interessen des Kindes fördern und Energie kanalisieren
Pannenhilfe	15. Wenn neue Probleme auftauchen 16. Wenn sich Probleme nicht lösen lassen

6.9.12 Familienprobleme im Jugendalter: SELBST – Therapieprogramm für Jugendliche mit Selbstwert-, Leistungs- und Beziehungsstörungen

Von Rademacher & Döpfner (2025)

Das Manual orientiert sich an systemisch-behavioralen sowie Selbstmanagement-Ansätzen und bietet störungsübergreifende Interventionen für Familienkonflikte mit Jugendlichen zwischen 13 bis 18 Jahren. Der Schwerpunkt liegt auf den Jugendlichen selbst, wobei auch Bezugspersonen intensiv eingebunden werden können. Die Bausteine sind spezifisch auf Jugendliche, Lehrkräfte oder Eltern ausgerichtet und können individuell ausgewählt werden. Das Programm zielt darauf ab, das Familiensystem zu stärken, dysfunktionale Grundannahmen zu korrigieren sowie ein Problemlöse- und Kommunikationstraining für die Familie anzubieten. Die Therapie kann in sieben aufeinanderfolgende Phasen eingeteilt werden (▶ Tab. 6.15). Zunächst werden Probleme ausführlich analysiert und Ziele abgeleitet (Phase 1–4). Im Anschluss werden die Interventionen mit Jugendlichen und Bezugspersonen umgesetzt, zwischenevaluiert und Veränderungen langfristig stabilisiert (Phase 5–7). Bei Bedarf kann auf frühere Phasen zurückgegriffen werden.

Tab. 6.15: Therapiephasen des SELBST für Familienprobleme im Jugendalter (Rademacher & Döpfner, 2025)

Problem- und Zielanalyse	Interventionen und Kontrolle
1. Screening, Beziehungsaufbau 2. Multimodale Diagnostik von Problemen und Ressourcen 3. Problemanalyse und Störungsmodell 4. Zielanalyse, Motivation und Festlegung Interventionen	5. Durchführung Intervention 6. Evaluation und Prüfung Zielerreichung 7. Stabilisierung und Rückfallprophylaxe

6.9.13 Störung des Sozialverhaltens bei Jugendlichen – Die Multisystemische Therapie in der Praxis

Von Eigenheer et al. (2015)

Die multisystemische Therapie ist eine hochstrukturierte, aufsuchende und hochfrequent durchgeführte multimodale Behandlungsform, die auf systemischen und kognitiv-verhaltenstherapeutischen Prinzipien basiert. Sie wurde spezifisch für Jugendliche mit einer schweren SSV konzipiert und ist für den Altersbereich von 12 bis 17 Jahren indiziert. In die Behandlung werden neben der*dem Jugendlichen selbst die Familie, die Schule bzw. Ausbildungsstelle, die Gleichaltrigengruppe und das sonstige Umfeld einbezogen. Über drei bis fünf Monate finden pro Woche mehrere Termine in der Familie statt. Zusätzlich steht 24 Stunden am Tag ein Bereitschaftsdienst bei Krisen für die Familien zur Verfügung. Bei der MST arbeiten mehrere Therapeut*innen unter einer Leitung im Team und betreuen jeweils einige wenige Familien (max. 4–5) parallel. Das Behandlungskonzept der MST kann in drei Phasen mit 9 Schritten eingeteilt werden (▶ Tab. 6.16). In der Abklärungsphase wird das Problemverhalten besprochen, entsprechende übergeordnete Ziele abgeleitet und aufrechterhaltende Faktoren aller Systeme herausgearbeitet (Fit-Analyse). In der anschließenden Behandlungsphase werden passende Interventionen entwickelt, die einen möglichst großen Einfluss haben und dennoch zeitnah umgesetzt werden können. Wöchentlich werden diese mit der Familie, aber auch im Team reflektiert. In der nächsten Woche beginnt die Phase wieder von vorne. Werden die Behandlungsziele über vier Wochen hinweg erreicht, kann die Therapie mit der Abschlussphase beendet werden und mit der Familie werden hilfreiche Interventionen gesammelt (positive Fit-Analyse).

Tab. 6.16: Ablauf der multisystemischen Therapie in drei Phasen nach Eigenheer et al. (2015)

Phase	Interventionen
Abklärungsphase	1. Verhalten bei Zuweisung 2. Behandlungsziele der Systeme 3. Übergeordnete Ziele 4. Fit-Analyse
Behandlungsphase	5. Wochenziele festlegen 6. Ableitung Interventionen 7. Durchführung Interventionen 8. Auswertung und Reflexion
Abschlussphase	9. Ressourcen, positive Fit-Analyse

6.9.14 Multidimensionale Familientherapie: Jugendliche bei Drogenmissbrauch und Verhaltensproblemen wirksam behandeln

Von Spohr et al. (2011)

Das multimodale Therapieverfahren wurde für Jugendliche mit Substanzmissbrauch und Verhaltensproblemen, also komplexem Hilfebedarf, konzipiert. Die intensiven, auf kurze Zeit angelegten Interventionen setzen bei den Jugendlichen selbst, bei den Eltern, bei der Familie insgesamt und beim außerfamiliären Umfeld an und erfolgen in allen Systemen parallel. Die Durchführung erfolgt hoch flexibel. Je nach Bedarf finden 2–4 Termine pro Woche statt, deren zeitliche Dauer nicht festgelegt ist. Diese können ambulant, aufsuchend oder auch telefonisch durchgeführt werden. Meist erfolgt die Behandlung über drei bis sechs Monate (▶ Tab. 6.17). Fokus der Behandlung ist die Verbesserung und Wiederherstellung von familiärer Kommunikation und der Beziehung zwischen den Jugendlichen und Eltern. Ergänzend finden suchtspezifische Interventionen statt und Themen wie Schulschwänzen, riskantes Sexualverhalten, Delinquenz und Gewalt werden berücksichtigt. Die Arbeit basiert auf einer empathischen und klientenzentrierten Grundhaltung. Es werden Ambivalenzen herausgearbeitet, konkrete Problemlösungsstrategien angeboten und zur Selbstreflexion angeregt. Die Eltern nehmen sich selbst und ihren Erziehungsstil in den Blick. Auf familiärer Ebene wird an einer positiven emotionalen Beziehung zwischen den Familienmitgliedern gearbeitet. Zum außerfamiliären Umfeld zählen Gleichaltrige, andere erwachsene Personen, aber auch professionelle Bezugspersonen aus Schule, Sozialsystemen oder Behörden. Die Familien sollen im Umgang mit diesen Personen unterstützt werden.

Tab. 6.17: Therapiephasen der Multidimensionalen Familientherapie nach Spohr et al. (2011)

Phase	Dauer	Inhalt
Aufbau eines Arbeitsbündnisses und Motivationsarbeit	ca. 4 bis 6 Wochen	• Veränderungsmotivation aufbauen • Klient*innenzentrierte Grundhaltung und motivierende Gesprächsführung
Bearbeitung zentraler Themen und Problemlösung	ca. 3 bis 4 Monate	• Konflikte und Probleme identifizieren • Erzieherische Kompetenz stärken • Verbesserung innerfamiliärer Kommunikation und Interaktion • Reduzierung bzw. Abstinenz von Drogen • Verminderung Verhaltensprobleme • Integration von Jugendhilfe • Veränderungen in Schule/Ausbildung, im Freizeitverhalten, im Kontakt mit Gleichaltrigen
Konsolidierung und Abschluss	ca. 4 Wochen	• Rückfallprävention • Zusammenfassung und Würdigung Veränderungen

Tab. 6.17: Therapiephasen der Multidimensionalen Familientherapie nach Spohr et al. (2011) – Fortsetzung

Phase	Dauer	Inhalt
		• weiterführende Hilfe

6.10 Digitale Unterstützung

Der Einsatz von Technologien wie Computerprogrammen, Smartphone-Anwendungen oder virtueller Realität soll Diagnostik und Psychotherapie für Kinder und Jugendliche wirksamer gestalten. Dazu gehören alleinstehende Programme, die z. B. im Rahmen von Selbsthilfe ohne menschliche Unterstützung genutzt werden können, bis hin zu klassischer Psychotherapie ergänzt um digitale Aspekte, sogenannter *blended therapy*. Ein neuer Ansatz sind *Digitale Gesundheitsanwendungen* wie Apps oder webbasierte Anwendungen, die auf Rezept verschrieben und direkt von der Krankenkasse erstattet werden (Bundesinstitut für Arzneimittel und Medizinprodukte, 2023). Vorteile digitaler Interventionen sind je nach Form ein breiter und flexibler Zugang, durch attraktive Gestaltung und Gamification-Aspekte eine erhöhte Motivation bei der Anwendung, sowie eine Unterstützung bei der Übertragung von therapeutischen Inhalten in den Alltag und umgekehrt ein besserer Zugang zu Alltagsproblemen in der Therapie (Goertz-Dorten, Hofmann & Doepfner, 2023). ScouT (Görtz-Dorten & Döpfner, 2016) basiert auf einem Computerprogramm mit Videovignetten von sozialen Situationen und ist als Diagnostik und Therapieinstrument konzipiert (▶ Kap. 6.9.3). Der AOK-Elterntrainer ist eine kostenlose Onlineanwendung, die für Eltern von Kindern mit hyperkinetischen Störungen entwickelt wurde (Döpfner & Schürmann, 2017). Er beinhaltet verhaltenstherapeutische Interventionen zum Erziehungsverhalten und zur Verbesserung der Eltern-Kind-Beziehung und kann auch für eine SSV geeignet sein. Das Programm kann von Familien eigenständig genutzt werden, jedoch ist auch ein zusätzlicher Einsatz im Rahmen einer Psychotherapie zur Unterstützung von Elternarbeit möglich. Die Smartphone Apps AUTHARK (App-unterstützte Therapie-Arbeit für Kinder) und JAY (Journaling App for Youth) können therapiebegleitend eingesetzt und spezifisch für Störungen des Sozialverhaltens eingestellt werden. Sie verfügen über verschiedene Funktionen wie Psychoedukation, eine Gefühlsabfrage, ein Videotagebuch und die Möglichkeit über Punkte, die Umsetzung der Aufgaben zu verstärken (Görtz-Dorten & Döpfner, 2019a, 2021b).

6.11 Fallbeispiel und Antrag

Ohne psychotherapeutische Vorbehandlung in den vorangegangenen zwei Jahren kann in der Regel zunächst eine Kurzzeittherapie 1 und 2 ohne ein Gutachtenverfahren durchgeführt werden. Nach der Psychotherapierichtlinie (Stand 2024) ist es jedoch spätestens für die Umwandlung oder Erstbeantragung einer Langzeittherapie gängig, dass Krankenkassen zusätzlich ein Gutachten zur Beurteilung des Therapiebedarfs einfordern. Vereinzelt wird auf den Bericht bereits verzichtet, weshalb es sich vor Verfassen des Gutachtens anbietet, dies unter Entbindung der Schweigepflicht telefonisch mit der jeweiligen Krankenkasse abzuklären. Informationsbasis für das Gutachten sind die Informationen aus Anamnese und Exploration, Ergebnisse der Psychodiagnostik und die Stundendokumentation bereits durchgeführter Therapiestunden. Im Folgenden wird mithilfe eines Fallbeispiels ein Therapieverlauf entsprechend des Leitfadens zur Abfassung von Berichten an den*die Gutachter*in (PTV 3) im Rahmen der Beantragung von Verhaltenstherapie dargestellt. Dieser Bericht soll in der Praxis zwei bis maximal vier DIN-A4 Seiten umfassen, die Darstellung des Fallbeispiels erfolgt jedoch umfangreicher und für den Gesamtverlauf der Behandlung, um das Vorgehen zu verdeutlichen.

6.11.1 Relevante soziodemographische Daten

M. (7;3 Jahre) ist das älteste Kind der Familie und lebt gemeinsam mit ihren zwei jüngeren Brüdern (5 und 2 Jahre) und ihren Eltern in einer Wohnung. Ihre Mutter arbeitet Vollzeit als Beamtin im öffentlichen Dienst und ihr Vater Vollzeit als Verkäufer im Einzelhandel. M. besucht die 2. Klasse einer Grundschule.

6.11.2 Symptomatik und psychischer Befund

Angaben zur spontan berichteten und erfragten Symptomatik

Auf Empfehlung einer Erziehungsberatungsstelle stellen sich M. und ihre Mutter zur psychotherapeutischen Behandlung vor und berichten von zunehmender Schulverweigerung und Konflikten: M. sei fast täglich frech zu Lehrkräften und gerate in Pausen oft mit Mitschüler*innen aneinander (ca. 1x/Woche), wobei sie die Schuld bei den anderen sehe. Zuhause widersetze sie sich mehrfach täglich Regeln, wie etwa Medienzeiten oder dem Zubettgehen. Bei Frustration werde sie wütend, werfe sich auf den Boden oder beschädige Gegenstände. Sie habe bei einer Freundin eine Spielekonsole gestohlen und ihrem Vater 20 Euro entwendet, streite dies jedoch ab. Von Spieleverabredungen muss M. aufgrund von Konflikten oft frühzeitig abgeholt werden.

Der Klassenlehrer berichtet, dass M. mehrfach pro Woche bei Aufforderungen im Unterricht wütend werde, schreie oder den Raum verlasse. Sie wirke fast immer unmotiviert und sei oft ablenkbar. In der Pause gebe sie den Ton an, stifte

Freund*innen zum Ärgern an und habe trotz Verbots bereits zweimal das Schulgelände verlassen.

Psychischer Befund orientiert am Psychopathologischen Befund-System für Kinder und Jugendliche (CASCAP-2; Döpfner et al., 2022)

M. erscheint gepflegt und altersentsprechend gekleidet. Sie zeigt sich wach, bewusstseinsklar, allseits orientiert. In der Interaktion zunächst unsicher, jedoch freundlich, im Verlauf beim Thema Problemverhalten teilweise demonstrativ. In Untersuchungssituation Hinweise auf erhöhte Impulsivität und leichte Störung der Aufmerksamkeit. Antrieb und mnestische Funktionen unauffällig. Stimmung gereizt, teilweise affektarm, schwer auslenkbar. Artikulationsstörung laut Fremdbefund, in Untersuchungssituation teilweise schwierig zu verstehen. Kein Anhalt für Tics, Ängste oder Zwänge. Keine Störungen des Essverhaltens. Kein Anhalt für formale und inhaltliche Denkstörung, Wahn und Halluzinationen. Keine Ich-Störungen oder vegetative Störungen. M. kann sich eindeutig und glaubhaft von akuter Eigen- und Fremdgefährdung distanzieren.

6.11.3 Psychodiagnostik

Die Wechsler Nonverbal Scale of Ability (WNV, deutsche Überarbeitung von Petermann, 2014) ist ein Einzeltestverfahren zur Beurteilung der allgemeinen kognitiven Fähigkeiten, bei dem die Aufgabenstellungen ohne oder mit nur geringen sprachlichen Erklärungen kommuniziert werden. M. erzielt verglichen mit ihrer Altersnorm eine Gesamtleistung, die als durchschnittlich zu bewerten ist (Gesamt-IQ = 94; 95 % Vertrauensintervall: 87–102) mit einem homogenen Leistungsprofil.

Verhaltensbeobachtung: M. arbeitet zu Beginn konzentriert und motiviert, kann dies jedoch nicht aufrechterhalten. Gegen Ende eher lustlos, braucht verstärkt Struktur und Motivation von außen.

Im Fremdurteil durch M.s Mutter ergeben sich Auffälligkeiten in folgenden Bereichen:

Aachenbachfragebogen Child Behavior Checklist (CBCL)/6–18R: Externale Probleme (T = 68). Auffällige Symptomskalen: Regel-brechendes Verhalten (T = 70), Soziale Probleme (T = 68), Aggressives Verhalten (T = 63), Delinquentes Verhalten (T = 63).

Diagnostik-System für Psychische Störungen (DISYPS) III FBB-ADHS: Gesamturteil (SN = 7). Auffällige Symptomskalen: Unaufmerksamkeit (SN = 7), Hyperaktivität-Impulsivität (SN = 7).

DISYPS III FBB-SSV: Gesamturteil (SN = 8). Auffällige Symptomskalen: Oppositionelles Verhalten (SN = 9), Disruptive Affektregulation und Reizbarkeit (SN = 8), Aggressiv-Dissoziales Verhalten (SN = 7).

Fragebogen zum aggressiven Verhalten von Kindern (FAVK-F): Gesamtskala Gleichaltrigenbezogene Aggression (SN = 9), Gesamtskala Erwachsenenbezogene Aggression (SN = 9).

Im Fremdurteil durch M.s Klassenlehrer ergeben sich Auffälligkeiten in folgenden Bereichen:

Aachenbachfragebogen Teacher Report Form (TRF)/6–18R: Externale Probleme (SN = 8). Auffällige Symptomskalen: Regel-brechendes Verhalten (SN = 9), Soziale Probleme (SN = 7), Aggressives Verhalten (SN = 7).

DISYPS III FBB-ADHS: Gesamturteil (Q2-Q3). Auffällige Symptomskalen: Unaufmerksamkeit (Q2-Q3).

DISYPS III FBB-SSV: Gesamturteil (KW = 0,8). Auffällige Symptomskalen: Oppositionelles Verhalten (Q2-Q3).

6.11.4 Somatischer Befund/Konsiliarbericht

Nach Konsiliarbericht liegen keine somatischen Auffälligkeiten vor. Keine weiteren ärztlichen Maßnahmen oder Untersuchungen sind zu veranlassen. Es besteht keine Kontraindikation für ambulante Verhaltenstherapie.

6.11.5 Behandlungsrelevante Angaben zur Lebensgeschichte der Bezugspersonen, zur Krankheitsanamnese, zur Verhaltensanalyse

Komplikationslose Schwangerschaft. Geburt mithilfe einer Saugglocke, was die Mutter als traumatisch beschreibt. M. habe als Säugling viel geschrien und schlecht geschlafen. Überforderung bei Eltern. Häufig laute Konflikte zwischen den Eltern, der Vater habe schnell gereizt reagiert. M. habe spät gesprochen, sei später mit einer Artikulationsstörung diagnostiziert worden. Ansonsten regelgerechtes Durchlaufen der Meilensteine der frühkindlichen Entwicklung. Mit 12 Monaten problemlose Betreuung bei einer Tagesmutter. Mit 2 Jahren Geburt ihres Bruders, worauf sie mit Wutanfällen zu Hause reagiert habe. Die Eingewöhnung in die Kita mit 3 Jahren sei schwierig verlaufen. M. habe Kindern Spielsachen weggenommen oder sie geschubst, um sich durchzusetzen. Mit 4 Jahren Beginn und erfolgreicher Abschluss einer logopädischen Behandlung. Mit 5 Jahren Geburt des jüngsten Geschwisterkindes. Ihre Mutter habe eine postpartale Depression entwickelt, sei oft antriebslos gewesen. Vermehrt Konflikte zwischen den Eltern, zwischenzeitlich Überlegungen bezüglich einer Scheidung. M. sei schnell wütend geworden bei Aufforderungen, die Eltern seien meist nachgiebig gewesen und hätten Regelverstöße geduldet. Eine begonnene Ergotherapie aufgrund der Schwierigkeiten sei von den Eltern abgebrochen worden, da M. sich geweigert habe ins Auto einzusteigen. Einschulung mit 6 Jahren, obwohl die Kita sie als »nicht schulreif« bezeichnet habe. Zunächst gute Mitarbeit im Unterricht, habe jedoch bei Herausforderungen schnell aufgegeben. Zunehmend habe sie die Mitarbeit verweigert. Gute Integration in den Klassenverband, dominiere jedoch ihre Freund*innen und ärgere andere Kinder. Die Schule reagiere wenig auf M.s Verhalten, melde die Probleme jedoch regelmäßig den Eltern. Ihre Mutter setze gelegentlich Strafen ein, was aber wenig Effekt zeige. Die Schule empfehle eine Förderschule, die Eltern seien dagegen, und suchen nach Empfehlung einer Erziehungsberatung nun eine ambulante Psychotherapie auf.

6.11.6 Verhaltensaktiva und Ressourcen

M. hat eine gute Freundin seit dem Kindergarten. M. ist vielseitig interessiert (malt gerne, spielt Fußball, sammelt Sammelkarten). Gute Beziehung zu jüngeren Geschwistern.

6.11.7 Mikro- und Makroanalyse

Bei M. liegt bei Antragsstellung die Diagnose einer Störung des Sozialverhaltens mit oppositionellem, aufsässigem Verhalten vor.

Postpartale psychische Störung der Mutter als prädisponierender Faktor für die Entwicklung einer psychischen Störung aufgrund genetischer Disposition. Hinweise auf Impulsivität aufseiten des Vaters können ebenfalls eine genetische Disposition für externalisierende Störungen innerhalb der Familie andeuten. M. selbst scheint schon in sehr jungem Alter Schwierigkeiten in der Selbstregulation und ein eher impulsives Temperament aufzuweisen. Lautes Verhalten und Drohungen der Eltern in Konfliktsituationen können auf Modelllernprozesse in der Entwicklung hinweisen und als verstärkendes Verhaltensmodell für aggressives und dominantes Verhalten betrachtet werden. Die Geburt der jüngeren Geschwister könnte vermutlich als Zurücksetzung empfunden worden sein. Der Eintritt in die Kita könnte eine Überforderung für M. dargestellt haben; im Kontrast zu der Tagesmutter ist die Kindergruppe größer und die Betreuung weniger intensiv. M. lernt im Sinne der operanten Konditionierung, dass sie sich durch aggressives Verhalten gegenüber anderen Kindern durchsetzen (positive Verstärkung) und gegenüber ihren Eltern unangenehmen Anforderungen entziehen kann (negative Verstärkung) und erhält so Aufmerksamkeit durch die Erwachsenen (positive Verstärkung). Aufgrund der hohen Belastung der Eltern (3 Kinder, Berufstätigkeit, postpartale Depression, Partnerschaftskonflikte) werden positive Verhaltensweisen dagegen wenig beachtet. Das nachgiebige und inkonsequente Erziehungsverhalten und die fehlenden effektiven Erziehungsstrategien der Eltern erhalten M.s Verweigerung gegenüber Regeln und Aufforderungen zusätzlich aufrecht. In der Schule kann M. durch die Verweigerung die Mitarbeit im Unterricht vermeiden (negative Verstärkung), unzureichendes Kontingenzmanagement von Seiten der Lehrkräfte. Durch eine verzerrte Informationsverarbeitung (Hostile-Attribution-Bias) fühlt sich M. schnell angegriffen und unterstellt anderen eher eine feindselige Haltung. Die Eltern-Kind-Beziehung ist stark belastet und konfliktgeprägt, wodurch wiederum verstärkt familiäre Konflikte auftreten.

SORC-Schema

S	M.s Lehrer fordert sie auf, mit der Aufgabenbearbeitung zu beginnen.
O	Genetische Disposition zu einem impulsiven Temperament. Lautes Verhalten und Drohungen der Eltern in Konflikten als Modell.

R$_{kog}$	»Nie darf ich machen, was ich will«, »Ich habe keine Lust, ich mache das nicht«
R$_{emot}$	gereizt, wütend
R$_{mot}$	M. schreit, wirft Schulsachen auf Boden.
C$^{-\ kurz}$	M. kann die unangenehme Aufgabe kurzfristig vermeiden
C$^{+\ kurz}$	Erhöhte Aufmerksamkeit durch Lehrkräfte und Mitschüler*innen
C-$^{\ lang}$	Negative Interaktion mit Lehrer nimmt zu; muss zuhause nacharbeiten; Schule wird negativ assoziiert
C+$^{\ lang}$	Andere Kinder wollen nicht mehr in Gruppenarbeiten mit ihr zusammenarbeiten

6.11.8 Diagnose zum Zeitpunkt der Antragsstellung

Anhand der Diagnose-Checkliste für Störungen des Sozialverhaltens (DCL-SSV) aus dem Diagnostik-System für Psychische Störungen nach ICD-10 und DSM-5 wird auf Basis der Psychodiagnostik und Anamnese nach ICD-10 eine F91.3: Störung des Sozialverhaltens mit oppositionellem, aufsässigem Verhalten diagnostiziert. Nach ICD-11 erfüllt M. die Zusatzkodierung »mit chronischer Reizbarkeit bzw. Wut«, es liegen typische prosoziale Emotionen vor. Die Fragebogen geben Hinweise auf Auffälligkeiten bezüglich einer hyperkinetischen Störung, die sich durch eine tiefere Exploration nicht bestätigen lassen. Für die Vergabe einer entsprechenden Diagnose werden nach der Diagnose-Checkliste für ADHS (DCL-ADHS) aus dem Diagnostik-System für Psychische Störungen nach ICD-10 und DSM-5 nicht ausreichend Symptomkriterien erfüllt. M.s Schwierigkeiten im Bereich Aufmerksamkeit und Konzentration werden im Laufe der Therapie weiter beobachtet.

Achse I: F91.3 Störung des Sozialverhaltens mit oppositionellem, aufsässigem Verhalten (G)
Achse II: F80.0 Artikulationsstörung (Z)
Achse III: durchschnittliche Intelligenz
Achse IV: keine körperlichen Erkrankungen
Achse V: Disharmonie in der Familie zwischen Erwachsenen, Psychische Störung eines Elternteils
Achse VI: deutliche soziale Beeinträchtigung (4)

6.11.9 Behandlungsplan und Prognose

Therapieziele

Patientinnenzentriert

1. Aufbau einer therapeutischen Beziehung
2. Erarbeiten eines gemeinsamen Störungsmodells und Ableiten von Therapiezielen

3. Verbesserung der Regelakzeptanz und Abbau Verweigerungsverhalten gegenüber Erwachsenen
4. Verbesserung der Impulskontrolle und Verbesserung der Frustrationstoleranz
5. Übernahme von Verantwortung für eigenes Verhalten und Abbau von externaler Attribuierung bei Problemen
6. Stabilisierung und Erweiterung sozialer Kompetenzen sowie Problemlösefertigkeiten
7. Rückfallprophylaxe

Elternzentriert

1. Erarbeiten eines gemeinsamen Störungsmodells und Ableiten von Therapiezielen
2. Verbesserung der Eltern-Kind-Beziehung
3. Aufbau eines angemessenen Erziehungsstils in Bezug auf Aufforderungen, Regeln und Konsequenzen
4. Aufbau eines angemessenen Umgangs mit eigenen Emotionen und Abbau impulsiven Verhaltens
5. Förderung von sozial kompetentem Verhalten des Kindes in der Familie

Schulzentriert

1. Aufbau eines angemessenen Erziehungsstils in Bezug auf Aufforderungen, Regeln und Konsequenzen
2. Förderung von sozial kompetentem Verhalten des Kindes in der Schule

Behandlungsplan

Die Behandlung orientiert sich an den Therapieprogrammen THAV-Therapieprogramm für Kinder mit aggressivem Verhalten, ScouT -Computer unterstütztes Soziales Kompetenztraining, THOP -Therapieprogramm für Kinder mit hyperkinetischem und oppositionellem Problemverhalten und Informationen aus dem SCEP -Schulbasiertes Coaching bei Kindern mit expansivem Problemverhalten.

Patientinnenzentriert

- Aufbau einer therapeutischen Beziehung zu M. durch gemeinsames Spielen sowie das Entdecken und Stärken gemeinsamer Interessen (z.B. Kennenlern-Poster)
- Aufbau eines altersangemessenen Störungsverständnisses durch die Integration eigener Ideen über die Ursachen sowie des »So ist es – so kann es werden« Schemas aus dem THAV Manual, Aufstellen von Therapiezielen mithilfe einer Zielliste
- Erarbeitung der eigenen Anteile in Konflikten anhand individueller Konfliktsituationen, Hineinversetzen in Gefühle und Gedanken anderer im Rollenspiel;

Modifikation ärgerauslösender Gedanken und Ersetzung durch »Ärger-Killergedanken«
- Erarbeitung von Ärger- und Impulskontrollstrategien wie Einführung eines »Frühwarnsystems« für Wut und Einüben von Strategien zum »Dampfablassen«
- Erweiterung der sozialen Kompetenz und Problemlösefähigkeiten durch Nachbesprechung erlebter Konfliktsituationen und Erarbeiten sozial kompetenter Alternativen sowie Arbeit an fiktiven Videobeispielen aus ScouT

Elternzentriert

- Identifikation von Problemverhalten bzw. -situationen sowie Entwicklung eines gemeinsamen Störungsmodells durch die Integration eigener Ideen zu möglichen Ursachen in ein biopsychosoziales Modell
- Stärkung der Eltern-Kind-Beziehung durch Fokussierung auf positive Anteile (z. B. Was gefällt mir gut an meinem Kind?) und Einführung positiver Eltern-Kind-Zeit
- Vermittlung und Erarbeitung von wirkungsvollen Aufforderungen und angemessenen Konsequenzen zur Verbesserung der Regelakzeptanz und Frustrationstoleranz in spezifischen Situationen; Einführung von Lob und Verstärkerplänen für die Einhaltung von Regeln
- Etablierung eines Belohnungssystems, das sozial angemessenes Verhalten des Kindes verstärkt und Entwicklung konkreter Unterstützungsmaßnahmen für alltägliche Übungssituationen
- Im Sinne von Modelllernen Erarbeitung eines adaptiven Umgangs mit Emotionen und Emotionsregulationsstrategien; Erarbeitung von Impulskontrollstrategien

Schulzentriert

- Vermittlung und Erarbeitung von wirkungsvollen Aufforderungen und angemessenen Konsequenzen zur Verbesserung der Regelakzeptanz und Frustrationstoleranz in spezifischen Situationen; Einführung von Lob und Verstärkerplänen für die Einhaltung von Regeln
- Vermittlung von Methoden zur Reflexion von konflikthaften Situationen auf der behavioralen, kognitiven sowie emotionalen Ebene

Prognose

Positiv für die Prognose ist zu werten, dass M.s Eltern einsichtig bezüglich der Probleme und eigener Anteile daran sind. Die Familie erscheint pünktlich und regelmäßig zu den verabredeten Terminen. M. ist gegenüber der Therapeutin teilweise oppositionell, lässt sich jedoch durch einen Verstärkerplan in der Therapiesitzung zur Mitarbeit motivieren. Positiv sind zudem der kontinuierliche Austausch sowie die enge Zusammenarbeit mit M.s Klassenlehrer zu werten. Zudem ist die beantragte Verhaltenstherapie für das beschriebene Störungsbild evidenzbasiert. Negativ für die Prognose ist die hohe Belastung der Eltern und die psychische Krankheit der Mutter zu werten. Aufgrund des jungen Alters der Patientin kann davon ausgegangen werden, dass noch keine Chronifizierung des Verhaltens vorliegt, jedoch hat bereits eine Generalisierung der Symptomatik vom Elternhaus in die Schule stattgefunden. Zusammengenommen wird die Prognose jedoch als hinreichend günstig erachtet.

6.11.10 Behandlungsverlauf

Die Behandlung wurde als Einzeltherapie mit regelmäßigen Elternterminen durchgeführt. Aufgrund der schulischen Probleme wurde zusätzlich der Klassenlehrer telefonisch eingebunden und regelmäßig über die Therapieinhalte informiert. Es fanden 30 vorrangig patientinnenzentrierte und zusätzlich 11 Bezugspersonensitzungen statt. M. zeigte sich zu Beginn verschlossen und oppositionell gegenüber der Therapeutin, weshalb zunächst am Aufbau einer tragfähigen therapeutischen Beziehung mittels gemeinsamer Spiele, Herausarbeitung von Ressourcen und Ritualen in der Therapie gearbeitet wurde. Über die Einführung der Identifikationsfigur Till Taff aus dem THAV gelang ein thematischer Einstieg zu Konflikten. Gemeinsam wurde ein Beobachtungsbogen zur Analyse von Konflikten erarbeitet, welcher M. dazu befähigen sollte, die eigenen Gefühle, Gedanken und Handlungen zu beobachten und später Handlungsalternativen zu erkennen. Dieser wurde als Therapieaufgabe zwischen den Sitzungen eingesetzt. So konnte die Psychoedukation anhand dieser Beispiele gestaltet werden. Zunächst fiel es M. schwer über Probleme zu sprechen. Inhaltlich wurde eine Externalisierung des Ärgers über das Wutbiest erarbeitet, sowie das Konzept der Ärger- und Ärgerkillergedanken eingeführt, wodurch es M. zunehmend gelang den eigenen Anteil in Konflikten anzunehmen und davon zu berichten. Weiterhin wurde die Veränderungsmotivation durch Herausarbeiten von Vor- und Nachteilen aggressiver Verhaltensanteile gestärkt. M. wurde mit Unterstützung ihrer Eltern angeleitet Ärgerkillergedanken im Alltag einzusetzen. Über Rollenspiele von eigenen Konfliktsituationen und Videosequenzen sozialer Situationen wurden sozial kompetente Verhaltensweisen eingeübt. Zudem wurde über Rollenwechsel und Übungen zum Erkennen von Gefühlen das Hineinversetzen in andere Personen und die Empathiefähigkeit trainiert, um ein besseres Verständnis sozialer Situationen zu erreichen. Zur Stärkung der Impulskontrolle wurde ein Frühwarnsystem eingeführt, das M. dabei hilft schwierige Situationen und erste Anzeichen von Wut wahrzunehmen. Über Strategien zum Dampfablassen wurden alternative Verhaltensweisen (z.B. Situation verlassen, tief durchatmen) im Rahmen der Therapie eingeübt und mittels Erinnerungen der Einsatz zu Hause und in der Schule gefördert.

Mit M.s Eltern wurde ein biopsychosoziales Störungsmodell erarbeitet und Psychoedukation zu Störungen des Sozialverhaltens durchgeführt. Zur Verbesserung der Eltern-Kind-Beziehung wurde die Fokussierung positiver Anteile gefördert. Mit den Eltern wurde gesammelt, was sie an M. schätzen und ihr dies in einer gemeinsamen Stunde rückgemeldet. Im Alltag sollten M.s Eltern täglich Dinge, die gut laufen an M. rückmelden. Dies fiel ihnen zunächst schwer und wurde häufig vergessen. So wurde eine feste Uhrzeit verabredet und die Eltern angeregt, sich zur Erinnerung über das Handy einen Wecker zu stellen, wodurch eine bessere Umsetzung gelang. Anhand des Teufelskreismodells wurde den Eltern aufgezeigt, wie M.s oppositionelles Verhalten durch die familiäre Interaktion aufrechterhalten wird. Auf dieser Basis wurden dysfunktionale Erziehungsstrategien der Eltern und ein möglicher Ausstieg aus dem Teufelskreis besprochen. Die wichtigsten drei Familienregeln, sowie entsprechende positive und negative Konsequenzen wurden festgelegt. Loben und das ruhige Stellen von Aufforderungen wurde mit den Eltern in der Stunde eingeübt. Für das Einhalten der Medienzeit wurde zusätzlich ein Punkteplan aufgestellt. Der eigene Umgang mit Emotionen und Wut wurde thematisiert und ein adaptiver Umgang im Sinne von Modelllernen angeregt.

Mit M.s Klassenlehrer fand ein regelmäßiger Austausch statt. Zunächst wurde Psychoedukation durchgeführt und bezüglich Kontingenzmanagement und Umgang mit Regeln beraten. Die Wichtigkeit von Lob und Fokussierung positiver Anteile wurde mit dem Lehrer besprochen. Ein bereits existierendes Tokensystem für die ganze Klasse, wurde noch einmal modifiziert. Zudem wurde der Lehrer angeleitet Konfliktsituationen mit den Kindern aufzugreifen und nachzubesprechen. In Absprache mit M. wurden die erarbeiteten Therapieinhalte (z. B. Wutbiest, Strategien zum Dampfablassen) an den Lehrer weitergeleitet, sodass dieser die entsprechenden Begrifflichkeiten anwenden und M. an die Strategien erinnern konnte.

Im Behandlungsverlauf stabilisierte sich M. und einige der vereinbarten Ziele konnten erreicht werden. Durch den Einsatz von Positiv-Interventionen konnte die angespannte Eltern-Kind-Interaktion entlastet werden und der Familie gelang es zunehmend schöne Momente miteinander zu teilen. M.s Eltern gelang es am eigenen Konfliktverhalten zu arbeiten, eher ruhig zu bleiben und Konflikte nicht mehr vor den Kindern auszutragen. M.s Mutter nahm eine eigene psychotherapeutische Behandlung auf. Durch ein konsequentes Erziehungsverhalten der Eltern und Lehrkräfte bezüglich Regeln wurde eine verbesserte Regelakzeptanz erreicht, die sich von einzelnen Regeln auf weitere generalisierte. M. arbeitete zunehmend im Unterricht mit. Die Qualität der Wutanfälle konnte verändert werden. Diese fielen weniger heftig aus, nur noch selten kam es dazu, dass M. Sachen warf. Sie brauchte danach kürzere Zeit, um sich zu beruhigen und die Konfliktsituation konnte mit ihr nachbesprochen werden, dabei konnte sie auch immer häufiger den eigenen Anteil an der Situation einsehen. M. gelang es immer besser, sich in die Gefühle anderer hineinzuversetzen und zu verstehen, wie ihre Handlungen (z. B. Ärgern) andere beeinflussen. Durch ihre verbesserten sozialen Kompetenzen nahmen negative Interaktionen mit anderen Kindern in der Schule ab.

Die Fragebogen zeigen eine deutliche Reduktion der Symptomatik und bei M. fiel zuletzt eine deutlich abnehmende Therapiemotivation auf. Es verbleibt eine leichte Restsymptomatik (z. B. vereinzelt Impulsdurchbrüche zu Hause), bei der die Familie sich zutraut, durch die erworbenen Kompetenzen selbst daran zu arbeiten. Zur Rückfallprophylaxe wurde ein individueller Krisenplan entwickelt. Nach einer Abschlussstunde wurde die Therapie beendet und ein Kontrolltermin in 6 Monaten verabredet. Bei diesem zeigte sich M. in den Fragebogen klinisch unauffällig, aus

Familie und Schule wurden kaum Konflikte und Wutanfälle in vertretbarem Ausmaß berichtet.

6.12 Fragen zur Selbstkontrolle

- Welche patient*innenzentrierten und familienzentrierten Interventionen gibt es für Störungen des Sozialverhaltens?
- Wann sind schulzentrierte Interventionen besonders indiziert?
- Welche typischen Herausforderungen können während einer Therapie auftreten, und wie können diese adressiert werden?
- Welche medikamentösen Behandlungsmöglichkeiten gibt es bei der Therapie von Störungen des Sozialverhaltens?
- Welche Kriterien sprechen für den Einsatz von Medikamenten?
- Welche flankierenden Maßnahmen können bei Störungen des Sozialverhaltens ergänzend zur Psychotherapie eingesetzt werden?
- Welche evidenzbasierten Manuale zur Behandlung von Störungen des Sozialverhaltens kennen Sie, und an wen richten sie sich?

7 Psychotherapieforschung

Fallbeispiel

Die Mütter der 5-jährigen Mila melden sich während der telefonischen Sprechzeiten einer psychotherapeutischen Praxis, da sie sich Sorgen um ihre Tochter machen. Das Mädchen habe regelmäßig starke Wutanfälle und es komme häufig zu heftigen Streitigkeiten in Alltagssituationen wie dem Einkaufen oder Abholen von der Kindertagesstätte. Die Erzieher*innen beschweren sich häufig bei den Eltern, da Mila anderen Kindern Streiche spiele und bei Ausflügen wegrenne, obwohl sie gebeten werde, in der Nähe zu bleiben. Die Mütter fragen nun, welche Behandlung »wirklich hilft« und ob es wissenschaftliche Studien dazu gebe. Die Kinderärztin habe zu einer Verhaltenstherapie geraten, aus dem Bekanntenkreis haben sie jedoch auch von Familientherapie und Medikamenten gehört. Nun möchten sie wissen, welche Behandlungsoptionen es gibt, ob Unterschiede in deren Wirksamkeit bestehen und welche Behandlung für ihre Tochter am erfolgversprechendsten ist.

Lernziele

- Sie kennen die Ziele der Psychotherapieforschung und wissen, wie wirksame Interventionen identifiziert werden.
- Sie können Behandlungsansätze mit der größten Evidenzgrundlage für die Behandlung von Kindern und Jugendlichen mit einer SSV benennen.
- Sie können Grenzen, Herausforderungen und weiteren Forschungsbedarf der Psychotherapieforschung benennen.

7.1 Einführung

Psychotherapieforschung ist ein zentrales Instrument, um die Wirksamkeit psychotherapeutischer Interventionen zu überprüfen sowie Potenziale zur Weiterentwicklung aufzudecken. Ziele sind dabei das Ermöglichen einer evidenzbasierten Auswahl von Interventionen in der Praxis, die kontinuierliche Verbesserung von

Behandlungsergebnissen und die Entwicklung sowie Evaluation personalisierter Behandlungspläne.

In der Psychotherapieforschung kommen vielfältige methodische Ansätze zur Anwendung. Dabei lassen sich Primär- und Sekundärliteratur unterscheiden. Primärstudien erheben originäre Daten, häufig mittels randomisierter kontrollierter Studien (RCTs), naturalistischer Studien oder Einzelfallstudien. RCTs, d. h., Teilnehmende werden zufällig Interventions- oder Kontrollgruppe zugeordnet, gelten dabei als Goldstandard zur Überprüfung der Wirksamkeit. Sekundärstudien hingegen synthetisieren bestehende Daten aus Primärstudien und geben einen Überblick über den Forschungsstand. Beide Studientypen sind essenziell: Primärstudien schaffen die Grundlage, während Sekundärstudien helfen, die Vielzahl an Ergebnissen zu konsolidieren und so evidenzbasierte Entscheidungen zu fördern. Systematische Übersichtsarbeiten verfolgen eine prädefinierte Forschungsfrage, führen eine systematische Literaturrecherche durch, benennen Ein- und Ausschlusskriterien für die Studienauswahl, erfassen die relevanten Informationen aus Studien und erstellen eine narrative Synthese der Ergebnisse. Wenn die Ergebnisse systematisch gesuchter und ausgewählter Studien auch statistisch zusammengeführt werden (quantitative Synthese), spricht man von einer Metaanalyse. Diese hat eine zentrale Bedeutung, da sie über eine Vielzahl an Primärstudien hinweg robuste und generalisierbare Schlussfolgerungen hinsichtlich der Wirksamkeit einer Intervention ermöglicht. Interessante Entwicklungen in Bezug auf Metaanalysen stellen Moderator- und Mediatoranalysen, Meta-Metaanalysen (oder auch Umbrella-Reviews), Netzwerk-Metaanalysen und Metaanalysen mit Individualdaten dar. Neben systematischen Übersichtsarbeiten und Metaanalysen zählen auch Buchkapitel und Lehrbücher sowie (klinische) Leitlinien zur Sekundärliteratur.

> **Good to know**
>
> Klinische Leitlinien helfen, einen praxisnahen Überblick über den aktuellen Forschungsstand zu erlangen und formulieren konkrete Empfehlungen für den klinischen Alltag. Für den deutschen Sprachraum bietet sich vor allem die deutsche S3-Leitlinie zu SSV der DGKJP an. Daneben können die britischen Leitlinien des National Institute for Health and Clinical Excellence (NICE) von Interesse sein.

7.2 Wirksame Behandlungsansätze

Zwei qualitativ hochwertige Übersichtsarbeiten identifizieren anhand anerkannter Kriterien (Southam-Gerow & Prinstein, 2014) Behandlungsansätze für Kinder (Kaminski, Claussen, Sims & Bhupalam, 2024) und Jugendliche (McCart, Sheidow

& Jaramillo, 2023) mit einer SSV, die als gut etabliert, wahrscheinlich wirksam oder möglicherweise wirksam eingeschätzt werden können (▶ Tab. 7.1).

Tab. 7.1: Übersicht über wirksame Behandlungsansätze im Kindes- und Jugendalter

	Kinder mit Störungen des Sozialverhaltens (Kaminski et al., 2024)	Jugendliche mit Störungen des Sozialverhaltens (McCart et al., 2023)
Gut etablierte Behandlungsansätze	• Elterntraining (Gruppe) • Elterntraining (Einzel) mit Beteiligung des Kindes • kombinierter Ansatz: Elterntraining (Gruppe) und Verhaltenstherapie des Kindes (Gruppe)	• kombinierte Verhaltenstherapie, kognitive Verhaltenstherapie und Familientherapie[J]
Wahrscheinlich wirksame Behandlungsansätze	• Elterntraining (Gruppe) mit Beteiligung des Kindes • Elterntraining (Einzel) • telefon- oder videobasiertes Elterntraining (Einzel) • (Assistierte) Selbsthilfe für Eltern • Verhaltenstherapie des Kindes (Gruppe oder Einzel) • Verhaltenstherapie des Kindes (Einzel) mit Beteiligung der Eltern • Spieltherapie (Gruppe oder Einzel) • verschiedene kombinierte Ansätze[K1]	• Kognitive Verhaltenstherapie (v. a. sozial-kognitive Intervention in Jugendlichengruppe) • verschiedene kombinierte Ansätze[K2]
Möglicherweise wirksame Behandlungsansätze	• Lehrkrafttraining • verschiedene kombinierte Ansätze[K3]	(Assistierte) Selbsthilfe für Eltern Interpersonelle Therapie (Jugendlichengruppe) verschiedene kombinierte Ansätze[K4]

[J] ausschließlich für Jugendliche, welche bereits Kontakt mit dem Jugendstrafrecht hatten. Untersuchte Interventionen waren: Funktionale Familientherapie (FFT), Multisystemische Therapie (MST) und Multidimensionale Behandlung in Pflegefamilien (MTFC).
[K1] u. a. Elterntraining (Einzel) mit Beteiligung des Kindes, Verhaltenstherapie des Kindes (Gruppe) und akademischer Lehrplan; Elterntraining (Einzel) mit Beteiligung des Kindes und Training zur Konfliktlösung in der Familie sowie Elterntraining (Gruppe), Lehrkrafttraining und Verhaltenstherapie des Kindes (Gruppe).
[K2] u. a. Verhaltenstherapie und bindungsbasierter Ansatz (Familiensitzungen und Elterngruppe); Verhaltenstherapie, kognitive Verhaltenstherapie und Familientherapie (Familien-, Eltern- und Kindersitzungen).
[K3] u. a. Elterntraining (Gruppe) und Lehrkrafttraining; Elterntraining (Einzel) mit Beteiligung des Kindes und Aufgreifen der elterlichen Bedürfnisse hinsichtlich mentaler Gesundheit.
[K4] u. a. Verhaltenstherapie und kognitive Verhaltenstherapie; Verhaltenstherapie und Familientherapie; Familientherapie und emotionsfokussierte Ansätze.

Für das Kindesalter liegen mehr *gut etablierte Ansätze* zur Behandlung einer SSV vor als für das Jugendalter (▶ Tab. 7.1). So haben sich Elterntrainings in der Gruppe- oder im Einzelsetting, mit und ohne Beteiligung des Kindes in vielfältigen Studien als wirksam erwiesen. Im Jugendalter wird dagegen nur ein einziger, kombinierter Therapieansatz für Jugendliche, welche bereits in Konflikt mit dem Strafrecht geraten sind, als gut etabliert eingeschätzt.

Für das Kindesalter benennen die Autor*innen eine Reihe weiterer Interventionen, die *wahrscheinlich wirksam* sind. Dazu zählen Weiterentwicklungen des klassischen Elterntrainings in Form von telefon- oder videobasierten Trainings im Einzelsetting oder auch das Erarbeiten von Selbsthilfeunterlagen unter therapeutischer Begleitung. Daneben wird eine Verhaltenstherapie des Kindes im Gruppen- oder Einzelsetting, sowohl mit als auch ohne Beteiligung der Eltern, als wahrscheinlich wirksam bewertet. Gleiches gilt für eine Spieltherapie im Einzel- und Gruppensetting. Im Jugendalter wird auch für Jugendliche, die noch nicht mit dem Jugendstrafrecht in Konflikt geraten sind, die Durchführung eines sozial-kognitiven, gruppentherapeutischen Angebots als wahrscheinlich wirksam bewertet.

Als *möglicherweise wirksam* bewerten die beiden Arbeitsgruppen ein Lehrkrafttraining für das Kindesalter und Selbsthilfeansätze für Eltern sowie interpersonelle Therapie in Gruppen für das Jugendalter. Neben den genannten gibt es weitere, kombinierte Behandlungsansätze im Kindes- und Jugendalter, welche als wahrscheinlich oder möglicherweise wirksam eingeschätzt werden.

Eine Übersichtsarbeit zu neun Metaanalysen von Romero, Álvarez-Voces & Díaz-Vázquez (2023) bestätigt, dass Elterntrainings die am häufigsten untersuchte Intervention für Kinder mit SSV darstellen, und berichtet eine Abnahme der kindlichen oppositionellen, aggressiven und dissozialen Symptome mit einer mittleren Effektstärke ($d = -0{,}45$). Für Trainings mit Pflegeeltern zeigt die von Solomon, Niec & Schoonover (2016) durchgeführte Metaanalyse basierend auf 16 randomisierten sowie nicht randomisierten Studien einen kleinen, signifikanten Effekt ($d = -0{,}20$) auf das kindliche externalisierende Problemverhalten und einen mittleren Effekt ($d = -0{,}52$) auf das Erziehungsverhalten im Vergleich zu Pflegeeltern ohne Training.

> **Good to know**
>
> Elterntrainings basieren auf der Erkenntnis, dass Erziehungsverhaltensweisen maßgeblich an der Entwicklung von Symptomen einer Störung des Sozialverhaltens beteiligt sind (▶ Kap. 5.3.1). Ziel ist zumeist Veränderungen in der Eltern-Kind-Interaktion herbeizuführen und konsequente und wirksame Erziehungsverhaltensweisen zu fördern. Elterntrainings gelten als Mittel erster Wahl bei SSV im Kindesalter (NICE, 2013).

Die Metaanalyse von Helander et al. (2024) ergibt erneut einen mittleren Effekt für Elterntrainings ($g = 0{,}64$), sowie einen großen Effekt für Elterntrainings mit Involvierung des Kindes ($g = 1{,}22$) hinsichtlich der Reduktion von oppositionell-aggressivem Verhalten im Vergleich zu Warte-Kontrollgruppen. Moderatoranalysen bestätigen, dass bei Involvierung des Kindes bessere Behandlungserfolge zu beobachten sind. Für eine kombinierte Behandlung aus Elterntraining und kognitiver Verhaltenstherapie des Kindes liegen kaum Studien vor, weshalb hierfür keine Schlussfolgerungen gezogen werden können. Eine RCT von Helander et al. (2018) mit 120 Kindern im Alter von 8 bis 12 Jahren, untersucht die differenzielle Wirksamkeit einer kindzentrierten, kognitiven Verhaltenstherapie ergänzend zu einem Elterntraining, jeweils im Gruppensetting. Ziel des Elterntrainings, welches sowohl in der Interventions- als auch Kontrollgruppe durchgeführt wurde, war es, die Eltern-Kind-Beziehung positiv zu beeinflussen und darüber die Symptomatik des Kindes zu verringern. Die ergänzende, kindzentrierte Therapie, welche nur in der Interventionsbedingung angeboten wurde, thematisierte Emotionsregulation, Ärgermanagementfertigkeiten, soziale Problemlösefertigkeiten, Perspektivübernahme, soziale Fertigkeiten und den Umgang mit Gruppendruck. Auch diese Studie bestätigt die Wirksamkeit von Elterntrainings zur Reduktion von oppositionellem, aggressivem und dissozialem Verhalten sowie einen Einfluss auf Elternvariablen wie Erziehungsverhalten, Stress und Selbstwirksamkeit. Die kombinierte Behandlung des Kindes führte jedoch bei den meisten untersuchten Variablen nicht zu einem größeren Behandlungseffekt als das Elterntraining allein. Die kombiniert behandelten Kinder wiesen jedoch bessere soziale Fertigkeiten auf als jene Kinder, die ausschließlich das Elterntraining erhielten. Moderatoranalysen ergänzen, dass Kinder mit einer ausgeprägten oppositionellen Symptomatik zu Studienbeginn sowie Kinder mit einem hohen Risiko für eine antisoziale Entwicklung deutlich stärker von der kombinierten Behandlung profitieren.

Eine Übersichtsarbeit von Boldrini, Ghiandoni, Mancinelli, Salcuni & Solmi (2023) zur Wirksamkeit von psychosozialen Interventionen zur Behandlung von Jugendlichen mit SSV ermittelt basierend auf 17 RCTs eine große Effektstärke (SMD = 0,98) nach Therapieende. Moderatoranalysen ergeben, dass Behandlungsansätze, welche alle Familienmitglieder involvieren mit den besten Behandlungsergebnissen einhergehen. Eine weitere systematische Übersichtsarbeit untersucht die Wirksamkeit von multimodalen Behandlungsansätzen mit Familieneinbezug (u. a. MST, Funktionale Familientherapie und Treatment Foster Care Oregon) zur Behandlung von Jugendlichen, welche Kinder- und Jugendhilfe erhalten, in Konflikt mit dem Jugendstrafrecht geraten sind oder die DSM-Kriterien für eine SSV erfüllen. Basierend auf 28 Studien, ergibt sich ein kleiner, signifikanter Effekt hinsichtlich der Reduktion antisozialen Verhaltens ($d = 0,25$, Dopp, Borduin, White II & Kuppens, 2017). Zwei Übersichtsarbeiten zur MST für Jugendliche mit schweren Verhaltensproblemen, resümieren, dass sowohl die Behandlungseffekte als auch die Qualität der Primärstudien als heterogen einzuschätzen sind (Littell, Pigott, Nilsen, Green & Montgomery, 2021; Markham, 2018).

In einer RCT mit 126 Jugendlichen mit ausgeprägtem aggressivem Verhalten untersucht Singh (2017) die Wirksamkeit einer patient*innenzentrierten, kognitiv-behavioralen Intervention, welche die Veränderung der Wahrnehmung und des Informationsverarbeitungsstils der Jugendlichen fokussiert, und zeigt eine stärkere Reduktion aggressiven Verhaltens bei Teilnehmer*innen im Vergleich zu einer aktiven Kontrollgruppe. Eine RCT zur Wirksamkeit einer vergleichbaren patient*innenzentrierten Intervention für das Kindesalter deckt überwiegend mittlere

Effekte in Eltern- und klinischen Urteilen hinsichtlich aggressivem Verhalten, komorbiden Symptomen, Funktionseinschränkungen, Lebensqualität und elterlichem Stress im Vergleich zu einer aktiven Kontrollgruppe (Spieltherapie) auf (d = 0,39 bis d = 0,54; Görtz-Dorten et al., 2019a).

> **Good to know**
>
> Eine Gruppe kognitiv-behavioraler Behandlungsansätze für Patient*innen stützt sich auf das Modell sozialer Informationsverarbeitung (Crick & Dodge, 1994). Dieses Modell beschreibt, wie soziale Reize wahrgenommen, interpretiert und darauf basierende Handlungsentscheidungen getroffen werden. Kinder und Jugendliche mit einer SSV zeigen häufig Verzerrungen in diesem Prozess (▶ Kap.5.2.1). Sie sollen lernen soziale Reize unverzerrt wahrzunehmen, alternative Interpretationen in Betracht zu ziehen und sozial angemessene Reaktionen zu entwickeln.

Perlstein, Fair, Hong & Waller (2023) zeigen, dass auch Kinder mit begrenzter prosozialer Emotionalität von den etablierten Behandlungsansätzen profitieren, jedoch die Behandlung mit höheren Ausprägungen oppositionellen und aggressiven Verhaltens starten und auch beenden. Die Symptomreduktion ist demnach unabhängig vom Vorliegen einer reduzierten prosozialen Emotionalität, jedoch sind die Kinder und Jugendlichen mit reduzierter prosozialer Emotionalität insgesamt stärker betroffen. Die prosoziale Emotionalität selbst wird jedoch nur durch jene Behandlungen verbessert, welche die Eltern miteinbeziehen und auf das Erziehungsverhalten abzielen und das unabhängig vom Alter der Kinder und Jugendlichen.

> **Merke**
>
> Die beste Evidenzgrundlage für eltern-, patient*innen-, kita- und schulzentierte Interventionen existiert aktuell für kognitiv-behaviorale Behandlungsansätze (NICE 2013, Kaminski 2024, McCart, 2023).
> Für die Behandlung von Kindern mit einer SSV gelten vor allem Elterntrainings (in der Gruppe- oder im Einzelsetting sowie mit und ohne Beteiligung des Kindes) als gut etabliert und wirksam (Kaminski et al., 2024; Romero et al., 2023).
> Die Evidenz für das Jugendalter ist begrenzter als für das Kindesalter. Ein multimodaler Behandlungsansatz unter Einbezug der Patient*innen und deren Familien wird, insbesondere bei schwer beeinträchtigten Patient*innen, empfohlen. Eine kognitive Verhaltenstherapie mit den Jugendlichen selbst, in der die Wahrnehmung und Interpretation sozialer Reize und daraus resultierende Handlungsentscheidungen hinterfragt werden, wird als wahrscheinlich wirksam eingeschätzt (Boldrini et al., 2023; McCart et al., 2023; Singh, 2017).
> Kinder und Jugendliche mit reduzierter prosozialer Emotionalität profitieren zwar von den regulären Behandlungsformen für das Störungsbild, für eine

> Verbesserung der reduzierten prosozialen Emotionalität sollten jedoch auch die Eltern in die Behandlung einbezogen werden.

7.3 Präventive Maßnahmen

Prävention bildet die Grundlage für eine reduzierte Inzidenz, eine geringere Symptomschwere und weniger Funktionseinschränkungen bei zukünftigen Erkrankungen. Barlow, Bergman, Kornør, Wei & Bennett (2016) zeigen bezüglich der Wirksamkeit von Gruppenelterntrainings bei Kindern bis 3;11 Jahre basierend auf 24 überwiegend randomisiert kontrollierten Studien eine kleine, signifikante Reduktion externalisierender Verhaltensweisen (SMD = -0,23). Moderatoranalysen weisen darauf hin, dass universelle Präventionsmaßnahmen möglicherweise weniger wirksam sind als selektive oder indizierte (▶ Kap. 4.9). Zur Effektivität eines Sozialen Kompetenztrainings für Kinder und Jugendliche, zeigen Beelmann & Lösel (2021) in ihrer Metaanalyse mit 130 RCTs, dass diese einen kleinen, signifikanten Effekt ($d = 0{,}25$) auf aggressives und delinquentes Verhalten direkt nach der Intervention aufweisen. Moderatoranalysen ergeben jedoch, dass vor allem Teilnehmende profitieren, die bereits erste Symptome einer SSV aufweisen (indizierte Prävention, $d = 0{,}49$). Universelle und selektive Präventionsmaßnahmen gehen dagegen mit keinen signifikanten Symptomreduktionen einher. In der Übersichtsarbeit von Waschbusch, Breaux & Babinski (2019) werden Ergebnisse verschiedener Metaanalysen zu schulbasierten Interventionen für Kinder und Jugendliche mit aggressivem und trotzigem Verhalten zusammengetragen. Es zeigt sich ein signifikanter, kleiner Effekt hinsichtlich oppositionell-aggressiven Verhaltens ($d = 0{,}19$). Hinsichtlich indizierter Präventionsmaßnahmen im Einzelsetting im schulischen Rahmen, finden Stoltz, Londen, Deković, de Castro & Prinzie (2012) basierend auf 19 RCTs eine kleine, signifikante Reduktion externalisierenden Verhaltens. Moderatoranalysen zeigen, dass jüngere Kinder stärker profitieren als ältere Kinder. Einen besonders breiten Überblick zur Wirksamkeit von Präventionsmaßnahmen bietet eine Übersichtsarbeit von Hendriks, Bartels, Colins & Finkenauer (2018). 72 Meta-Analysen und systematische Übersichtsarbeiten zusammenführend, zeigen sich für universelle und selektive Präventionsmaßnahmen keine bis maximal kleine Effekte und für indizierte Präventions- und Interventionsmaßnahmen kleine bis moderate Effekte auf aggressives Verhalten. Ein Großteil der Studien berichtet zudem, dass Kinder mit höherer Ausgangssymptomatik stärker von der Behandlung profitieren (67 %) als Kinder mit geringerem Ausgangsniveau und, dass die Involvierung der Eltern mit höherem Behandlungserfolg einhergeht (60 %).

> **Merke**
>
> Präventionsmaßnahmen weisen kleine bis mittlere Effekte hinsichtlich der Reduktion von externalisierendem oder antisozialem Verhalten auf. Es gibt Hinweise darauf, dass insbesondere Kinder mit (ersten) Auffälligkeiten im Sozialverhalten von den angebotenen Maßnahmen profitieren.

7.4 Behandlungsansätze ohne ausreichende Wirksamkeitsnachweise

Für diverse Behandlungsansätze liegen erste Hinweise auf erwünschte Effekte vor, aber weitere Studien werden benötigt, um eine klare Aussage bezüglich deren Wirksamkeit treffen zu können (siehe u. a. Kaminski et al., 2024; McCart et al., 2023). Bei der Einordnung sollten u. a. folgende Punkte geprüft werden:

- Ist die Stichprobe groß genug, um erwartbare Effekte aufzudecken?
- Wird der Effekt der Interventionsgruppe dem einer Kontrollgruppe gegenübergestellt?
- Welche Maßnahme erhält die Kontrollgruppe (nicht)?
- Erfolgt die Gruppenzuordnung randomisiert?
- Werden alle Proband*innen gemäß der ursprünglichen Randomisierung ausgewertet (Intention-to-treat-Analyse)?
- Ist das methodische Vorgehen qualitativ hochwertig und passend für die Fragestellung?

Insbesondere die Durchführung von RCTs mit großen Stichproben ist zentral für Aussagen zur Wirksamkeit von spezifischen Interventionen.

Psychoanalytische bzw. psychodynamische Verfahren weisen störungsübergreifend eine geringere Evidenzbasis auf als kognitiv-behaviorale Ansätze (McCart et al., 2023; Midgley, Mortimer, Cirasola, Batra & Kennedy, 2021). Eine narrative Synthese findet zu psychoanalytischen bzw. psychodynamischen Behandlungsansätzen für externale Symptome bei Kindern und Jugendlichen kaum Evidenz (sechs Studien zu gemischten Diagnosen; Midgley et al., 2021). Auf dieser Basis sind Aussagen zur Wirksamkeit für SSV bisher nicht möglich.

Deutlich abgeraten werden kann von Bootcamps, die vor allem in Amerika eingesetzt wurden und oft einen militärartig strengen Tagesplan mit Drill, Zeremonien und körperlichem Training beinhalten, sowie von Programmen mit organisierten Gefängnisbesuchen zur Abschreckung straffälliger oder auffälliger Jugendlicher, da diese keine oder sogar gegenteilige Effekte aufweisen (Petrosino, Turpin-Petrosino, Hollis-Peel & Lavenberg, 2013; Wilson, MacKenzie & Mitchell, 2005).

> **Merke**
>
> Besonders strenge Interventionen, die auf Strafe und Abschreckung setzen, scheinen nicht geeignet zu sein für die Behandlung von SSV.

7.5 Herausforderungen, Grenzen und weiterer Forschungsbedarf

Trotz fortschreitender Entwicklungen in der Psychotherapieforschung ist diese weiterhin mit Herausforderungen und Grenzen konfrontiert. Häufig genannt wird eine eingeschränkte Generalisierbarkeit von Befunden. Studienpopulationen in Forschungsprojekten unterscheiden sich oft von den Patient*innen im klinischen Alltag. Da in RCTs oft strenge Einschlusskriterien (z. B. Ausschluss von Komorbiditäten) angewendet werden, ist die Übertragung der Ergebnisse auf die heterogene Realität der Patient*innen in der Praxis erschwert. Riise, Wergeland, Njardvik & Öst (2021) berichten jedoch auch für kognitiv-behaviorale Behandlungsansätze in der Routineversorgung große Veränderungen hinsichtlich oppositionellem, aggressivem und dissozialem Verhalten nach Abschluss der Therapie ($g = 0{,}98$) sowie nach dem jeweiligen Nachsorgezeitraum ($g = 1{,}06$). Diese sind nur minimal kleiner und nicht signifikant abweichend von einer Behandlung in Forschungssettings. Zudem zeigt sich, dass 48 % der Patient*innen nach Abschluss der Behandlung und 57 % der Patient*innen nach dem Nachsorgezeitraum ein deutliches Nachlassen oder das vollständige Verschwinden der Symptomatik zeigen (Remission).

Eine weitere Herausforderung der Psychotherapieforschung stellt die oft unzureichende methodische Qualität von Studien dar. Häufige Probleme sind kleine Stichprobengrößen sowie sehr kurze oder fehlende Nachbeobachtungen (Follow-Up). Follow-Up-Erhebungen zeigen teilweise, dass die Effekte nach Ende der Therapie nicht stabil bleiben (u. a. Boldrini et al., 2023). Jedoch findet eine Metaanalyse unter Auswertung von 45 RCTs und 11 weiteren Studien zu überwiegend (kognitiv-)behavioralen Behandlungsansätzen für Kinder und Jugendliche in keiner der Studien einen bedeutenden Anstieg der Verhaltensprobleme und über alle Studien hinweg eine leichte, weitere Verringerung der Verhaltensprobleme im Nachsorgezeitraum (Fossum, Handegård, Adolfsen, Vis & Wynn, 2016).

Ein weiterführendes Ziel der Psychotherapieforschung ist die Zuwendung zu der Frage, welche Intervention für ein bestimmtes Individuum vor dem Hintergrund der gegebenen Rahmenbedingungen (z. B. familiärer Ressourcen) mit den größten Behandlungseffekten einhergeht. Ein erster Schritt zu diesen individualisierten Behandlungsansätzen stellt die Untersuchung von Prädiktoren und Moderatoren für den Behandlungserfolg dar. So existieren Hinweise darauf, dass Interventionen im Gruppenformat möglicherweise für Jungen wirksamer sind als für Mädchen (Granski, Javdani, Anderson & Caires, 2020). Lane et al. (2023) schlussfolgern in ihrer Übersichtsarbeit, dass bei eingeschränkter Studienqualität erste Hinweise auf eine gesteigerte Wirksamkeit personalisierter Behandlungsansätze vorliegen.

7.6 Fragen zur Selbstkontrolle

- Welches sind die Ziele der Psychotherapieforschung?
- Was ist Primär-, was Sekundärliteratur?
- Welches ist der Behandlungsansatz mit der größten Evidenzgrundlage für die Behandlung von Kindern mit einer SSV?
- Welche Behandlungsansätze haben die größte Evidenzgrundlage für die Behandlung von Jugendlichen mit einer SSV?
- Was sind Grenzen, Herausforderungen und weiterer Forschungsbedarf der Psychotherapieforschung?

8 Rechtliche Aspekte

> **Lernziele**
>
> - Sie wissen um Ihre Schweigepflicht und kennen die Grenzen dieser.
> - Sie kennen die drei empfohlenen Schritte zum Vorgehen bei einem Verdacht auf eine Kindeswohlgefährdung.

Im Rahmen dieses Buches wurden bereits verschiedene rechtliche Aspekte der therapeutischen Arbeit mit Kindern und Jugendlichen thematisiert (▶ Kap. 6.8). Im Folgenden sollen zwei weitere, zentrale rechtliche Aspekte hervorgehoben werden.

8.1 Schweigepflicht

Für Psychotherapeut*innen gilt grundsätzlich die Schweigepflicht. Diese ergibt sich aus der Berufsordnung, als Nebenpflicht aus dem geschlossenen Behandlungsvertrag und dem Strafgesetzbuch (StGB). Die Schweigepflicht bildet die Grundlage für das Vertrauen zwischen Therapeut*innen und Patient*innen sowie deren Eltern. Jede Weitergabe von Informationen innerhalb und außerhalb des Familiensystems sowie jeder Austausch mit einem anderen Versorgungssystem sollte mit den Patient*innen und deren Sorgeberechtigten abgestimmt, vorbesprochen und nur mit Einverständnis durchgeführt werden. Die Schweigepflicht ist jedoch nicht uneingeschränkt. Wenn Therapeut*innen gewichtige Anhaltspunkte für eine akute Kindeswohlgefährdung erkennen (z. B. Anzeichen von Misshandlung, Vernachlässigung oder sexuellem Missbrauch) sollte geprüft werden, ob diese Informationen an das zuständige Jugendamt weitergegeben werden dürfen. Entsprechend wird hier das Kindeswohl über die Schweigepflicht gestellt. Darüber hinaus kann (Offenbarungsbefugnis gemäß § 34 StGB) bzw. muss (Offenbarungsverpflichtung gemäß §138 StGB) gegen die Schweigepflicht verstoßen werden, wenn schwere Straftaten zu erwarten sind. In solchen Fällen sind Psychotherapeut*innen verpflichtet, die entsprechenden Behörden, wie das Jugendamt oder in akuten Notfällen die Polizei, zu informieren.

8.2 Vorgehen bei Verdacht auf Kindeswohlgefährdung

»Pflege und Erziehung sind das natürliche Recht der Eltern und die zuvörderst ihnen obliegende Pflicht« (Art. 6 Abs. 2 Satz 1 des Grundgesetzes). Das heißt die Erziehungsaufgabe ist ein Recht der Eltern. Sie haben aber auch die Pflicht vor Gefahren zu schützen. Eine Kindeswohlgefährdung (gemäß § 1666 Bürgerliches Gesetzbuch) liegt vor, wenn eine gegenwärtige, in einem solchen Maß vorhandene Gefahr festgestellt wird, dass bei der weiteren Entwicklung der Dinge eine erhebliche Schädigung des geistigen oder leiblichen Wohls des Kindes mit hinreichender Wahrscheinlichkeit zu erwarten ist. Gewichtige Anhaltspunkte für eine Kindeswohlgefährdung sind körperliche oder emotionale Misshandlung, körperliche oder emotionale Vernachlässigung sowie sexueller Missbrauch von Kindern und Jugendlichen zwischen 0 und 18 Jahren. Bei Verdacht auf Kindeswohlgefährdung liefert das Gesetz zur Kooperation und Information im Kinderschutz (KKG, § 4 Beratung und Übermittlung von Informationen durch Geheimnisträger bei Kindeswohlgefährdung) Hinweise zum konkreten Vorgehen (▶ Tab. 8.1). Ein erster Schritt stellt die Erörterung der Anhaltspunkte mit den Kindern, Jugendlichen und deren Sorgeberechtigten sowie (bei Bedarf) das Hinwirken auf die Inanspruchnahme von Hilfen dar, sofern dadurch nicht das Gefährdungspotenzial steigt. Erhärtet sich der Verdacht auf eine Kindeswohlgefährdung, sollte in einem zweiten Schritt ein Austausch mit einer weiteren Fachkraft und eine gemeinsame Einschätzung erfolgen. Ziel ist es, Anhaltspunkte zu objektivieren und zu klären, ob eine Mitteilung an das Jugendamt erfolgen sollte (Schritt 3). Alle genannten Schritte sind darauf ausgerichtet, den Schutz der Kinder und Jugendlichen sicherzustellen. In keinem Fall sollte durch eigene Aktivitäten (z. B. Information eines Elternteils) eine akute Gefährdung des Kindes riskiert werden. Alle genannten Schritte sollten zur eigenen rechtlichen Absicherung sorgfältig dokumentiert werden.

Tab. 8.1: Ablaufplan zur Einschätzung einer Kindeswohlgefährdung (Darstellung des Ablaufplans angelehnt an Kinderschutzleitlinie; Deutsche Gesellschaft für Kinderschutz in der Medizin, 2022)

	(1.) Eigene Einschätzung	(2.) Gemeinsame Einschätzung	(3.) Mitteilung an das Jugendamt
Tätigkeit	Erörterung der Anhaltspunkte mit den Kindern/Jugendlichen und Sorgeberechtigten: • Situation erörtern und Sorge verbalisieren • Ressourcen und Belastungen beleuchten • Gefährdungseinschätzung vornehmen	Erörterung der Anhaltspunkte mit einer Fachkraft im eigenen Versorgungsbereich oder einer insofern erfahrenen Fachkraft (pseudonymisiert)	Information des Jugendamtes zur Abwendung einer Gefährdung der Kinder/Jugendlichen; wenn das Kindeswohl dadurch nicht gefährdet wird, sind Betroffene vorab über die geplante Informati-

Tab. 8.1: Ablaufplan zur Einschätzung einer Kindeswohlgefährdung (Darstellung des Ablaufplans angelehnt an Kinderschutzleitlinie; Deutsche Gesellschaft für Kinderschutz in der Medizin, 2022) – Fortsetzung

	(1.) Eigene Einschätzung	**(2.) Gemeinsame Einschätzung**	**(3.) Mitteilung an das Jugendamt**
			on an das Jugendamt zu informieren
Ziel	Auf Inanspruchnahme von Hilfen hinwirken, soweit hierdurch der wirksame Schutz der Kinder/Jugendlichen nicht gefährdet wird	Anhaltspunkte objektivieren, gemeinsame Gefährdungseinschätzung vornehmen, Einschätzung sicher vermitteln	Einschätzung der Kindeswohlgefährdung durch das Jugendamt

8.3 Weitere rechtliche Aspekte

Selbstverständlich gibt es weitere rechtliche Aspekte, die bei einer psychotherapeutischen Behandlung von Kindern und Jugendlichen berücksichtigt werden müssen. Dazu gehören unter anderem die Sorgfaltspflicht, die Aufklärungspflicht, die Abstinenzpflicht, die Fortbildungspflicht, die Dokumentationspflicht sowie das Einsichtnahmerecht.

8.4 Fragen zur Selbstkontrolle

- Was sind Grenzen Ihrer grundsätzlichen Schweigepflicht?
- Was tun Sie, wenn Sie im Rahmen einer therapeutischen Behandlung den Verdacht auf eine Kindeswohlgefährdung haben?

9 Zusammenfassung und Ausblick

Störungen des Sozialverhaltens (SSV) sind im Kindes- und Jugendalter eine weitverbreitete Diagnose, die weitreichende Folgen für den ganzen Lebensweg mit sich bringen kann. Neben oppositionellen und aggressiven können dissoziale Verhaltensweisen auftreten. Je nach Ausprägung wird nach ICD-11 und DSM-5 die Diagnose einer Störung des Sozialverhaltens im engeren Sinne oder eine Störung mit oppositionellem Trotzverhalten vergeben. Häufig treten erste Symptome bereits im Vorschul- bis ins mittlere Kindesalter auf, können aber als einzelnes Phänomen auch Zeichen einer normalen kindlichen Entwicklung darstellen. Voraussetzung für eine gesicherte Diagnose ist also eine ausführliche Diagnostik, die das ganze System des Kindes mitberücksichtigt und eine genaue Abgrenzung von möglichen Differenzialdiagnosen wie hyperkinetischen Störungen ermöglicht. In der klinischen Arbeit mit Betroffenen stehen Behandler*innen zahlreichen Herausforderungen gegenüber. So zeigen Kinder und Jugendliche oft auch in der Therapie Opposition und Aggression, Familien berichten häufig von zahlreichen akuten Problemen und in die Behandlung müssen neben dem Kind alle relevanten Systeme wie Eltern und Lehrkräfte aktiv miteinbezogen werden. Häufig sind verschiedene Lebensbereiche betroffen und weitere Hilfesysteme wie das Jugendamt müssen in ein Behandlungskonzept integriert werden. Es liegen jedoch wirksame, etablierte Interventionen und zahlreiche Manuale vor, die genau diese Probleme adressieren. Zusammen mit einer wertschätzenden, interessierten Haltung kann so eine gute Zusammenarbeit mit Betroffenen gelingen. Viele Interventionen richten sich dabei vornehmlich an das Kindesalter, wobei insbesondere im Jugend- und jungen Erwachsenenalter die Therapiemotivation gering ausfällt und komplexe Problemkonstellationen auftreten können. Multimodale Ansätze arbeiten hochfrequent und aufsuchend und richten sich an genau diese Gruppe. Auch in Zukunft sollte es ein zentrales Ziel sein, Interventionen zu entwickeln, die Versorgungslücken schließen und gerade diejenigen erreichen, die bisher wenig von den etablierten Psychotherapieansätzen profitieren. Eine Idee ist der Einsatz digitaler Medien wie Apps und Webformate. Studien zeigen sich vielversprechend, jedoch müssen diese Interventionen noch weiter untersucht werden und sich darüber hinaus im therapeutischen Alltag etablieren. Dasselbe gilt für individualisierte Therapieansätze, die es ermöglichen sollen, bereits zu Beginn der Behandlung das bestgeeignete Vorgehen für die einzelne Person bestimmen zu können. Neben der nötigen wissenschaftlichen Arbeit müssen auch wir als Behandler*innen weiterhin offen und interessiert sein an psychotherapeutischen Weiterentwicklungen, die dabei helfen, von SSV betroffenen Kindern und Jugendlichen und ihren individuellen Bedürfnissen gerecht zu werden.

Literatur

Ackermann, K., Kirchner, M., Bernhard, A., Martinelli, A., Anomitri, C., Baker, R., Baumann, S., Dochnal, R., Fernandez-Rivas, A., Gonzalez-Madruga, K., Herpertz-Dahlmann, B., Hervas, A., Jansen, L., Kapornai, K., Kersten, L., ... Popma, A. (2019). Relational aggression in adolescents with conduct disorder: Sex differences and behavioral correlates. *Journal of Abnormal Child Psychology, 47*, 1625–1637.

Aebi, M., Perriard, R., Scherrer, B. S., & Wettach, R. (2012). *Kinder mit oppositionellem und aggressivem Verhalten: Das Baghira-Training.* Hogrefe.

Alegria, A. A., Radua, J., & Rubia, K. (2016). Meta-analysis of fMRI studies of disruptive behavior disorders. *American Journal of Psychiatry, 173*, 1119–1130.

Amorim dos Santos, M., Santos, G., Sebastião Machado, M., & Sofia de Freitas Lino Pinto Cardoso, C. (2023). Neighborhood perceptions and externalizing behaviors during childhood and adolescence: The indirect effect of family socioeconomic vulnerability and parenting practices. *Children and Youth Services Review, 147*, Article 106836.

Avinun, R., Israel, S., Shalev, I., Gritsenko, I., Bornstein, G., Ebstein, R. P., & Knafo, A. (2011). AVPR1 A variant associated with preschoolers' lower altruistic behavior. *PLOS ONE, 6*(10), e25274.

Ayduk, O., Rodriguez, M. L., Mischel, W., Shoda, Y., & Wright, J. (2007). Verbal intelligence and self-regulatory competencies: Joint predictors of boys' aggression. *Journal of Research in Personality, 41*, 374–388.

Azzam, A. Y., Seleem, M. A., Saada, S. A., Mourad, H. A., & Mubarak, A. A. (2022). Serum oxytocin levels in adolescents with conduct disorder associated with callous-unemotional traits. *Middle East Current Psychiatry, 29*, Article 52.

Balia, C., Carucci, S., Coghill, D., & Zuddas, A. (2018). The pharmacological treatment of aggression in children and adolescents with conduct disorder: Do callous-unemotional traits modulate the efficacy of medication? *Neuroscience & Biobehavioral Reviews, 91*, 218–238.

Barker, E. D., Tremblay, R. E., van Lier, P. A., Vitaro, F., Nagin, D. S., Assaad, J. M., & Séguin, J. R. (2011). The neurocognition of conduct disorder behaviors: Specificity to physical aggression and theft after controlling for ADHD symptoms. *Aggressive Behavior, 37*, 63–72.

Barlow, J., Bergman, H., Kornør, H., Wei, Y., & Bennett, C. (2016). Group-based parent training programmes for improving emotional and behavioural adjustment in young children. *Cochrane Database of Systematic Reviews*, Article CD003680.

Baselmans, B., Hammerschlag, A. R., Noordijk, S., Ip, H., van der Zee, M., de Geus, E., Abdellaoui, A., Treur, J. L., & van 't Ent, D. (2022). The genetic and neural substrates of externalizing behavior. *Biological Psychiatry: Global Open Science, 2*, 389–399.

Beauftragter der Bundesregierung für die Belange von Menschen mit Behinderungen. (2018). *Die UN-Behindertenrechtskonvention: Übereinkommen über die Rechte von Menschen* [Broschüre]. Bundesministerium für Arbeit und Soziales.

Becker, A., Wang, B., Kunze, B., Otto, C., Schlack, R., Hölling, H., Ravens-Sieberer, U., Klasen, F., Rogge, J., Isensee, C., Rothenberger, A., & the BELLA study group. (2018). Normative data of the self-report version of the German Strengths and Difficulties Questionnaire in an epidemiological setting. *Zeitschrift für Kinder- und Jugendpsychiatrie und Psychotherapie, 46*, 523–533.

Beelmann, A., & Lösel, F. (2021). A comprehensive meta-analysis of randomized evaluations of the effect of child social skills training on antisocial development. *Journal of Developmental and Life-Course Criminology, 7*, 41–65.

Beitchman, J. H., Baldassarra, L., Mik, H., De Luca, V., King, N., Bender, D., Ehtesham, S., & Kennedy, J. L. (2006). Serotonin transporter polymorphisms and persistent, pervasive childhood aggression. *American Journal of Psychiatry, 163*, 1103–1105.

Berluti, K., Ploe, M. L., & Marsh, A. A. (2023). Emotion processing in youths with conduct problems: An fMRI meta-analysis. *Translational Psychiatry, 13*, Article 105.

Bernhard, A., Ackermann, K., Martinelli, A., Chiocchetti, A. G., Vllasaliu, L., González-Madruga, K., Batchelor, M., Raschle, N. M., Oldenhof, H., Jansen, L. M. C., Kohls, G., Konrad, K., Popma, A., Stadler, C., Fairchild, G., ... Freitag, C. M. (2022). Neuroendocrine stress response in female and male youths with conduct disorder and associations with early adversity. *Journal of the American Academy of Child & Adolescent Psychiatry, 61*, 698–710.

Bernhard, A., Kirchner, M., Martinelli, A., Ackermann, K., Kohls, G., Gonzalez-Madruga, K., Wells, A., Fernández-Rivas, A., De Artaza-Lavesa, M. G., Raschle, N. M., Konsta, A., Siklósi, R., Hervás, A., Herpertz-Dahlmann, B., De Brito, S. A., ... Popma, A. (2021a). Sex-specific associations of basal steroid hormones and neuropeptides with conduct disorder and neuroendocrine mediation of environmental risk. *European Neuropsychopharmacology, 49*, 40–53.

Bernhard, A., Mayer, J. S., Fann, N., & Freitag, C. M. (2021b). Cortisol response to acute psychosocial stress in ADHD compared to conduct disorder and major depressive disorder: A systematic review. *Neuroscience & Biobehavioral Reviews, 127*, 899–916.

Bevilacqua, L., Hale, D., Barker, E. D., & Viner, R. (2018). Conduct problems trajectories and psychosocial outcomes: A systematic review and meta-analysis. *European Child & Adolescent Psychiatry, 27*, 1239–1260.

Blair, R. J. R. (2018). Traits of empathy and anger: Implications for psychopathy and other disorders associated with aggression. *Philosophical Transactions of the Royal Society B: Biological Sciences, 373*, 20170155.

Blair, R. J. R., Veroude, K., & Buitelaar, J. K. (2018). Neuro-cognitive system dysfunction and symptom sets: A review of fMRI studies in youth with conduct problems. *Neuroscience & Biobehavioral Reviews, 91*, 69–90.

Boldrini, T., Ghiandoni, V., Mancinelli, E., Salcuni, S., & Solmi, M. (2023). Systematic review and meta-analysis: Psychosocial treatments for disruptive behavior symptoms and disorders in adolescence. *Journal of the American Academy of Child & Adolescent Psychiatry, 62*, 169–189.

Bonham, M. D., Shanley, D. C., Waters, A. M., & Elvin, O. M. (2021). Inhibitory control deficits in children with oppositional defiant disorder and conduct disorder compared to attention deficit/hyperactivity disorder: A systematic review and meta-analysis. *Research on Child and Adolescent Psychopathology, 49*, 39–62.

Bookhout, M. K., Hubbard, J. A., Zajac, L., Mlawer, F. R., & Moore, C. C. (2021). Validation of the social information processing application (SIP-AP) across genders, socioeconomic levels, and forms of aggression. *Psychological Assessment, 33*, 716–728.

Büch, H., & Döpfner, M. (2011). *Soziale Ängste: Therapieprogramm für Kinder und Jugendliche mit Angst- und Zwangsstörungen (THAZ)*. Hogrefe.

Bundesinstitut für Arzneimittel und Medizinprodukte. (2023). *Für DiGA-Nutzende*. https://diga.bfarm.de/de/diga-nutzende

Burke, J. D., Hipwell, A. E., & Loeber, R. (2010). Dimensions of oppositional defiant disorder as predictors of depression and conduct disorder in preadolescent girls. *Journal of the American Academy of Child & Adolescent Psychiatry, 49*, 484–492.

Burt, S. A. (2009). Are there meaningful etiological differences within antisocial behavior? Results of a meta-analysis. *Clinical Psychology Review, 29*, 163–178.

Burt, S. A., Klahr, A. M., Neale, M. C., & Klump, K. L. (2013). Maternal warmth and directiveness jointly moderate the etiology of childhood conduct problems. *Journal of Child Psychology and Psychiatry, 54*, 1030–1037.

Burt, S. A., & Klump, K. L. (2014). Parent–child conflict as an etiological moderator of childhood conduct problems: An example of a »bioecological« gene–environment interaction. *Psychological Medicine, 44,* 1065–1076.

Burt, S. A., Pearson, A. L., Rzotkiewicz, A., Klump, K. L., & Neiderhiser, J. M. (2019). It really does take a village: The role of neighbors in the etiology of nonaggressive rule-breaking behavior. *Development and Psychopathology, 31,* 713–725.

Button, T. M., Corley, R. P., Rhee, S. H., Hewitt, J. K., Young, S. E., & Stallings, M. C. (2007). Delinquent peer affiliation and conduct problems: A twin study. *Journal of Abnormal Psychology, 116,* 554–564.

Button, T. M. M., Lau, J. Y. F., Maughan, B., & Eley, T. C. (2008). Parental punitive discipline, negative life events and gene–environment interplay in the development of externalizing behavior. *Psychological Medicine, 38,* 29–39.

Cardinale, E. M., O'Connell, K., Robertson, E. L., Meena, L. B., Breeden, A. L., Lozier, L. M., VanMeter, J. W., & Marsh, A. A. (2019). Callous and uncaring traits are associated with reductions in amygdala volume among youths with varying levels of conduct problems. *Psychological Medicine, 49,* 1449–1458.

Chang, S.-A. A., & Baskin-Sommers, A. (2022). Distrust moderates the effect of deviant peer affiliation on increased externalizing in adolescents. *Journal of Youth and Adolescence, 51,* 1829–1840.

Chen, D., Drabick, D. A., & Burgers, D. E. (2015). A developmental perspective on peer rejection, deviant peer affiliation, and conduct problems among youth. *Child Psychiatry & Human Development, 46,* 823–838.

Chen, F. R., Raine, A., & Granger, D. A. (2018). Testosterone and proactive-reactive aggression in youth: The moderating role of harsh discipline. *Journal of Abnormal Child Psychology, 46,* 1599–1612.

Colman, I., Murray, J., Abbott, R. A., Maughan, B., Kuh, D., Croudace, T. J., & Jones, P. B. (2009). Outcomes of conduct problems in adolescence: 40 year follow-up of national cohort. *BMJ, 338,* a2981.

Craig, S. G., Goulter, N., & Moretti, M. M. (2021). A systematic review of primary and secondary callous-unemotional traits and psychopathy variants in youth. *Clinical Child and Family Psychology Review, 24,* 65–91.

Crick, N. R., & Dodge, K. A. (1994). A review and reformulation of social information-processing mechanisms in children's social adjustment. *Psychological Bulletin, 115,* 74–101.

de Castro, B. O., & van Dijk, A. (2017). »It's gonna end up with a fight anyway« – Social cognitive processes in children with disruptive behavior disorders. In T. H. Ollendick, S. W. White, & B. A. White (Eds.), *The Wiley handbook of disruptive and impulse-control disorders* (pp. 237–253). Wiley.

de Looff, P. C., Cornet, L. J. M., de Kogel, C. H., Fernández-Castilla, B., Embregts, P. J. C. M., Didden, R., & Nijman, H. L. I. (2022). Heart rate and skin conductance associations with physical aggression, psychopathy, antisocial personality disorder and conduct disorder: An updated meta-analysis. *Neuroscience & Biobehavioral Reviews, 132,* 553–582.

del Puerto-Golzarri, N., Pascual-Sagastizabal, E., Muñoz, J. M., Carreras, M. R., Ruiz-Ortiz, R. M., & Azurmendi, A. (2023). Differential susceptibility to parenting influences on reactive and proactive aggression: The role of testosterone and cortisol in children. *Psychoneuroendocrinology, 155,* Article 106341.

Deutsche Gesellschaft für Kinder- und Jugendpsychiatrie Psychosomatik und Psychotherapie. (2016). *Langfassung der evidenz- und konsensbasierten Leitlinie (S3) AWMF-Registernummer 028–020: Störungen des Sozialverhaltens – Empfehlungen zur Versorgung und Behandlung.* https://register.awmf.org/de/leitlinien/detail/028-020

Deutsche Gesellschaft für Kinderschutz in der Medizin. (2022). *Langfassung der evidenz- und konsensbasierten S3-Kinderschutzleitlinie: Kindesmisshandlung, -missbrauch, -vernachlässigung unter Einbindung der Jugendhilfe und Pädagogik.* https://register.awmf.org/de/leitlinien/detail/027-069

Dodge, K. A. (1980). Social cognition and children's aggressive behavior. *Child Development, 51,* 162–170.

Dodge, K. A., Malone, P. S., Lansford, J. E., Sorbring, E., Skinner, A. T., Tapanya, S., Tirado, L. M., Zelli, A., Alampay, L. P., Al-Hassan, S. M., Bacchini, D., Bombi, A. S., Bornstein, M. H., Chang, L., Deater-Deckard, K., ... Pastorelli, C. (2015). Hostile attributional bias and aggressive behavior in global context. *Proceedings of the National Academy of Sciences, 112*, 9310–9315.

Dodge, K. A., & Schwartz, D. (1997). Social information processing mechanisms in aggressive behavior. In D. M. Stoff, J. Breiling, & J. D. Maser (Eds.), *Handbook of antisocial behavior* (pp. 171–180). Wiley.

Dolan, M., & Lennox, C. (2013). Cool and hot executive function in conduct-disordered adolescents with and without co-morbid attention deficit hyperactivity disorder: Relationships with externalizing behaviours. *Psychological Medicine, 43*, 2427–2436.

Döpfner, M. (1989). Soziale Informationsverarbeitung: Ein Beitrag zur Differenzierung sozialer Inkompetenzen. *Zeitschrift für Pädagogische Psychologie, 3*, 1–8.

Döpfner, M. (2007). Psychotherapie im Kindes- und Jugendalter. In C. Reimer, J. Eckert, M. Hautzinger, & E. Wilke (Eds.), *Psychotherapie* (pp. 613–629). Springer.

Döpfner, M., Berner, W., Breuer, D., Flechtner, H., Lehmkuhl, G., & Steinhausen, H.-C. (2022). *Psychopathologisches Befund-System für Kinder und Jugendliche: CASCAP-2*. Hogrefe.

Döpfner, M., Berner, W., Breuer, D., Fleischmann, T., & Schmidt, M. H. (2018). *VBV 3–6: Verhaltensbeurteilungsbogen für Vorschulkinder*. Hogrefe.

Döpfner, M., & Görtz-Dorten, A. (2017). *Diagnostik-System für psychische Störungen nach ICD-10 und DSM-5 für Kinder- und Jugendliche (DISYPS-III)*. Hogrefe.

Döpfner, M., Kinnen, C., & Halder, J. (2016). *THOP-Elternprogramm-Manual für Gruppenleiter: Gruppenprogramm für Eltern von Kindern mit ADHS-Symptomen und expansivem Problemverhalten*. Beltz.

Döpfner, M., Plück, J., Achenbach, T. M., Kinnen, C., & Checklist, A. D. C. B. (2014). *CBCL/6–18R, TRF/6–18R, YSR/11–18R: Deutsche Schulalter-Formen der Child Behavior Checklist*. Hogrefe.

Döpfner, M., & Schürmann, S. (2017). *ADHS-Elterntrainer*. AOK-Bundesverband. https://adhs.aok.de/

Döpfner, M., & Schürmann, S. (2023). *Wackelpeter und Trotzkopf: Hilfen für Eltern bei ADHS-Symptomen, hyperkinetischem und oppositionellem Verhalten* (6. Aufl.). Beltz.

Döpfner, M., Schürmann, S., & Frölich, J. (2019). *Therapieprogramm für Kinder mit hyperkinetischem und oppositionellem Problemverhalten (THOP)* (6. Aufl.). Beltz.

Dopp, A. R., Borduin, C. M., White, M. H., II, & Kuppens, S. (2017). Family-based treatments for serious juvenile offenders: A multilevel meta-analysis. *Journal of Consulting and Clinical Psychology, 85*, 335–354.

Edwards, A. C., Dodge, K. A., Latendresse, S. J., Lansford, J. E., Bates, J. E., Pettit, G. S., Budde, J. P., Goate, A. M., & Dick, D. M. (2010). MAOA-uVNTR and early physical discipline interact to influence delinquent behavior. *Journal of Child Psychology and Psychiatry, 51*, 679–687.

Eigenheer, R., Rhiner, B., Schmid, M., & Schramm, E. (2015). *Störung des Sozialverhaltens bei Jugendlichen: Die Multisystemische Therapie in der Praxis*. Hogrefe.

Evans, S. C., Frazer, A. L., Blossom, J. B., & Fite, P. J. (2019). Forms and functions of aggression in early childhood. *Journal of Clinical Child & Adolescent Psychology, 48*, 790–798.

Fairchild, G., Hawes, D. J., Frick, P. J., Copeland, W. E., Odgers, C. L., Franke, B., Freitag, C. M., & De Brito, S. A. (2019). Conduct disorder. *Nature Reviews Disease Primers, 5*, Article 43.

Fairchild, G., Passamonti, L., Hurford, G., Hagan, C. C., von dem Hagen, E. A. H., van Goozen, S. H. M., Goodyer, I. M., & Calder, A. J. (2011). Brain structure abnormalities in early-onset and adolescent-onset conduct disorder. *American Journal of Psychiatry, 168*, 624–633.

Fairchild, G., Toschi, N., Hagan, C. C., Goodyer, I. M., Calder, A. J., & Passamonti, L. (2015). Cortical thickness, surface area, and folding alterations in male youths with conduct disorder and varying levels of callous–unemotional traits. *NeuroImage: Clinical, 8*, 253–260.

Fairchild, G., van Goozen, S. H. M., Stollery, S. J., Brown, J., Gardiner, J., Herbert, J., & Goodyer, I. M. (2008). Cortisol diurnal rhythm and stress reactivity in male adolescents with early-onset or adolescence-onset conduct disorder. *Biological Psychiatry, 64*, 599–606.

Falkai, P., Wittchen, H.-U., Döpfner, M., Gaebel, W., Maier, W., Rief, W., Saß, H., & Zaudig, M. (2018). *Diagnostisches und Statistisches Manual Psychischer Störungen DSM-5®*. Hogrefe.

Fanti, K. A. (2018). Understanding heterogeneity in conduct disorder: A review of psychophysiological studies. *Neuroscience & Biobehavioral Reviews, 91*, 4–20.

Fanti, K. A., Eisenbarth, H., Goble, P., Demetriou, C., Kyranides, M. N., Goodwin, D., Zhang, J., Bobak, B., & Cortese, S. (2019). Psychophysiological activity and reactivity in children and adolescents with conduct problems: A systematic review and meta-analysis. *Neuroscience & Biobehavioral Reviews, 100*, 98–107.

Fergusson, D. M., John Horwood, L., & Ridder, E. M. (2005). Show me the child at seven: The consequences of conduct problems in childhood for psychosocial functioning in adulthood. *Journal of Child Psychology and Psychiatry, 46*, 837–849.

Ficks, C. A., & Waldman, I. D. (2014). Candidate genes for aggression and antisocial behavior: A meta-analysis of association studies of the 5HTTLPR and MAOA-uVNTR. *Behavior Genetics, 44*, 427–444.

Figueiredo, P., Ramião, E., Azeredo, A., Moreira, D., Barroso, R., & Barbosa, F. (2020). Relation between basal cortisol and reactivity cortisol with externalizing problems: A systematic review. *Physiology & Behavior, 225*, Article 113088.

Fleming, G. E. (2023). Commentary: Optimism and guidance for improving treatment effects among children with callous-unemotional traits – Reflections on Perlstein et al. (2023). *Journal of Child Psychology and Psychiatry, 64*, 1388–1392.

Fleming, G. E., & Kimonis, E. R. (2018). PCIT for children with callous-unemotional traits. In L. N. Niec (Ed.), *Handbook of parent-child interaction therapy: Innovations and applications for research and practice* (pp. 19–34). Springer.

Fontaine, N. M. G., Rijsdijk, F. V., McCrory, E. J. P., & Viding, E. (2010). Etiology of different developmental trajectories of callous-unemotional traits. *Journal of the American Academy of Child & Adolescent Psychiatry, 49*, 656–664.

Fossum, S., Handegård, B. H., Adolfsen, F., Vis, S. A., & Wynn, R. (2016). A meta-analysis of long-term outpatient treatment effects for children and adolescents with conduct problems. *Journal of Child and Family Studies, 25*, 15–29.

Freitag, C. M., Konrad, K., Stadler, C., De Brito, S. A., Popma, A., Herpertz, S. C., Herpertz-Dahlmann, B., Neumann, I., Kieser, M., Chiocchetti, A. G., Schwenck, C., & Fairchild, G. (2018). Conduct disorder in adolescent females: Current state of research and study design of the FemNAT-CD consortium. *European Child & Adolescent Psychiatry, 27*, 1077–1093.

Frick, P. J. (2012). Developmental pathways to conduct disorder: Implications for future directions in research, assessment, and treatment. *Journal of Clinical Child & Adolescent Psychology, 41*, 378–389.

Frick, P. J., & Kemp, E. C. (2021). Conduct disorders and empathy development. *Annual Review of Clinical Psychology, 17*, 391–416.

Frick, P. J., Ray, J. V., Thornton, L. C., & Kahn, R. E. (2014). Can callous-unemotional traits enhance the understanding, diagnosis, and treatment of serious conduct problems in children and adolescents? A comprehensive review. *Psychological Bulletin, 140*, 1–57.

Geniole, S. N., Bird, B. M., McVittie, J. S., Purcell, R. B., Archer, J., & Carré, J. M. (2020). Is testosterone linked to human aggression? A meta-analytic examination of the relationship between baseline, dynamic, and manipulated testosterone on human aggression. *Hormones and Behavior, 123*, Article 104644.

Gintzel, U., Jordan, E., Schone, R., Schwalbach, R., Struck, N., Eschelbach, D., & Schönecker, L. (2020). *Kinder- und Jugendhilfe – Achtes Buch Sozialgesetzbuch* [Flyer]. Bundesministerium für Familie, Senioren, Frauen und Jugend.

Goertz-Dorten, A., Hofmann, L., & Döpfner, M. (2023). Treating oppositional defiant disorders/conduct disorders. In C. Martin, V. R. Preedy, & V. B. Patel (Eds.), *Handbook of anger, aggression, and violence* (pp. 1–33). Springer Nature.

Goodyer, I. M., & Wilkinson, P. O. (2019). Practitioner review: Therapeutics of unipolar major depressions in adolescents. *Journal of Child Psychology and Psychiatry, 60*, 232–243.

Görtz-Dorten, A. (2020). Problemlösetraining. In M. Döpfner, M. Hautzinger, & M. Linden (Eds.), *Verhaltenstherapiemanual: Kinder und Jugendliche* (pp. 127–130). Springer.

Görtz-Dorten, A., Benesch, C., Berk-Pawlitzek, E., Faber, M., Hautmann, C., Hellmich, M., Lindenschmidt, T., Schuh, L., Stadermann, R., & Döpfner, M. (2019a). Efficacy of individualized social competence training for children with oppositional defiant disorders/conduct disorders: A randomized controlled trial with an active control group. *European Child & Adolescent Psychiatry, 28*, 165–175.

Görtz-Dorten, A., & Döpfner, M. (2010). *Fragebogen zum aggressiven Verhalten von Kindern: FAVK*. Göttingen: Hogrefe.

Görtz-Dorten, A., & Döpfner, M. (2016). *Soziales computerunterstütztes Training für Kinder mit aggressivem Verhalten (ScouT)*. Göttingen: Hogrefe.

Görtz-Dorten, A., & Döpfner, M. (2019a). *App-unterstützte Therapie-Arbeit für Kinder (AUTHARK)*. https://www.authark-app.de

Görtz-Dorten, A., & Döpfner, M. (2019b). *Therapieprogramm für Kinder mit aggressivem Verhalten (THAV)* (2. Aufl.). Göttingen: Hogrefe.

Görtz-Dorten, A., & Döpfner, M. (2020). *Interviewleitfäden zum Diagnostik-System für psychische Störungen für Kinder und Jugendliche (DISYPS-ILF)*. Göttingen: Hogrefe.

Görtz-Dorten, A., & Döpfner, M. (2021a). *Fragebogen zum aggressiven Verhalten von Kindern: FAVK*. Göttingen: Hogrefe.

Görtz-Dorten, A., & Döpfner, M. (2021b). *Journaling App for Youth (JAY)*. https://www.jay-app.de

Görtz-Dorten, A., Döpfner, M., & Banaschewski, T. (2023). Oppositionelle, aggressive und dissoziale Verhaltensstörungen in Kindheit und Jugend. In J. Fegert, F. Resch, P. Plener, M. Kaess, M. Döpfner, K. Konrad, & T. Legenbauer (Hrsg.), *Psychiatrie und Psychotherapie des Kindes- und Jugendalters* (S. 1–24). Berlin, Heidelberg: Springer Reference Medizin.

Görtz-Dorten, A., Döpfner, M., & Steinhausen, H.-C. (2019b). *KIDS 4 – Aggressiv-dissoziale Verhaltensstörungen* (Bd. 4). Göttingen: Hogrefe.

Görtz-Dorten, A., & Hautzinger, M. (2020). Verhaltensübungen und Rollenspiele. In M. Döpfner, M. Hautzinger, & M. Linden (Hrsg.), *Verhaltenstherapiemanual: Kinder und Jugendliche* (S. 155–158). Berlin, Heidelberg: Springer.

Granero, R., Louwaars, L., & Ezpeleta, L. (2015). Socioeconomic status and oppositional defiant disorder in preschoolers: Parenting practices and executive functioning as mediating variables. *Frontiers in Psychology, 6*, Article 1412.

Granski, M., Javdani, S., Anderson, V. R., & Caires, R. (2020). A meta-analysis of program characteristics for youth with disruptive behavior problems: The moderating role of program format and youth gender. *American Journal of Community Psychology, 65*, 201–222.

Grasmann, D., & Stadler, C. (2009). *Verhaltenstherapeutisches Intensivtraining zur Reduktion von Aggression: Multimodales Programm für Kinder, Jugendliche und Eltern*. Wien: Springer.

Gremillion, M. L., & Martel, M. M. (2014). Merely misunderstood? Receptive, expressive, and pragmatic language in young children with disruptive behavior disorders. *Journal of Clinical Child and Adolescent Psychology, 43*, 765–776.

Grob, A., & Smolenski, C. (2009). *FEEL-KJ: Fragebogen zur Erhebung der Emotionsregulation bei Kindern und Jugendlichen*. Mannheim: Huber.

Grotzinger, A. D., Mallard, T. T., Akingbuwa, W. A., Ip, H. F., Adams, M. J., Lewis, C. M., McIntosh, A. M., Grove, J., Dalsgaard, S., Lesch, K.-P., Strom, N., Meier, S. M., Mattheisen, M., Børglum, A. D., Mors, O., et al. (2022). Genetic architecture of 11 major psychiatric disorders at biobehavioral, functional genomic and molecular genetic levels of analysis. *Nature Genetics, 54*, 548–559.

Haber, J. R., Bucholz, K. K., Jacob, T., Grant, J. D., Scherrer, J. F., Sartor, C. E., Duncan, A. E., & Heath, A. (2010). Effect of paternal alcohol and drug dependence on offspring conduct disorder: Gene-environment interplay. *Journal of Studies on Alcohol and Drugs, 71*, 652–663.

Hanisch, C., Richard, S., Eichelberger, I., Greimel, L., & Döpfner, M. (2018). *Schulbasiertes Coaching bei Kindern mit expansivem Problemverhalten (SCEP): Handbuch zum Coaching von Lehrkräften*. Hogrefe.

Hawes, S. W., Waller, R., Byrd, A. L., Bjork, J. M., Dick, A. S., Sutherland, M. T., Riedel, M. C., Tobia, M. J., Thomson, N., Laird, A. R., & Gonzalez, R. (2021). Reward processing in children with disruptive behavior disorders and callous-unemotional traits in the ABCD Study. *American Journal of Psychiatry, 178*, 333–342.

Helander, M., Asperholm, M., Wetterborg, D., Öst, L.-G., Hellner, C., Herlitz, A., & Enebrink, P. (2024). The efficacy of parent management training with or without involving the child in the treatment among children with clinical levels of disruptive behavior: A meta-analysis. *Child Psychiatry & Human Development, 55*, 164–181.

Helander, M., Lochman, J., Högström, J., Ljótsson, B., Hellner, C., & Enebrink, P. (2018). The effect of adding Coping Power Program-Sweden to parent management training: Effects and moderators in a randomized controlled trial. *Behaviour Research and Therapy, 103*, 43–52.

Helleman, A., Rubin, R. T., Gardner, W., Lourie, A., Taylor, A. N., Cochran, J., Dorn, L. D., Susman, E., Barrowman, N., Bijelić, V., Leininger, L., & Pajer, K. (2023). Circadian cortisol secretion in adolescent girls with conduct disorder. *Psychoneuroendocrinology, 148*, Article 105972.

Helmsen, J., & Petermann, F. (2010). Soziale Informationsverarbeitung bei körperlich und relational aggressiven Vorschulkindern. *Zeitschrift für Kinder- und Jugendpsychiatrie und Psychotherapie, 38*, 211–218.

Hendriks, A. M., Bartels, M., Colins, O. F., & Finkenauer, F. (2018). Childhood aggression: A synthesis of reviews and meta-analyses to reveal patterns and opportunities for prevention and intervention strategies. *Neuroscience & Biobehavioral Reviews, 91*, 278–291.

Henggeler, S. W., Schoenwald, S. K., Borduin, C. M., Rowland, M. D., & Cunningham, P. B. (2012). *Multisystemische Therapie bei dissozialem Verhalten von Kindern und Jugendlichen*. Springer.

Henry, J., Dionne, G., Viding, E., Vitaro, F., Brendgen, M., Tremblay, R. E., & Boivin, M. (2018). Early warm-rewarding parenting moderates the genetic contributions to callous-unemotional traits in childhood. *Journal of Child Psychology and Psychiatry, 59*, 1282–1288.

Heubrock, D., & Petermann, F. (2008). *K-FAF – Kurzfragebogen zur Erfassung von Aggressionsfaktoren*. Hogrefe.

Hobson, C. W., Scott, S., & Rubia, K. (2011). Investigation of cool and hot executive function in ODD/CD independently of ADHD. *Journal of Child Psychology and Psychiatry, 52*, 1035–1043.

Holz, N. E., Zohsel, K., Laucht, M., Banaschewski, T., Hohmann, S., & Brandeis, D. (2018). Gene x environment interactions in conduct disorder: Implications for future treatments. *Neuroscience & Biobehavioral Reviews, 91*, 239–258.

Huber, L., Plötner, M., & Schmitz, J. (2019). Social competence and psychopathology in early childhood: A systematic review. *European Child & Adolescent Psychiatry, 28*, 443–459.

Huebner, T., Vloet, T. D., Marx, I., Konrad, K., Fink, G. R., Herpertz, S. C., & Herpertz-Dahlmann, B. (2008). Morphometric brain abnormalities in boys with conduct disorder. *Journal of the American Academy of Child & Adolescent Psychiatry, 47*, 540–547.

Hwang, S., Meffert, H., VanTieghem, M. R., Sinclair, S., Bookheimer, S. Y., Vaughan, B., & Blair, R. J. R. (2018). Dysfunctional social reinforcement processing in disruptive behavior disorders: An fMRI study. *Clinical Psychopharmacology and Neuroscience, 16*, 449–460.

Ibrahim, K., Kalvin, C., Li, F., He, G., Pelphrey, K. A., McCarthy, G., & Sukhodolsky, D. G. (2021). Sex differences in medial prefrontal and parietal cortex structure in children with disruptive behavior. *Developmental Cognitive Neuroscience, 47*, Article 100884.

In-Albon, T., Christiansen, H., & Schwenck, C. (2020). *Verhaltenstherapie bei Kindern, Jugendlichen und jungen Erwachsenen: Vom Erstgespräch zur Therapieplanung*. Kohlhammer.

Ip, H. F., van der Laan, C. M., Krapohl, E. M. L., Brikell, I., Sánchez-Mora, C., Nolte, I. M., St Pourcain, B., Bolhuis, K., Palviainen, T., Zafarmand, H., Colodro-Conde, L., Gordon, S., Zayats, T., Aliev, F., Jiang, C., et al. (2021). Genetic association study of childhood aggression across raters, instruments, and age. *Translational Psychiatry, 11*, Article 413.

Isik, Ü., Bilgiç, A., Toker, A., & Kilinç, I. (2018). Serum levels of cortisol, dehydroepiandrosterone, and oxytocin in children with ADHD combined presentation with and without comorbid conduct disorder. *Psychiatry Research, 261*, 212–219.

Janitza, S., Klipker, K., & Hölling, H. (2020). Age-specific norms and validation of the German SDQ parent version based on a nationally representative sample (KiGGS). *European Child & Adolescent Psychiatry, 29*, 123–136.

Jennings, W. G., Perez, N. M., & Reingle Gonzalez, J. M. (2018). Conduct disorder and neighborhood effects. *Annual Review of Clinical Psychology, 14*, 317–341.

Jiang, Y., Gao, Y., Dong, D., Sun, X., Situ, W., & Yao, S. (2023). Structural abnormalities in adolescents with conduct disorder and high versus low callous-unemotional traits. *European Child & Adolescent Psychiatry, 32*, 193–203.

Kahn, R. E., Frick, P. J., Youngstrom, E., Findling, R. L., & Youngstrom, J. K. (2012). The effects of including a callous–unemotional specifier for the diagnosis of conduct disorder. *Journal of Child Psychology and Psychiatry, 53*, 271–282.

Kaminski, J. W., Claussen, A. H., Sims, R. S., & Bhupalam, S. (2024). Evidence-based psychosocial treatments for disruptive behaviors in children: Update. *Journal of Clinical Child & Adolescent Psychology*. Advance online publication.

Kanfer, F. H., & Saslow, G. (1965). Behavioral analysis: An alternative to diagnostic classification. *Archives of General Psychiatry, 12*, 529–538.

Kersten, L., Prätzlich, M., Mannstadt, S., Ackermann, K., Kohls, G., Oldenhof, H., Saure, D., Krieger, K., Herpertz-Dahlmann, B., Popma, A., Freitag, C. M., Trestman, R. L., & Stadler, C. (2016). START NOW – A comprehensive skills training programme for female adolescents with oppositional defiant and conduct disorders: Study protocol for a cluster-randomised controlled trial. *Trials, 17*, Article 568.

Kinnen, C., Rademacher, C., & Döpfner, M. (2015). *Wackelpeter & Trotzkopf in der Pubertät: Wie Eltern und Jugendliche Konflikte gemeinsam lösen können*. Weinheim: Beltz.

Klasen, F., Petermann, F., Meyrose, A.-K., Barkmann, C., Otto, C., Haller, A.-C., Schlack, R., Schulte-Markwort, M., & Ravens-Sieberer, U. (2016). Verlauf psychischer Auffälligkeiten von Kindern und Jugendlichen. *Kindheit und Entwicklung, 25*, 10–20.

Klasen, H., Woerner, W., Rothenberger, A., & Goodman, R. (2003). Die deutsche Fassung des Strengths and Difficulties Questionnaire (SDQ-Deu) – Übersicht und Bewertung erster Validierungs- und Normierungsbefunde. *Praxis der Kinderpsychologie und Kinderpsychiatrie, 52*, 491–502.

Klos, S., Thöne, A. K., Döpfner, M., & Görtz-Dorten, A. (2024). Self-rated symptoms of oppositional defiant disorder and conduct disorder: Factor structure, reliability, and validity in a clinical sample of adolescents. *Child Psychiatry & Human Development*. Advance online publication.

Köhler, D., Kuska, S. K., Schmeck, K., Hinrichs, G., & Fegert, J. (2011). Deutsche Version des Youth-Psychopathic-Traits-Inventory (YPI). In C. Barkmann, M. Schulte-Markwort, & E. Brähler (Hrsg.), *Klinisch-psychiatrische Ratingskalen für das Kindes- und Jugendalter* (S. 478–482). Göttingen: Hogrefe.

Kohlhoff, J., Cibralic, S., Hawes, D. J., & Eapen, V. (2022). Oxytocin receptor gene (OXTR) polymorphisms and social, emotional and behavioral functioning in children and adolescents: A systematic narrative review. *Neuroscience & Biobehavioral Reviews, 135*, 104573.

Konrad, K., Kohls, G., Baumann, S., Bernhard, A., Martinelli, A., Ackermann, K., Smaragdi, A., González-Madruga, K., Wells, A., Rogers, J., Pauli, R., Clanton, R., Baker, R., Kersten, L., Prätzlich, M., et al. (2021). Sex differences in psychiatric comorbidity and clinical presentation in youths with conduct disorder. *Journal of Child Psychology and Psychiatry, 63*, 251–262.

Kraft, L., Ebner, C., Leo, K., & Lindenberg, K. (2023). Emotion regulation strategies and symptoms of depression, anxiety, aggression, and addiction in children and adolescents: A meta-analysis and systematic review. *Clinical Psychology: Science and Practice, 30*, 485–502.

Kupper, K., & Rohrmann, S. (2016). *Das State-Trait-Ärgerausdrucks-Inventar – 2 für Kinder und Jugendliche*. Göttingen: Hogrefe.

Lane, C., Hogg, E., Karwatowska, L. A., French, L., Ranieri, V. F., Jesnick, L. D., Roberts, C., Scott, S., Senior, R., Skinner, G. C. M., & et al. (2023). Personalised interventions for subgroups of children with conduct problems. *Cochrane Database of Systematic Reviews, 4*, Article CD012746.

Lau, M. A., Temcheff, C. E., Poirier, M., Commisso, M., & Déry, M. (2023). Longitudinal relationships between conduct problems, depressive symptoms, and school dropout. *Journal of School Psychology, 96*, 12–23.

Legrand, L. N., Keyes, M., McGue, M., Iacono, W. G., & Krueger, R. F. (2008). Rural environments reduce the genetic influence on adolescent substance use and rule-breaking behavior. *Psychological Medicine, 38*, 1341–1350.

Lemerise, E. A., & Arsenio, W. F. (2000). An integrated model of emotion processes and cognition in social information processing. *Child Development, 71*, 107–118.

Levy, T., Bloch, Y., Bar-Maisels, M., Gat-Yablonski, G., Djalovski, A., Borodkin, K., & Apter, A. (2015). Salivary oxytocin in adolescents with conduct problems and callous-unemotional traits. *European Child & Adolescent Psychiatry, 24*, 1543–1551.

Lin, X., He, T., Heath, M., Chi, P., & Hinshaw, S. (2022). A systematic review of multiple family factors associated with oppositional defiant disorder. *International Journal of Environmental Research and Public Health, 19*, Article 10866.

Littell, J. H., Pigott, T. D., Nilsen, K. H., Green, S. J., & Montgomery, O. L. (2021). Multisystemic Therapy® for social, emotional, and behavioural problems in youth age 10 to 17: An updated systematic review and meta-analysis. *Campbell Systematic Reviews, 17*, e1158.

Liu, J., Raine, A., Wuerker, A., Venables, P. H., & Mednick, S. (2009). The association of birth complications and externalizing behavior in early adolescents: Direct and mediating effects. *Journal of Research on Adolescence, 19*, 93–111.

Loy, J. H., Merry, S. N., Hetrick, S. E., & Stasiak, K. (2017). Atypical antipsychotics for disruptive behaviour disorders in children and youths. *Cochrane Database of Systematic Reviews, 8*, Article CD008559.

Lukesch, H. (2005). *FEPAA – Fragebogen zur Erfassung von Empathie, Prosozialität, Aggressionsbereitschaft und aggressivem Verhalten*. Hogrefe.

Markham, A. (2018). A review following systematic principles of multisystemic therapy for antisocial behavior in adolescents aged 10–17 years. *Adolescent Research Review, 3*, 67–93.

Martinelli, A., Ackermann, K., Bernhard, A., Freitag, C. M., & Schwenck, C. (2018). Hostile attribution bias and aggression in children and adolescents: A systematic literature review on the influence of aggression subtype and gender. *Aggression and Violent Behavior, 39*, 25–32.

McCart, M. R., Sheidow, A. J., & Jaramillo, J. (2023). Evidence base update of psychosocial treatments for adolescents with disruptive behavior. *Journal of Clinical Child & Adolescent Psychology, 52*, 447–474.

Midgley, N., Mortimer, R., Cirasola, A., Batra, P., & Kennedy, E. (2021). The evidence-base for psychodynamic psychotherapy with children and adolescents: A narrative synthesis. *Frontiers in Psychology, 12*, Article 662671.

Moffitt, T. E., Arseneault, L., Jaffee, S. R., Kim-Cohen, J., Koenen, K. C., Odgers, C. L., Slutske, W. S., & Viding, E. (2008). Research review: DSM-V conduct disorder: Research needs for an evidence base. *Journal of Child Psychology and Psychiatry, 49*, 3–33.

Moore, A. A., Blair, R. J., Hettema, J. M., & Roberson-Nay, R. (2019). The genetic underpinnings of callous-unemotional traits: A systematic research review. *Neuroscience & Biobehavioral Reviews, 100*, 85–97.

Moul, C., Hawes, D. J., & Dadds, M. R. (2018). Mapping the developmental pathways of child conduct problems through the neurobiology of empathy. *Neuroscience & Biobehavioral Reviews, 91*, 34–50.

Murray, J., & Farrington, D. P. (2010). Risk factors for conduct disorder and delinquency: Key findings from longitudinal studies. *The Canadian Journal of Psychiatry, 55*, 633–642.

National Collaborating Centre for Mental Health. (2013). *Antisocial behaviour and conduct disorders in children and young people: Recognition, intervention and management*. https://www.nice.org.uk/guidance/cg158

Nock, M. K., Kazdin, A. E., Hiripi, E., & Kessler, R. C. (2007). Lifetime prevalence, correlates, and persistence of oppositional defiant disorder: Results from the National Comorbidity Survey Replication. *Journal of Child Psychology and Psychiatry, 48*, 703–713.

Nock, M. K., Kazdin, A. E., Hiripi, E., & Kessler, R. C. (2006). Prevalence, subtypes, and correlates of DSM-IV conduct disorder in the National Comorbidity Survey Replication. *Psychological Medicine, 36*, 699–710.

Noordermeer, S. D. S., Luman, M., & Oosterlaan, J. (2016). A systematic review and meta-analysis of neuroimaging in oppositional defiant disorder (ODD) and conduct disorder

(CD) taking attention-deficit hyperactivity disorder (ADHD) into account. *Neuropsychology Review, 26*, 44–72.

Odgers, C. L., Moffitt, T. E., Broadbent, J. M., Dickson, N., Hancox, R. J., Harrington, H., Poulton, R., Sears, M. R., Thomson, W. M., & Caspi, A. (2008). Female and male antisocial trajectories: From childhood origins to adult outcomes. *Development and Psychopathology, 20*, 673–716.

Odintsova, V. V., Roetman, P. J., Ip, H. F., Pool, R., Van der Laan, C. M., Tona, K.-D., Vermeiren, R. R. J. M., & Boomsma, D. I. (2019). Genomics of human aggression: Current state of genome-wide studies and an automated systematic review tool. *Psychiatric Genetics, 29*.

Pappa, I., St Pourcain, B., Benke, K., Cavadino, A., Hakulinen, C., Nivard, M. G., Nolte, I. M., Tiesler, C. M. T., Bakermans-Kranenburg, M. J., Davies, G. E., Evans, D. M., Geoffroy, M.-C., Grallert, H., Groen-Blokhuis, M. M., Hudziak, J. J., et al. (2016). A genome-wide approach to children's aggressive behavior: The EAGLE consortium. *American Journal of Medical Genetics Part B: Neuropsychiatric Genetics, 171*, 562–572.

Paré-Ruel, M.-P., Brendgen, M., Ouellet-Morin, I., Lupien, S., Vitaro, F., Dionne, G., & Boivin, M. (2022). Unique and interactive associations of proactive and reactive aggression with cortisol secretion. *Hormones and Behavior, 137*, Article 105100.

Patterson, G. (1982). *Coercive family process.* Castalia.

Perlstein, S., Fair, M., Hong, E., & Waller, R. (2023). Treatment of childhood disruptive behavior disorders and callous-unemotional traits: A systematic review and two multilevel meta-analyses. *Journal of Child Psychology and Psychiatry, 64*, 1372–1387.

Petermann, F., & Beckers, L. (2014). *Differentieller Aggressionsfragebogen.* Hogrefe.

Petermann, F., Döpfner, M., & Görtz-Dorten, A. (2016). *Aggressiv-oppositionelles Verhalten im Kindesalter* (Bd. 3). Hogrefe.

Petermann, F., & Petermann, U. (2015). *Erfassungsbogen für aggressives Verhalten in konkreten Situationen* (Bd. 5). Hogrefe.

Petermann, U., & Petermann, F. (2023). *Training mit aggressiven Kindern* (Bd. 14). Beltz.

Petrosino, A., Turpin-Petrosino, C., Hollis-Peel, M. E., & Lavenberg, J. G. (2013). ›Scared Straight‹ and other juvenile awareness programs for preventing juvenile delinquency. *Cochrane Database of Systematic Reviews, 4*, Article CD002796.

Pickles, A., Hill, J., Breen, G., Quinn, J., Abbott, K., Jones, H., & Sharp, H. (2013). Evidence for interplay between genes and parenting on infant temperament in the first year of life: Monoamine oxidase A polymorphism moderates effects of maternal sensitivity on infant anger proneness. *Journal of Child Psychology and Psychiatry, 54*, 1308–1317.

Piotrowska, P. J., Stride, C. B., Croft, S. E., & Rowe, R. (2015). Socioeconomic status and antisocial behaviour among children and adolescents: A systematic review and meta-analysis. *Clinical Psychology Review, 35*, 47–55.

Pisano, S., & Masi, G. (2020). Recommendations for the pharmacological management of irritability and aggression in conduct disorder patients. *Expert Opinion on Pharmacotherapy, 21*, 5–7.

Platje, E., Jansen, L. M. C., Raine, A., Branje, S. J. T., Doreleijers, T. A. H., de Vries-Bouw, M., Popma, A., van Lier, P. A. C., Koot, H. M., Meeus, W. H. J., & Vermeiren, R. R. J. M. (2013). Longitudinal associations in adolescence between cortisol and persistent aggressive or rule-breaking behavior. *Biological Psychology, 93*, 132–137.

Plück, J., Wieczorrek, E., Metternich-Kaizman, T. W., & Döpfner, M. (2006). *Präventionsprogramm für expansives Problemverhalten (PEP): Ein Manual für Eltern- und Erziehergruppen.* Hogrefe.

Polderman, T. J. C., Benyamin, B., de Leeuw, C. A., Sullivan, P. F., van Bochoven, A., Visscher, P. M., & Posthuma, D. (2015). Meta-analysis of the heritability of human traits based on fifty years of twin studies. *Nature Genetics, 47*, 702–709.

Poore, H. E., & Waldman, I. D. (2020). The association of oxytocin receptor gene (OXTR) polymorphisms with antisocial behavior: A meta-analysis. *Behavior Genetics, 50*, 161–173.

Portnoy, J., & Farrington, D. P. (2015). Resting heart rate and antisocial behavior: An updated systematic review and meta-analysis. *Aggression and Violent Behavior, 22*, 33–45.

Pringsheim, T., Hirsch, L., Gardner, D., & Gorman, D. A. (2015). The pharmacological management of oppositional behaviour, conduct problems, and aggression in children and adolescents with attention-deficit hyperactivity disorder, oppositional defiant disorder, and conduct disorder: A systematic review and meta-analysis. Part 2: Antipsychotics and traditional mood stabilizers. *The Canadian Journal of Psychiatry, 60*, 52–61.

Rademacher, C., & Döpfner, M. (2025). *Familienprobleme im Jugendalter: SELBST – Therapieprogramm für Jugendliche mit Selbstwert-, Leistungs- und Beziehungsstörungen*. Hogrefe.

Rajkumar, R. P. (2022). Antipsychotics in the management of disruptive behavior disorders in children and adolescents: An update and critical review. *Biomedicines, 10*, Article 2818.

Ravens-Sieberer, U., Wille, N., Bettge, S., & Erhart, M. (2007). Psychische Gesundheit von Kindern und Jugendlichen in Deutschland. *Bundesgesundheitsblatt – Gesundheitsforschung – Gesundheitsschutz, 50*, 871–878.

Riise, E. N., Wergeland, G. J. H., Njardvik, U., & Öst, L.-G. (2021). Cognitive behavior therapy for externalizing disorders in children and adolescents in routine clinical care: A systematic review and meta-analysis. *Clinical Psychology Review, 83*, Article 101954.

Rogers, J. C., & De Brito, S. A. (2016). Cortical and subcortical gray matter volume in youths with conduct problems: A meta-analysis. *JAMA Psychiatry, 73*, 64–72.

Röll, J., Koglin, U., & Petermann, F. (2012). Emotion regulation and childhood aggression: Longitudinal associations. *Child Psychiatry & Human Development, 43*, 909–923.

Romero-Martínez, Á., Sarrate-Costa, C., & Moya-Albiol, L. (2022). Reactive vs proactive aggression: A differential psychobiological profile? Conclusions derived from a systematic review. *Neuroscience & Biobehavioral Reviews, 136*, Article 104626.

Romero, E., Álvarez-Voces, M., & Díaz-Vázquez, B. L.-R. (2023). What works in the psychological treatment of child conduct problems? An umbrella review of meta-analytic studies. *Revista de Psicología Clínica con Niños y Adolescentes, 10*, 9–19.

Roth, I., & Reichle, B. (2008). *Prosoziales Verhalten lernen: »Ich bleibe cool!« – Ein Trainingsprogramm für die Grundschule*. Beltz.

Rowe, R., Maughan, B., Moran, P., Ford, T., Briskman, J., & Goodman, R. (2010). The role of callous and unemotional traits in the diagnosis of conduct disorder. *Journal of Child Psychology and Psychiatry, 51*, 688–695.

Ruisch, I. H., Dietrich, A., Glennon, J. C., Buitelaar, J. K., & Hoekstra, P. J. (2018). Maternal substance use during pregnancy and offspring conduct problems: A meta-analysis. *Neuroscience & Biobehavioral Reviews, 84*, 325–336.

Salvatore, J. E., & Dick, D. M. (2018). Genetic influences on conduct disorder. *Neuroscience & Biobehavioral Reviews, 91*, 91–101.

Samek, D. R., Hicks, B. M., Keyes, M. A., Iacono, W. G., & McGue, M. (2017). Antisocial peer affiliation and externalizing disorders: Evidence for Gene × Environment × Development interaction. *Development and Psychopathology, 29*, 155–172.

Samson, J. E., Ojanen, T., & Hollo, A. (2012). Social goals and youth aggression: Meta-analysis of prosocial and antisocial goals. *Social Development, 21*, 645–666.

Sánchez de Ribera, O., Kavish, N., Katz, I. M., & Boutwell, B. B. (2019). Untangling intelligence, psychopathy, antisocial personality disorder, and conduct problems: A meta-analytic review. *European Journal of Personality, 33*, 529–564.

Sanders, M. R., Markie-Dadds, C., & Turner, K. M. (2006). *Trainermanual für das Triple P Einzeltraining*. Münster: Verlag für Psychotherapie.

Sanders, M. R., & Ralph, A. (2006). *Trainermanual für das Teen Triple P Gruppenprogramm*. Münster: Verlag für Psychotherapie.

Sanders, M. R., Turner, K. M., & Markie-Dadds, C. (2009). *Das Triple P – Elternarbeitsbuch* (Bd. 4). Münster: Verlag für Psychotherapie.

Schneider, S., Pflug, V., In-Albon, T., & Margraf, J. (2017). *Kinder-DIPS Open Access: Diagnostisches Interview bei psychischen Störungen im Kindes- und Jugendalter*. Bochum: Forschungs- und Behandlungszentrum für psychische Gesundheit, Ruhr-Universität Bochum.

Schoorl, J., van Rijn, S., de Wied, M., van Goozen, S., & Swaab, H. (2018). Boys with oppositional defiant disorder/conduct disorder show impaired adaptation during stress: An executive functioning study. *Child Psychiatry & Human Development, 49*, 298–307.

Scott, S. (2015). Oppositional and conduct disorders. In A. Thapar, D. Pine, J. Leckman, S. Scott, M. Snowling, & E. Taylor (Hrsg.), *Rutter's child and adolescent psychiatry* (6. Aufl., S. 911–930). New York: Wiley Blackwell.

Seleem, M. A., El-Shafey, R., Shahin, L. T., Abdel-Aziz, L. E., Elkonaisy, N. M., Marey, Y. K., Rizkallah, M., & Baghdadi, M. (2020). Volumetric brain abnormalities in adolescents with conduct disorder with and without attention deficit-hyperactivity disorder: A case control study. *Middle East Current Psychiatry, 27*, Article 14.

Sevecke, K., & Krischer, M. K. (2014). *Hare Psychopathy Checklist: Youth Version by A. E. Forth, D. S. Kosson and R. D. Hare* (Bd. 1). Göttingen: Hogrefe.

Shafiq, S., & Pringsheim, T. (2018). Using antipsychotics for behavioral problems in children. *Expert Opinion on Pharmacotherapy, 19*, 1475–1488.

Singh, P. (2017). Altering the way adolescents attribute negative ambiguous social encounters: A social-cognitive intervention for reducing aggression. *Asia Pacific Journal of Counselling and Psychotherapy, 8*, 15–28.

Smaragdi, A., Blackman, A., Donato, A., Walsh, M., & Augimeri, L. (2020). Sex differences in the classification of conduct problems: Implications for treatment. *Journal of Developmental and Life-Course Criminology, 6*, 280–295.

Smaragdi, A., Cornwell, H., Toschi, N., Riccelli, R., Gonzalez-Madruga, K., Wells, A., Clanton, R., Baker, R., Rogers, J., Martin-Key, N., Puzzo, I., Batchelor, M., Sidlauskaite, J., Bernhard, A., Martinelli, A., et al. (2017). Sex differences in the relationship between conduct disorder and cortical structure in adolescents. *Journal of the American Academy of Child & Adolescent Psychiatry, 56*, 703–712.

Smeijers, D., Benbouriche, M., & Garofalo, C. (2020). The association between emotion, social information processing, and aggressive behavior: A systematic review. *European Psychologist, 25*, 81–91.

Smith, A. K., Stasi, S. M., Rhee, S. H., Corley, R. P., Young, S. E., & Hewitt, J. K. (2011). The role of attention-deficit/hyperactivity disorder in the association between verbal ability and conduct disorder. *Frontiers in Psychiatry, 2*, Article 3.

Solomon, D. T., Niec, L. N., & Schoonover, C. E. (2016). The impact of foster parent training on parenting skills and child disruptive behavior: A meta-analysis. *Child Maltreatment, 22*, 3–13.

Southam-Gerow, M. A., & Prinstein, M. J. (2014). Evidence base updates: The evolution of the evaluation of psychological treatments for children and adolescents. *Journal of Clinical Child & Adolescent Psychology, 43*, 1–6.

Spohr, B., Ganter, A., Bobbink, J. A., & Liddle, H. A. (2011). *Multidimensionale Familientherapie: Jugendliche bei Drogenmissbrauch und Verhaltensproblemen wirksam behandeln.* Göttingen: Vandenhoeck & Ruprecht.

Stadler, C., Freitag, C. M., Popma, A., Nauta-Jansen, L., Konrad, K., Unternaehrer, E., Ackermann, K., Bernhard, A., Martinelli, A., Oldenhof, H., Gundlach, M., Kohls, G., Prätzlich, M., Kieser, M., Limprecht, R., et al. (2024). START NOW: A cognitive behavioral skills training for adolescent girls with conduct or oppositional defiant disorder – A randomized clinical trial. *Journal of Child Psychology and Psychiatry, 65*, 316–327.

Stadler, C., Janke, W., & Schmeck, K. (2004). *Inventar zur Erfassung von Impulsivität, Risikoverhalten und Empathie bei 9- bis 14-jährigen Kindern* (Bd. 1). Göttingen: Hogrefe.

Stadlin, C., Pérez, J., Schmeck, K., Gallo, A. D., & Schmid, M. (2016). *Konstruktvalidität und Faktorenstruktur des deutschsprachigen Youth Psychopathic Traits Inventory (YPI) in einer repräsentativen Schulstichprobe.* Göttingen: Hogrefe.

Staginnus, M., Cornwell, H., Toschi, N., Oosterling, M., Paradysz, M., Smaragdi, A., González-Madruga, K., Pauli, R., Rogers, J. C., Bernhard, A., Martinelli, A., Kohls, G., Raschle, N. M., Konrad, K., Stadler, C., et al. (2023). Testing the ecophenotype model: Cortical structure alterations in conduct disorder with versus without childhood maltreatment. *Biological Psychiatry: Cognitive Neuroscience and Neuroimaging, 8*, 609–619.

Stevens, M. C., & Haney-Caron, E. (2012). Comparison of brain volume abnormalities between ADHD and conduct disorder in adolescence. *Journal of Psychiatry and Neuroscience, 37*, 389–398.

Stoltz, S., van Londen, M., Deković, M., de Castro, B. O., & Prinzie, P. (2012). Effectiveness of individually delivered indicated school-based interventions on externalizing behavior. *International Journal of Behavioral Development, 36*, 381–388.

Stringaris, A., & Goodman, R. (2009). Three dimensions of oppositionality in youth. *Journal of Child Psychology and Psychiatry, 50*, 216–223.

Tanzer, M., Derome, M., Morosan, L., Salaminios, G., & Debbané, M. (2021). Cortical thickness of the insula and prefrontal cortex relates to externalizing behavior: Cross-sectional and prospective findings. *Development and Psychopathology, 33*, 1437–1447.

Tesli, N., Jaholkowski, P., Haukvik, U. K., Jangmo, A., Haram, M., Rokicki, J., Friestad, C., Tielbeek, J. J., Næss, Ø., Skardhamar, T., Gustavson, K., Ask, H., Fazel, S., Tesli, M., & Andreassen, O. A. (2024). Conduct disorder: A comprehensive exploration of comorbidity patterns, genetic and environmental risk factors. *Psychiatry Research, 331*, Article 115628.

The Brainstorm Consortium. (2018). Analysis of shared heritability in common disorders of the brain. *Science, 360*, eaap8757.

Tielbeek, J. J., Karlsson Linnér, R., Beers, K., Posthuma, D., Popma, A., & Polderman, T. J. C. (2016). Meta-analysis of the serotonin transporter promoter variant (5-HTTLPR) in relation to adverse environment and antisocial behavior. *American Journal of Medical Genetics Part B: Neuropsychiatric Genetics, 171*, 748–760.

Trentacosta, C. J., & Fine, S. E. (2010). Emotion knowledge, social competence, and behavior problems in childhood and adolescence: A meta-analytic review. *Social Development, 19*, 1–29.

Tully, J., Cross, B., Gerrie, B., Griem, J., Blackwood, N., Blair, R. J., & McCutcheon, R. A. (2023). A systematic review and meta-analysis of brain volume abnormalities in disruptive behaviour disorders, antisocial personality disorder and psychopathy. *Nature Mental Health, 1*, 163–173.

Tung, I., Hipwell, A. E., Grosse, P., Battaglia, L., Cannova, E., English, G., Quick, A. D., Llamas, B., Taylor, M., & Foust, J. E. (2024). Prenatal stress and externalizing behaviors in childhood and adolescence: A systematic review and meta-analysis. *Psychological Bulletin, 150*, 107–131.

Turner, K., Markie-Dadds, C., & Sanders, M. (2007). *Trainermanual für das Triple P Gruppenprogramm* (Bd. 2). Münster: Verlag für Psychotherapie.

Tuvblad, C., Grann, M., & Lichtenstein, P. (2006). Heritability for adolescent antisocial behavior differs with socioeconomic status: Gene–environment interaction. *Journal of Child Psychology and Psychiatry, 47*, 734–743.

Ueno, K., Ackermann, K., Freitag, C. M., & Schwenck, C. (2021). Assessing callous–unemotional traits in 6- to 18-year-olds: Reliability, validity, factor structure, and norms of the German version of the Inventory of Callous–Unemotional Traits. *Assessment, 28*, 567–584.

Ullman, R., Lereya, S. T., Glendinnin, F., Deighton, J., Labno, A., Liverpool, S., & Edbrooke-Childs, J. (2024). Constructs associated with youth crime and violence amongst 6–18 year olds: A systematic review of systematic reviews. *Aggression and Violent Behavior, 75*, Article 101906.

Van Hulle, C. A., Waldman, I., & Lahey, B. B. (2018). Sex differences in the genetic and environmental influences on self-reported non-aggressive and aggressive conduct disorder symptoms in early and middle adolescence. *Behavior Genetics, 48*, 271–282.

Vassos, E., Collier, D. A., & Fazel, S. (2014). Systematic meta-analyses and field synopsis of genetic association studies of violence and aggression. *Molecular Psychiatry, 19*, 471–477.

Vega, A., Cabello, R., Megías-Robles, A., Gómez-Leal, R., & Fernández-Berrocal, P. (2022). Emotional intelligence and aggressive behaviors in adolescents: A systematic review and meta-analysis. *Trauma, Violence, & Abuse, 23*, 1173–1183.

Verhoef, R. E. J., Alsem, S. C., Verhulp, E. E., & De Castro, B. O. (2019). Hostile intent attribution and aggressive behavior in children revisited: A meta-analysis. *Child Development, 90*, 708–721.

Veroude, K., Zhang-James, Y., Fernàndez-Castillo, N., Bakker, M. J., Cormand, B., & Faraone, S. V. (2016). Genetics of aggressive behavior: An overview. *American Journal of Medical Genetics Part B: Neuropsychiatric Genetics, 171*, 3–43.

Viding, E., Blair, R. J. R., Moffitt, T. E., & Plomin, R. (2005). Evidence for substantial genetic risk for psychopathy in 7-year-olds. *Journal of Child Psychology and Psychiatry, 46*, 592–597.

Viding, E., & McCrory, E. J. (2018). Understanding the development of psychopathy: Progress and challenges. *Psychological Medicine, 48*, 566–577.

Vitiello, B., & Stoff, D. M. (1997). Subtypes of aggression and their relevance to child psychiatry. *Journal of the American Academy of Child & Adolescent Psychiatry, 36*, 307–315.

von Marées, N., & Petermann, F. (2010). *Bullying- und Viktimisierungsfragebogen.* Göttingen: Hogrefe.

Waaler, P. M., Bergseth, J., Vaskinn, L., Espenes, K., Holtan, T., Kjøbli, J., & Bjørnebekk, G. (2024). Identification of treatment elements for adolescents with callous unemotional traits: A systematic narrative review. *Child and Adolescent Psychiatry and Mental Health, 18*, Article 110.

Wallace, G. L., White, S. F., Robustelli, B., Sinclair, S., Hwang, S., Martin, A., & Blair, R. J. R. (2014). Cortical and subcortical abnormalities in youths with conduct disorder and elevated callous-unemotional traits. *Journal of the American Academy of Child & Adolescent Psychiatry, 53*, 456–465.e451.

Waller, R., Dotterer, H. L., Murray, L., Maxwell, A. M., & Hyde, L. W. (2017). White-matter tract abnormalities and antisocial behavior: A systematic review of diffusion tensor imaging studies across development. *NeuroImage: Clinical, 14*, 201–215.

Waschbusch, D. A., Breaux, R. P., & Babinski, D. E. (2019). School-based interventions for aggression and defiance in youth: A framework for evidence-based practice. *School Mental Health, 11*, 92–105.

Weder, N., Yang, B. Z., Douglas-Palumberi, H., Massey, J., Krystal, J. H., Gelernter, J., & Kaufman, J. (2009). MAOA genotype, maltreatment, and aggressive behavior: The changing impact of genotype at varying levels of trauma. *Biological Psychiatry, 65*, 417–424.

Weltgesundheitsorganisation. (2015). *Internationale Klassifikation psychischer Störungen: ICD-10 Kapitel V (F), klinisch–diagnostische Leitlinien* (Bd. 10). Bern: Hogrefe.

Weltgesundheitsorganisation. (2016). *Internationale Klassifikation psychischer Störungen: ICD 10, Kapitel V (F), diagnostische Kriterien für Forschung und Praxis* (Bd. 6). Bern: Huber.

Wesseldijk, L. W., Bartels, M., Vink, J. M., Van Beijsterveldt, C. E. M., Ligthart, L., Boomsma, D. I., & Middeldorp, C. M. (2018). Genetic and environmental influences on conduct and antisocial personality problems in childhood, adolescence, and adulthood. *European Child & Adolescent Psychiatry, 27*, 1123–1132.

Wettstein, A. (2008). *Beobachtungssystem zur Analyse aggressiven Verhaltens in schulischen Settings (BASYS).* Bern: Huber.

White, S. F., Pope, K., Sinclair, S., Fowler, K. A., Brislin, S. J., Williams, W. C., Pine, D. S., & Blair, R. J. (2013). Disrupted expected value and prediction error signaling in youths with disruptive behavior disorders during a passive avoidance task. *American Journal of Psychiatry, 170*, 315–323.

Wilson, D. B., MacKenzie, D. L., & Mitchell, F. N. (2005). Effects of correctional boot camps on offending. *Campbell Systematic Reviews, 1*, 1–45.

World Health Organization. (2019/2021). *International Classification of Diseases, Eleventh Revision (ICD-11).* https://icd.who.int/browse11

Wright, N., Hill, J., Pickles, A., & Sharp, H. (2019). Callous-unemotional traits, low cortisol reactivity and physical aggression in children: Findings from the Wirral Child Health and Development Study. *Translational Psychiatry, 9*, Article 79.

Yoon, J., Hughes, J., Gaur, A., & Thompson, B. (1999). Social cognition in aggressive children: A meta-analytic review. *Cognitive and Behavioral Practice, 6*, 320–331.

Yue, X., & Zhang, Q. (2023). The association between peer rejection and aggression types: A meta-analysis. *Child Abuse & Neglect, 135*, Article 105974.

Zhang, R., Aloi, J., Bajaj, S., Bashford-Largo, J., Lukoff, J., Schwartz, A., Elowsky, J., Dobbertin, M., Blair, K. S., & Blair, R. J. R. (2023). Dysfunction in differential reward-punishment responsiveness in conduct disorder relates to severity of callous-unemotional traits but not irritability. *Psychological Medicine, 53*, 1870–1880.

Stichwortverzeichnis

A

Affektive Empathie 74
Aggression
- körperlich 16, 18, 19, 67
- proaktiv 15, 16, 56, 74, 83, 123
- reaktiv 15, 56, 57, 73, 74, 83, 123
- relational 15, 16, 19
- verbal 14–16, 124

B

blended therapy 136
Bootcamp 154

C

chronische Reizbarkeit 15, 18, 21
- Disruptive Affektregulation 53
- Disruptive Affektregulationsstörung 35, 42
Cortisol 83

D

Delinquenz 50, 76, 77, 79, 110, 111, 135
- delinquentes Verhalten 118, 153
Devianz
- deviante Gruppe 28, 67, 77, 107
- deviante Peers 29, 78
- Devianztraining 102
Dialektisch Behaviorale Therapie 111
Digitale Gesundheitsanwendung 136
Dissozialität 68
- dissoziale Symptome 17, 40, 51
- dissoziales Verhalten 14, 22, 25, 28, 29, 39, 110
Diversionsmaßnahmen 119

E

Eltern-Kind-Interaktionstherapie 97
Emotionsverarbeitung 73, 81

Epigenetik 80
exekutive Funktionen 81

F

Förderplan 117

G

Gen-Umwelt-Interaktion 80
Genvariation 80
Geschlecht 25, 71, 84
- Geschlechtseinflüsse 83
- Geschlechtsunterschiede 18, 36, 82, 83
Graue Substanz 82
Gruppenbehandlung 68
- Gruppe 68, 89, 102, 105, 149
- Gruppenformat 120, 155

H

Hautleitfähigkeit 84
Herzrate 84
Hostile Attribution Bias 73

I

IQ 76

K

Kinder- und Jugendhilfe 30, 67, 68, 88, 110, 116–118, 151
- Eingliederungshilfe 116
- familienergänzende Maßnahmen 118
- familienersetzenden Maßnahmen 118
- familienunterstützende Maßnahmen 118
Kindeswohlgefährdung 60, 88, 117, 157
Kognitive Empathie 74
kortikale Dicke 82

M

Metaanalyse 148
Modelllernen 124
- Modell 29, 77, 97
- Modelldarbietung 105
- Modelllernprozesse 64
- Verhaltensmodell 94

N

Nachteilsausgleich 117

O

Off-Label Behandlung 113
Oxytocin 83

P

Positiv-Tagebuch 91
Prävention 27, 89, 116, 120, 153
- Präventive Maßnahmen 66
Primärstudie 148
Psychoanalytische bzw. psychodynamische Verfahren 154
Punkteplan 94, 97, 100, 109

R

reduzierte prosoziale Emotionalität 15, 17, 19, 21, 22, 53, 75, 77, 79, 81, 83, 96, 101, 104, 105, 123, 152
runder Tisch 119

S

Schweregrad 17, 19, 35, 48
Selbst- oder Fremdgefährdung 67, 88, 116
sonderpädagogischer Förderbedarf 117
SORKC-Schema 65
sozioökonomischer Status 25, 28, 77
Spiel- und Spaßzeit 91, 92
Störungsbeginn 16, 22, 25, 71, 78
- Beginn im Jugendalter 27
- Beginn in der Kindheit 26
Systematische Übersichtsarbeiten 148
systemische Therapie 111
- systemisch-behaviorale Ansätze 133
- systemische Ansätze 110
- systemische Prinzipien 134

T

Testosteron 83
Therapiemotivation 30, 49, 67, 95, 108

V

verbale Defizite 76
Verstärkung
- positive 81, 106
- positive und negative 66, 94, 140
- Selbstverstärkung 107
- Verstärkerlernen 81
- Verstärkungsprozesse 78

W

Weiße Substanz 82